# 古代歷史文化研究輯刊

## 二一編

王明蓀 主編

## 第8冊

# 唐代外來樂舞探微

曾麗汝 著

國家圖書館出版品預行編目資料

唐代外來樂舞探微／曾麗汝 著 — 初版 — 新北市：花木蘭文化事業有限公司，2019〔民108〕
目 4+248 面；19×26 公分
（古代歷史文化研究輯刊 二一編：第 8 冊）
ISBN 978-986-485-726-5（精裝）
1. 宮廷樂舞 2. 唐代
618                                           108001499

ISBN-978-986-485-726-5

9 789864 857265

古代歷史文化研究輯刊
二一編　第八冊　　　　　　ISBN：978-986-485-726-5

## 唐代外來樂舞探微

作　　　者　曾麗汝
主　　　編　王明蓀
總 編 輯　杜潔祥
副總編輯　楊嘉樂
編　　　輯　許郁翎、王筑　美術編輯　陳逸婷
出　　　版　花木蘭文化事業有限公司
發 行 人　高小娟
聯絡地址　235 新北市中和區中安街七二號十三樓
　　　　　　電話：02-2923-1455／傳眞：02-2923-1452
網　　　址　http://www.huamulan.tw 信箱 hml 810518@gmail.com
印　　　刷　普羅文化出版廣告事業
初　　　版　2019 年 3 月
全書字數　215798 字
定　　　價　二一編 49 冊（精裝）台幣 122,000 元　　　版權所有·請勿翻印

# 唐代外來樂舞探微

曾麗汝　著

## 作者簡介

曾麗汝，現任臺中市國小教師。就讀臺中教育大學初等教育學系，中興大學歷史學系碩士，157期國小儲備主任。學生時代最喜歡上歷史課，優游在風骨人物笑談中，徜徉在滾滾千古紅塵裡，進而從歷史中啟發對人生、人性的思考。從事教職多年，以歷史風物為範，與學生論古說今，無形中透過歷史培養思辨能力，深覺歷史學於涵養之重要。大學時代參加國樂社，學習琵琶，引發研究胡樂動機，承蒙恩師宋德喜教授指導，完成碩士論文《唐代外來樂舞探微》，並推薦付梓出版，不勝感激。

## 提　　要

　　唐代各項藝術文化成就絢爛可觀，並造就唐代樂舞的盛世，是中國舞蹈史上光彩燦爛的一頁。唐樂舞輝煌的藝術成就，與邊疆民族和鄰境諸國持續大量傳入中原的外來樂舞藝術有密切的關係，尤其唐代胡樂胡舞之盛行，有學者認為唐代音樂無非是胡樂之天下。可見唐世受外來樂舞影響之深遠，對成就唐代樂舞藝術而言，居有其重要地位。本文旨在探究外來樂舞在唐代盛世傳入後流行、演變的情形，以及與漢族樂舞之間融合發展的脈絡，反映唐人對外來樂舞包容、吸收融合的過程，以期對唐代外來樂舞的風行及影響有完整的論述。

　　首先，本文依歷史發展時期，概述外來樂舞從先秦至隋唐之傳入沿革。說明唐代外來樂舞風行的相關社會背景、樂舞制度以及當代著名的外來樂舞者。繼而以廣義的唐代宮廷「燕樂」樂舞為範圍，包含「多部樂」、「坐立二部伎」、梨園「法曲」等，分別從中探尋外來樂舞的存在、演變，以及與漢族樂舞融合的脈絡軌跡。再者，滲透在社會生活各層面的「教坊」樂舞曲中的外來樂舞，在大曲、健舞、軟舞及其他雜曲類中皆有作品，本文運用唐詩彌補史籍中樂舞活動記載的不足，從詩中探究外來樂舞廣泛傳播的情形，以及隨中原風俗民情的演變。最後，外來樂舞的風行反映出唐代社會多元的精神文化，對唐代樂舞文化而言，無疑是使其內涵與價值更為豐富與多元，為本文研究總結。

# 目

# 次

表 次

圖 次

# 第一章 緒 論

## 一、研究動機與目的

　　唐代在歷史上的各項文化成就，絢爛可觀，是一個偉大的時代，足以超邁前古。自兩漢魏晉以來，即逐漸吸收許多外來文化；隋唐時期持續融入，值得關注的是能多方面的融合再創造。以音樂來說，唐代當時的潮流則是一面流行清樂，一面將清樂和外族樂結合，創造了法曲和「胡部新聲」，真是五花八門，令人目眩。〔註1〕

　　隋唐之世，隨著中原王朝與西域、四夷各族聯繫的日趨密切，民族文化的交流因而空前廣泛而深入，樂舞作為民族文化交流與融合的媒介，其新穎獨特的藝術風格帶給中原內地的人們全新的享受，為之感染、為之驚歎。元稹〈和李校書新題樂府十二首‧法曲〉：

> 自從胡騎起煙塵，毛毳腥羶滿咸洛。女為胡婦學胡妝，伎進胡音務
> 胡樂。火鳳聲沉多咽絕，春鶯囀罷長蕭索。胡音胡騎與胡妝，五十
> 年來競紛泊。〔註2〕

王建〈涼州行〉：「城頭山雞鳴角角，洛陽家家學胡樂。」〔註3〕道出外來音樂流行於唐代民間的情況。對於胡樂胡舞在唐代影響之深遠，幾位學者對此有不同的觀點。陳寅恪先生《元白詩箋證稿》從白居易〈法曲〉詩論及法曲「霓裳」實源於胡樂「婆羅門」曲，有何華聲可言？且法曲中有胡樂器琵琶，可知法曲與胡聲是有關係，〔註4〕並認為：

---

〔註1〕丘瓊蓀遺著，隗芾輯補，《燕樂探微》（上海：上海古籍出版社，1989），頁46。
〔註2〕《元稹集》（北京：中華書局出版，1982），卷二十四，頁282。
〔註3〕《全唐詩》卷298-1，頁3374。
〔註4〕參見本文第三章第三節，有相關論述。

元白諸公之所謂華夷之分，實不過今古之別，但認輸入較早之舶來品，或以外國材料之改裝品，爲眞正之國產土或耳。〔註5〕

關於陳先生對於唐代胡樂的觀點，任半塘在《教坊記箋訂》〈弁言〉提出評論：

> 王國維未詳西涼樂自始即華、裔兼容，調和甚美之樂，（見王氏《唐宋大曲考》）。陳寅恪不信盛唐法曲爲清、胡合滲，融鑄入妙之樂，（見陳氏《元白詩箋證稿》）均足使國人於此之意識留於偏頗。甚至不提唐代音樂則已，若經提及，即認爲無非胡樂之天下而已，胡樂之外，更不必考慮。〔註6〕

任半塘先生對王、陳學者之論，使人認爲唐代音樂爲胡樂天下之論，頗不以爲然，認爲在胡樂胡舞風行的同時，所謂「華夏正聲」仍依然存在唐代朝野之間，不應被掩沒。〔註7〕從另一方面看來，胡樂胡舞在唐代的盛行情況，使得王、陳兩位著名學者之論說，會令人對於有唐代音樂產生「無非爲胡樂之天下」之印象，可見胡樂在唐代具有其舉足輕重的地位及影響。但也如任先生在〈弁言〉中所述：

> 綜舉盛唐前後清商樂存在與流行之事例，以申其說。旨在彰明史實，肯定唐人於胡樂特盛之際，絕未拋棄其自己原有之樂，而專承借重於人，原封不動，全盤接受也。〔註8〕

沈冬先生認爲大體而言，胡樂之影響中國音樂是盡人皆知的事實，上述兩種意見其實只是程度的差別，及陳暘所謂「用夷變夏」、「用夏變夷」的爭議罷了，〔註9〕綜觀以上學者對唐代胡樂胡舞在當代影響所及之論，有其自持的論據觀點，再如毛水清先生所說：

> 亂世有亂世的音樂，治世有治世的影響。音樂是人心的自然反映。一方面，「治定功成，禮樂乃興」，另一方面，「治道污缺，怨聲四起」，音樂是與時代的興衰緊緊聯繫在一起的。〔註10〕

---

〔註5〕陳寅恪，《元白詩箋證稿》（上海：上海古籍出版社，1982），頁144。

〔註6〕任半塘，《教坊記箋訂》（北京：中華書局，1982），〈弁言〉，頁7。

〔註7〕《教坊記箋訂》〈弁言〉，頁8。

〔註8〕《教坊記箋訂》〈弁言〉，頁6。

〔註9〕沈冬，《隋唐西域樂部與樂律之研究》（國立臺灣大學中國文學研究所博士論文，1991），頁5。

〔註10〕毛水清，《唐代樂人考述》（北京：東方出版社，2006），頁234。

唐代胡樂胡舞的盛行是有其背景因素使然，加上諸家學者之論，促使筆者對於唐代外來樂舞在當代主流樂舞中的傳播風貌，以及影響之軌跡，有更進一步探究之動機。

且不論是否「無非胡樂之天下」或「力求樹立華夏正聲之道統」，樂舞是人類生活中精神文化的反映與需求，是文化素質的表現，亦是民族性格表現的最佳證明。輝煌唐舞不僅呈現出唐代文化豐富的內涵，亦是中國樂舞文化史上藝術成就最為高峰的代表，而在成就唐代樂舞藝術的眾多角色中，位居要角的胡樂胡舞，在其中的影響脈絡及樂舞內容，更具有重要性的地位。近代學者對於唐代樂舞的研究已有許多文獻成果，出土文物亦不少，不過，多為唐代整體樂舞文化、活動的論述，或針對宮廷樂舞的探究，對於唐代外來樂舞之研究，大多以唐整體樂舞其中的一部份來論，較無專論的探查、整理，基於此，引起本文另一探究動機。

綜合前述之緣由，本文將從唐代樂舞主流——宮庭燕樂和「教坊」樂舞曲目方面，探查外來樂舞在當代的風貌演變、傳播的軌跡，以及從外來樂舞的風行情形，反映的唐代社會文化現象。

## 二、文獻研究回顧

關於唐代音樂、舞蹈研究之文獻書籍，與本文研究主題相關者，茲將分為通論性的中國音樂舞蹈史專著、斷代音樂史、唐代音樂舞蹈專題研究及其他專書等四個類型，分別回顧說明。

### （一）中國音樂舞蹈史專著

這類通論性的著作頗多，多是以中國歷史的發展為論述樂舞演進的順序，以下依成書出版年代依序說明。

日人田邊尚雄《中國音樂史》（1980）在第一章緒論即言明中國音樂史的研究困難之於研究東洋音樂的五大障礙，以進化論的觀點說明樂器與音樂的進化有兩項原則，即自然淘汰與人為淘汰。並依此觀點，分為五個範疇：中亞音樂之擴散、西亞細亞音樂之東流、回教及蒙古勃興之影響、國民音樂之確立、歐洲音樂之輸入與中國音樂之世界化等，以人類學及考古學的知識方法研究中國音樂之源流。對於研究唐代音樂而言，此書第三章可茲參考，書中並指出研究唐代音樂有《樂府雜錄》及《羯鼓錄》二書為必讀之書。

　　楊蔭瀏《中國古代音樂史稿》1985 涵蓋層面相當廣博，在時間軸上從西元前二十一世紀論及到清代，內容則以宮廷、民間的樂舞發展為主軸，不僅論及樂器、音律、音樂理論與思想、各類曲、樂舞機構，一般較少談及的樂工舞人也都有所涉獵。本書特色側重介紹與評論方面，引用文獻史料頗充足，雖然對於樂律、樂譜的研究深度較不及王光祈先生，不過對於全面了解中國各代音樂的演進與特色卻有相當大的助益。

　　劉再生《中國古代音樂史簡述》（1989）將中國音樂史分為上古（先秦時期）、中古（秦漢、魏晉、南北朝、隋唐時期）、近古（宋、元、明、清時期）等三大編，以結合知識性與趣味性的寫作風格，除靈活引用史料記載，將散見各類書刊專家學者新的學術成果予以刪繁就簡寫入，深入淺出的論述各朝各代的樂舞特色。不過，相對之下，此書對於樂舞的歷史脈絡與發展則較無法完整的說明。

　　王克芬《中國舞蹈史發展史》（2004），作者畢生投入中國舞蹈領域的研究，相關研究著書及成果相當豐富，本書是近年來較新之作品。從第一章〈原始舞蹈產生與發展的軌跡〉說起，循序從夏商、兩周、漢代、三國兩晉南北朝、唐代、遼宋西夏金代、元明清等歷代的舞蹈發展，以出土文物的圖片影像輔以映證說明，圖文並茂，對各朝代的舞蹈發展有相當精闢、完整的論述。作者另一本最新力作《舞論》（2009），論述石窟舞蹈圖像和各種古典、民族、民間的舞蹈內涵，特別重視歷史文獻與文物圖像資料的搜集與發掘，與史書、唐詩宋詞的樂舞資料相互運用。另外對於舞蹈源流的探索亦相當重視，並關注於古代舞蹈與現存民族民間舞蹈的傳承關係，深入城鎮鄉村實地考察舞蹈活動，不僅實踐王國維先生所倡導的「二重證據法」，更力行令人信服的「多重證據法」。使得本文得以引用有力且確實的文物圖片，彌補未能親得出土文物資料影像之憾。

## （二）斷代音樂史專著

　　任半塘《教坊記箋訂》（1962）將唐人崔令欽《教坊記》今日所傳雖殘剩二千餘字，分為內容、作用、文藝、原書、箋訂、評議等六大方面，及二十四點，透析《教坊記》所記三百餘首樂舞曲名呈現的價值，不僅駁斥「宋儒不察，斥為『鄙俗』是顯然失當之舉，對於本文對胡樂胡舞曲的認定有極高的參考助益。

　　日人岸邊成雄《唐代音樂史的研究》（1973）將唐代音樂制度分為「序說：唐朝樂制概況」，及「各說」，將唐樂制分為太常寺、教坊、梨園、妓館、十

部伎、二部伎及太常四部樂等七大部分，分別詳述。並對唐樂提出依分期概念：〔註11〕

　　　　初唐—玄宗以前時期：（一）雅、胡、俗三樂之鼎立。
　　　　　　　　　　　　　　　（二）太常寺樂工制之完成。
　　　　　　　　　　　　　　　（三）國家規模下集結之音樂文化。

　　　　唐朝中葉—玄宗時期：（一）胡樂、俗樂之融合。
　　　　　　　　　　　　　　　（二）教坊及梨園之設置。
　　　　　　　　　　　　　　　（三）宮廷音樂之最高潮。

　　　　唐末—玄宗以後時期：（一）新俗樂之確立。
　　　　　　　　　　　　　　　（二）妓館之活動。
　　　　　　　　　　　　　　　（三）音樂文化之大眾化。

　　王維眞《漢唐大曲研究》（1988），從沈約《宋書》所錄十五首大曲以追溯漢大曲，從胡樂的輸入、社會風氣的歸趨及宮廷制度等論述唐大曲的形成因素，從史籍與考古資料之相互考證，以深入探討大曲之結構與樂舞。更從台灣南管樂、日本雅樂、西安古樂、潮州音樂、北印度音樂等考察大曲的遺響。

　　丘瓊蓀《燕樂探微》（1989），此書原稿三冊，在「十年浩劫」中，遺失中冊，幸由其學生補輯殘書而成，雖因丘先生（1965 年）去世後，未能將此後二十餘年有關中國古代音樂理論與出土文物的考古研究成果，反映在著作中，但對於隋唐音樂之精華「燕樂」，從樂曲性質、曲調、樂律的演變詳細考略，累積多年的成果，可說是燕樂研究史上有重要價值與地位的作品。

　　任半塘《唐戲弄》（2004）是爲研究唐至五代戲劇的重要鉅作。作者自述此書是研究「唐代音樂文藝」之全面中，具體報告之一。原分唐代有關音樂之文藝爲八：聲詩、長短句、大曲、變文、戲弄、酒令著詞、雅樂歌辭、秦曲歌辭。除變文和雅樂歌辭兩類外，其餘並有專述，以與唐戲互相參閱，庶得其全。對於本文探論胡樂胡舞在唐代的源流演變，有相當參考價值。

　　沈冬《唐代樂舞新論》（2004），細觀種類紛繁、采姿萬千的唐樂，將之大別爲雅、俗、胡三類，三類樂在中國音樂史上的並立消長，在唐代尤爲鮮明。對於林謙三、王光祈先生對唐樂「不外龜茲樂調之苗裔」、「蘇祇婆以下中國音樂已全盤胡樂化」的觀點頗不能釋懷，作者或以探討唐樂制、唐音樂曲調及唐音樂樂種，仍歸結到「唐樂是否胡樂化」的議題，本書以雅、俗、

---

〔註11〕　（日人）岸邊成雄，《唐代音樂史的研究》，頁11。

胡三樂為思考綱領，提出「以胡入雅」、「以胡入俗」、「以俗入雅」三條線索，由此發展四篇新論，論證胡樂入雅、入俗之現象，尤其確定唐樂部體制由來，非全盤胡化之結果。

毛水清《唐代樂人考述》（2006），從以上對中國音樂史相關著作的回顧中，其中論述相對較少，就屬「人」的部份。重要的原因就是史料的缺乏，對於傑出的樂舞藝術家，歷來知之甚少，尤其民間樂工藝人的地位低微，大多散落在邊隅僻地，更加沒沒無聞。此書以微觀的角度，舉凡正史、詩詞、筆記類書等史料的諳熟，對唐代一百三十餘樂人的生平、音樂成就等，從正史、筆記小說、唐詩等史料中，逐一進行相當細密的史料交互考察，將原本經傳不見名的民間樂舞人，整理出大概的生平資料。

楊旻瑋《唐代音樂文化之研究》（1993）主要從唐代音樂典籍中，探討唐代整體音樂文化的發展在社會等各方面的影響關係。

### （三）期刊論文

期刊論文部份，首先，許序雅〈胡樂胡音竟紛泊——胡樂對唐代社會影響述論〉對於西域地區的音樂，源源不斷地輸入唐代社會，繼而對唐朝宮廷音樂、王公士大夫和社會風尚產生深刻影響。並與傳統「雅樂」、「古樂」相融合，滲透到社會各個層面。提出上至宮廷音樂、王公士大夫宴樂，下到坊市平民的娛樂，深受胡樂浸染的現象，形成獨具特色的唐代音樂文化。王松濤〈從胡舞的流行看盛唐氣象的多元性與延續性〉，以《教坊記》、《樂府雜錄》所記軟、健舞中的胡舞，從文化的角度考察盛唐氣象的豐厚內涵。其中以《劍器渾脫舞》的流傳為一側面來審視盛唐氣象的多元性與延續性。梨園法曲是供奉於內廷的唐代音樂的精華，左漢林〈唐代梨園法曲性質考論〉，通過對法曲曲目性質的考證，認為法曲不是一種新樂，而是清樂、胡樂、俗樂、雅樂、道曲和佛曲等多種音樂形式的集合體。曾愛玲〈唐「霓裳羽衣」之傳播與影響〉及劉慧芬〈碧雲仙曲舞霓裳〉兩篇對於唐代名曲「霓裳羽衣」的曲源及樂曲結構，有詳盡的考據、比對說明。劉慧芬〈從出土文物論高昌伎與高麗伎（四）〉說明唐十部樂中的高昌樂和高麗樂的史料考證，提供近代研究成果。李昌集〈唐代宮廷樂人考略〉（2004），通過對現存史料中關於唐代樂人籍貫事蹟的考證，明顯看出胡裔樂人所佔比例極小，也多受漢族士大夫排斥。雖唐代樂器中多用胡器，但以胡器演奏華樂的情形是很正常，而且普便。對於唐代胡樂在地位、聲勢上並沒有凌駕華樂之上的論點頗有建樹。

　　學位論文部分，劉慧芬《唐代宮廷舞蹈之研究》碩士論文（1986）將唐代的宮廷舞蹈依樂舞機構分「十部伎」、「二部伎」、「教坊樂舞」等三大部分，與本文研究範圍相當接近。每一樂部所演出的樂舞曲目詳細列出，略述樂舞演出內容、人數、服飾，及部份樂舞演出目的。另外趙廣暉《唐代樂志十部伎之研究》（1995）與劉怡慧《唐代燕樂十部伎、二部伎之樂舞研究》（2000）之碩士論文，針對宮廷「部伎」的形式，論述其內容、樂器、樂工、樂調等，以及與西域外來樂舞藝術的關係。

　　王維芳《唐代西域樂舞傳入之研究》（1985）碩士論文，對西域樂舞傳入的歷史沿革、當代環境的影響與反應、傳播過程及傳入內容有相當全面的探究。沈冬《隋唐西域樂部與樂律之研究》（1991）博士論文，分為上下兩編，對隋唐西域樂部之演化及內涵特質，以及樂律的考究，有其精闢之見解。

### （四）其他專書

　　除上述提及三大類的樂舞專著，對於本文的論述內容與方向多所關聯及助益，在其他專書方面，以歐陽予倩《中國舞蹈史 唐代舞蹈》（1985）、常任俠《絲綢之路與西域文化藝術》（1981），以及向達《唐代長安與西域文明》（2009）、耿占軍和楊文秀《漢唐長安的樂舞與百戲》（2007）近年出版的兩本專書等，對本文在中西樂舞之交流上的探討提供多方思考面向。另外李劍亮《唐宋詞與唐宋歌妓制度》（1999）、孫民紀《优伶考述》（1999）本文亦加以參閱，礙於內文篇幅有限，僅列舉於此。

## 三、研究範圍方法與論文架構

### （一）研究範圍、方法

　　本文研究範圍原意圖以唐代民間樂舞為研究範圍，以歷史文獻研究為主體，探究唐代外來樂舞風行的盛況，以及對民間樂舞的影響，但史籍中關於民間樂舞活動的記載並不多，在各筆記小說中的記載也較為零散，不易統整論述。另一方面，樂舞文化必須整體觀之，無法切割為宮庭或民間，兩者互為影響。是故，首先從《隋書》、《新唐書》、《舊唐書》等正史中，記載宮廷樂舞史料為主要線索，加上其他政書、樂舞之古籍專書，如《通典・樂典》、《文獻通考》、《資治通鑑》，以及當代著撰之《教坊記》、《樂府雜錄》、《羯鼓錄》，以及宋代之《樂書》、《樂府詩集》等，為重要引用資料。參循前輩學者

丘瓊蓀先生、任半塘先生對樂曲源流、性質的考證，釐清樂曲屬性，從中了解外來樂舞的影響脈絡。

再者，唐代敦煌石窟內有豐富的壁畫，雖然是為弘揚佛教的藝術作品，但創造這些佛教藝術的畫家和雕刻家，是生活於唐代現實的社會中，其取材根源於現實生活中的樂舞活動，因此，敦煌壁畫中關於舞蹈的畫面，直接或間接的反映當時的舞蹈型態和風貌。故本文根據近代學者對出土文物、壁畫浮雕等影像資料的分析考證，加以輔證對照，期使對於唐代外來樂舞有具體形像的了解。

本文為能進一步探究外來樂舞在宮廷燕樂中與漢族傳統樂舞共存、融合或變遷情形，以及流傳在各階層的「教坊」曲中的外來樂舞，所反映的唐代社會現象，以歷史學家陳寅恪先生創立之「詩史互證」研究法，以詩為史料，增補史官載錄時或因個人主觀之見，或未聽聞之遺漏，以求全面的了解。〔註12〕所以本文從《全唐詩》引用不少可茲佐證題材。

近代學者對唐樂舞的研究及發展，不僅有文獻著作，更有劉鳳學女士為保存唐代珍貴的樂舞文化資產，創設「新古典‧唐樂舞」舞團，以重建「唐樂舞」，「尋找失去的舞跡」為工作目標，欲重建唐宮庭樂舞這份珍貴的人類文化資產。對本文來說，無異是有更明確的舞蹈影像可茲參考。〔註13〕

關於本文題目「外來樂舞」，其「樂舞」一詞，因自古「樂、舞」本為一體，在一般學者的論述著作中接省略「舞」之稱，多以「音樂」為題，但論述內容，實際上是包含舞蹈。反之，若專以「舞蹈」來論，舞蹈脫離不了「音樂」，音樂與舞蹈猶如血肉相連般，相互影響無法單一而論。〔註14〕故本文將「舞蹈」與「音樂」列為共同探討之主體，直接以「樂舞」為題。

其次說明本文「外來樂舞」之「外來」與文中提及「胡樂胡舞」之「胡」兩者的定義。根據王國維先生《觀堂集林》考證「胡」的意義有二：一是就其容貌而言，「胡」與「鬍」字通用，凡是「深目多鬚髯」者曰胡。二是就地域而言，先是對塞北匈奴稱胡，或曰東胡，後因匈奴西征入西域，漢人對蔥嶺東西之西域諸國人稱約西胡，漢魏以來，總稱為「胡」。〔註15〕則「胡

---

〔註12〕汪榮祖，《史家陳寅恪傳》（臺北：聯經出版公司，1984），頁151。

〔註13〕〈新古典‧唐樂舞〉網站，2011.06.26（http://www.neo.org.tw/tang/index.htm）。

〔註14〕歐陽予倩，《中國舞蹈史二編兩種》（台北：蘭亭書店，1985），頁12。

〔註15〕王國維，《觀堂集林》（上海：上海書店，1992），〈觀十三‧西胡考上下〉，頁12～13。

樂」應是「西域音樂」的同義詞，自無疑義。〔註16〕在宋人陳暘《樂書》中
分樂爲雅部、俗部、胡部，在書中〈序胡部〉比之於《周禮》的「四夷樂」，
〔註17〕顯然是泛指外來之樂。《樂書》〈樂圖論・胡部〉搜羅東夷、西戎、北
狄、南蠻等樂種的論述內容，〔註18〕可見宋時所謂「胡部」是包含西域樂舞
在內所有外來樂舞。不過，近代學者對於「胡」的考訂，已有較爲明確的說
法，即專指西北方的「蕃胡」民族，雖然唐代外來的樂舞文化中以西域樂舞
所佔份量最多，但仍有所謂東夷、南蠻之樂舞的傳入，所以本文以「外來」
涵蓋唐代中原以外的外族樂舞，其中確爲西域諸國，如昭武九姓之國的樂
舞，或文史記載中以「胡」稱，行文時則以「胡樂胡舞」或「胡樂」等敍述。
在本文第四章第一節所論唐代「十部樂」中的西涼樂、龜茲樂、天竺樂、康
國樂、安國樂、舒勒樂、高麗樂等屬四夷樂部，爲行文之便，皆統稱爲「外
來樂部」。

　　隋唐時期，除保留魏晉南北朝時期對「天竺樂」、「龜茲樂」、「西涼樂」、
「疏勒樂」、「安國樂」、「高昌樂」、「康國樂」，這些樂舞的稱呼以外，當時西
域樂舞的傳播已經達到相當普遍的社會化程度，因此這時人們對西域傳入的
音樂舞蹈，就會簡單以「胡樂」來稱謂。〔註19〕雖然這只是一個泛稱，但是
卻包含當時人們對西域各地區樂舞風格特點的總體認識。另外，在本文相對
於「外來樂舞」而言，由漢代、魏晉傳承以來的中原傳統樂舞、清商樂曲，
文中稱爲「漢族傳統樂舞」或「中原樂舞」。

　　關於唐代「教坊」中「外來樂舞」的曲目考據，任半塘先生在《教坊記
箋訂》書中所作逐曲考據之功，考之甚詳，本文第五章探究《教坊記》所記
外來樂舞曲的部份，原則上依任先生肯定爲外國樂者（即本文所謂「外來樂
舞」）爲探究主體，另有加入論述之曲目，請詳見文中說明。

---

〔註16〕沈冬，《隋唐西域樂部與樂律之研究》，頁2。
〔註17〕（宋）陳暘，王雲五主編，《樂書》（臺北市：臺灣商務），卷125，頁1。「周
　　　　官鞮師掌教鞮樂。旄人掌教舞夷樂。鞮鞻氏掌四夷之樂。與其聲歌，凡祭祀
　　　　饗燕用焉。然則胡部之樂，雖先王所不廢其用之，未嘗不降于中國雅部之後
　　　　也，故鞮師、旄人、鞮鞻氏所以居大司樂之末歟。」
〔註18〕《樂書》，卷158、159〈樂圖論・胡部〉，搜羅東夷10種、西戎16種、北狄
　　　　3種、南蠻32種等樂種內容。
〔註19〕《元稹集》，卷二十四，頁282。在元稹詩作〈和李校書新題樂府十二首・法
　　　　曲〉，「女爲胡婦學胡妝，伎進胡音務胡樂……胡音胡騎與胡妝，五十年來競
　　　　紛泊」詩句中之「胡」，泛指西域方面傳來之樂舞。

### （二）章節架構

本文第一章爲緒論，說明研究動機、介紹文獻資料、研究方法，及研究之限制，最後預期研究之成果。

第二章第一節對先秦及秦漢時期外來樂舞傳入的記載，作一簡明記述，東漢宮廷中已有四夷樂舞表演，且漢末京都貴戚尙胡風氣已成爲一種時尙。詳列魏晉南北朝時期，北方少數民族入主中原，外來樂舞大量傳入的情形，與在中原的傳播過程，統整後以表格方式呈現，並歸納出幾項歷史規律和特點。第二節詳述隋唐時期，王朝持開放的政策，經由朝貢或貿易往來之途，持續傳入的四方外來樂舞。繼而廣納吸取的需求後，在對唐代外來樂舞盛行的其他背景、條件進行簡要分述。第三節針對在胡漢樂舞交融、吸收的過程中，探查統治階層對外來樂舞之態度表現，以及「胡樂胡舞者」扮演傳遞與創新的角色，分別詳列幾位有重要影響力的胡樂胡舞者論述之，並談及名不見經傳的「胡姬」、「胡兒」，在酒肆、宴會助興的演出活動中，傳遞來自域外家鄉精湛的藝術表演。

第三章第一節詳述唐代宮庭燕樂「多部樂」制度之源在於承繼北周「行《周禮》，建六官」的樂制體系，以及設置以外來樂舞佔多部之「多部樂」，在政治及樂舞素養方面，所反映的意涵。第二節論述繼「多部樂」而起的宮廷燕樂「坐立部伎」，十四部樂曲的曲源及創作背景，其中外來樂舞元素內化於部伎樂曲中的情形，並形成新的樂舞形式。第三節延續探論宮廷燕樂「法曲」的源流，其樂曲「胡化」之分。並論及唐玄宗天寶年間「詔『胡部新聲』與『道調法曲』之合作」、「天寶十三載諸（胡）樂曲改名」兩件事實中，反映出「胡樂」、「胡部新聲」在唐代音樂潮流中的發展與變化。

第四章第一節確立《教坊記》與《樂府雜錄》所記共三百餘首樂舞曲之價值，依任半塘《教坊記箋訂》所考，肯定爲外國樂曲（胡樂胡舞曲）三十五調爲主，先詳述大曲中的外來樂舞曲之樂舞風貌、傳播情形。第二節續述健舞、軟舞兩類樂曲中的外來樂舞曲之樂舞風貌、傳播情形。第三節續述雜曲、小曲類中的外來樂舞曲之樂舞風貌、傳播情形。歸納此三節所論述的外來樂舞，反映出唐代社會中，各民族的文化交流情形及唐代開放、積極之精神氣象。

## 四、研究限制與預期成果

### （一）研究限制

　　由於史料遺失，尤其是《教坊記》之全本，即無法有確切版本，多有明、宋傳抄之遺漏，本文採用《唐五代筆記小說大觀》所收錄之《教坊記》是目前搜羅尚完備之版本。另囿於史官本身的歷史觀點的受限，在正史中樂舞的記載幾乎是關於宮廷樂舞部分，對於在民間傳唱、演出的樂舞記載則是鳳毛麟爪，必須藉由筆記小說、詩篇等其他史料的記載加以探查。

　　在壁畫浮雕的經變伎樂圖中，沒有註明畫面是什麼舞蹈，每個舞伎的舞姿也只是表現舞蹈的一瞬間，只憑一、兩個姿態，很難判明是唐代哪個舞蹈。必須藉由唐代記載樂舞的歷史文獻，特別是當時大量繪聲繪影、歌詠樂伎表演的詩篇，稍能從中分析對照出其間千絲萬縷的寫照關聯。另外，繪製經變壁畫的藝術畫家，對於壁畫的取材，必定來自現實生活中的樂舞活動，而現實生活中的樂舞活動必定是比壁畫不知豐富多少倍，才能提供畫家在現實生活的基礎上充分發揮他們的藝術想像，創作出巧妙結合各種舞姿的壁畫作品，所以經變圖中的伎樂姿態是和唐代樂舞有密切的聯繫，但同時，也必須了解壁畫對現實而言，不是照相式的全然寫實反映，不僅是因為壁畫是一種獨立的藝術形式，更主要的因素是一種宗教藝術，是為宣揚佛教思想服務，必然在現實外蒙上一層宗教的外衣，這在經變伎樂中是十分明顯的特點。〔註20〕故在壁畫對照樂舞種類時，仍有其不確定性。

　　由於本文研究範圍包含「舞蹈」，以「樂舞」一體論之，故針對樂曲的調性、樂律這方面宥於篇幅有限，及限於筆者對此方面未有充裕時間及能力做充分研究，未能關照到此一子題。不過關於調性、樂律部份的考證，已有多位學者進行相關研究，此部份或可為本篇論文再延伸探討的論點，對唐代外來樂舞之影響，可作更深入的了解與探討。

### （二）預期成果

　　唐代社會高度開放，生活中的各番面貌顯得多彩多姿，樂舞活動是為精神文化層面的表徵。唐代藝術文化基礎之深厚，能夠對於當時不斷傳入的外來樂胡加以吸收、融合後，創造出屬於有唐一代燦爛光輝的樂舞成就。筆者

---

〔註20〕董錫玖編，《敦煌舞蹈》（新疆：中國・新疆美術攝影出版社、新西蘭・霍蘭德出版有限公司，1992）頁24～27。

亦認爲，若一民族國家本身的樂舞文化藝術若不夠深厚、博大，對於外來樂舞，是無法有足夠的基礎吸收、融合外來樂舞的特點、元素，反而會直接承借外來樂舞文化，以爲自表。在前文中，提及幾位學者對胡樂在唐世之影響的不同觀點，希藉由本文研究，提供對唐代樂舞文化等相關研究領域，以及對唐世之外來樂舞影響的觀點，提供另一研究角度的參考。

# 第二章 唐代外來樂舞傳入背景

## 第一節 唐代以前外來樂舞的傳入沿革

在唐代以前外來樂舞的傳入或演出的相關記載，從先秦至秦漢時期的記載並不詳確，多爲零星記載。魏晉南北朝時期則因北方少數民族入主中原，傳入大量外來樂舞，是唐代外來樂舞源出的重要關鍵。

### 一、先秦至秦漢時期外來樂舞的傳入

先秦時期外來樂舞的傳入記載，據《古本竹書紀年輯證・夏后世》：

> 后發即位，元年，諸夷賓于王門，再保庸會于上池，諸夷入舞。〔註1〕

此應爲外來樂舞傳入最早的相關記載。四方夷族前來祝賀夏后發即位之事。至周代，始有四夷樂舞用於祭祀燕享活動中。《周禮・春官宗伯下》：

> 鞮鞻氏掌四夷之樂與其聲歌。祭祀，則龡而歌之，燕亦如此。〔註2〕

> 旄人掌教舞散樂、舞夷樂，凡四方之以舞仕者屬焉。凡祭祀賓客，
> 舞其燕樂。〔註3〕

鞮鞻氏、旄人分別掌教習四夷之樂舞，以供宮廷祭祀宴飲。可知周朝時可能已有專設的樂官來管理「四夷」之樂。不過，楊蔭瀏先生以樂官「鞮鞻

---

〔註1〕方詩銘、王修齡，《古本竹書紀年輯證》（上海：上海古籍出版社，1981），頁
14。

〔註2〕《周禮注疏》，（《重刊宋本十三經注疏附校勘記》，臺北市：藝文印書館，1965），
卷24〈春官宗伯下〉，頁368-2～369-1。

〔註3〕《周禮注疏》，卷24〈春官宗伯下〉，頁367-2。

氏」、「旄人」是屬於最低層的樂官，認為周代當時四夷樂舞的演出，應是一種誇耀政治勢力所及之廣的方法之一。〔註4〕當時四夷音樂有其專稱，如表 2-1-1。

### 表 2-1-1：周代四夷樂舞名稱表

| 四夷名稱 | 樂舞名 | 內　容 | 演出地點 |
|---|---|---|---|
| 東夷 | 韎 | 持矛助時生 | 皆於四門之外，有（右）辟是也。 |
| 南夷 | 任 | 持弓助時養 | |
| 西夷 | 侏離 | 持鉞助時殺 | |
| 北夷 | 禁 | 持楯助時藏 | |

參考資料：《周禮注疏》卷24，【疏】注「四夷」至「於舞」，頁 368-2～369-1。

從記載樂舞內容可了解，四夷樂舞與祭祀天時、祝禱豐年有密切關係。顯示周代對四夷樂舞是採吸收、容納的態度。

西周末年，秦國逐漸強大，地處西境，稱霸西戎，與西域文化有所接觸。雖無樂舞活動的傳入記載，樂器方面，則有從西域所得與琵琶相關之「絃鼗」，《通典・樂四》：

> 琵琶，……杜摯曰：「秦苦長城之役，百姓絃鼗而鼓之。」並未詳孰
> 實。其器不列四廂。今清樂秦琵琶，俗謂之「秦漢子」，圓體修頸而
> 小，疑是絃鼗之遺制。〔註5〕

據田邊尚雄先生考證，「絃鼗」是亞歷山大帝國時，由波斯傳入西域，流行各地。秦代百姓在長城之役，見其形狀簡單，進而模仿。〔註6〕由此可知，在唐代清樂演奏時所用的琵琶，其實是秦漢時期由西域傳入的樂器，亦稱「秦漢子」，本質上仍是屬於胡樂器。另據《舊唐書・音樂志二》：

> 箏，本秦聲也。相傳云蒙恬所造，非也。〔註7〕

---

〔註4〕 楊蔭瀏，《中國古代音樂史稿》（台北市：丹青圖書有限公司，1985），頁 1-33
～1-34。

〔註5〕 （唐）杜佑，王文錦等點校，《通典》（北京市：中華書局，1988），卷 144〈樂
四〉，頁 3679。

〔註6〕 （日人）田邊尚雄，《中國音樂史》，頁 181。同書，183 頁，「蓋王昭君攜往胡
地之樂雖稱琵琶，實非琵琶，乃秦漢子，即後之阮咸是也。秦漢子，唐稱為阮
咸。」

〔註7〕 （後晉）劉昫，《舊唐書》（臺北市：鼎文書局，1981），卷 29〈音樂志二〉，
頁 1076。

《通典·樂四》：

> 箏，秦聲也。傅玄箏賦序曰：「代以為蒙恬所造。今觀其器，上崇似
> 天，下平似地，中空准六合，絃柱擬十二月，設之則四象在，鼓之
> 則五音發，斯乃仁智之器，豈蒙恬亡國之臣能關思哉！」〔註8〕

《史記·李斯列傳》：

> 夫擊甕叩瓶，彈箏搏髀，而歌呼嗚嗚，快耳目者，真秦之聲也。〔註9〕

以上關於「箏」是否為蒙恬所造，為「真秦之聲」，日本學者田邊尚雄認為依
前述〈李斯列傳〉所云，箏若是蒙恬所造，怎能如此迅速普及全國，為秦代
一般樂器，推測可能是蒙恬與西域戰爭時所獲樂器，得其原形，而用箏字為
名。〔註10〕秦朝立國於中原西方，並經過蒙恬多次征伐，勢力已越蔥嶺，抵
達波斯邊境，自然與西域文化有所接觸，不過均為斷續的文化傳播，對於西
域文化的正式傳入，應當自漢朝開始。

　　漢代的統一，結束秦漢之際春秋戰國時期中原的政治分裂。在漢武帝通
西域前，關於外來樂舞的傳入記載相當少。西漢劉歆筆記小說《西京雜記》
曾記載在宮中有演奏于闐樂的情形：

> 戚夫人侍兒賈佩蘭，後出為扶風人段儒妻。說在宮內時……至七月七
> 日，臨百子池，作于闐樂。樂畢，以五色縷相羈，謂相連愛。〔註11〕

于闐，位於今新疆和闐縣。玄奘《大唐西域記》記載于闐「國尚音樂，人好
歌舞」。〔註12〕由此記載，「于闐樂」可能在西漢初年之前已傳入中原，是經
由何種途徑傳進漢代宮廷，則不得而知。《西京雜記》雖屬後人撰寫的歷史隨
筆雜記小說，部分記載不盡可信，但是對於漢初外來樂舞的傳入，提供些許
線索。

　　西漢武帝派遣使者張騫通西域，是漢代外交的重大突破，打開通往西方
文化圈的通道，同時也是文化傳播史上的起程里碑，於此，歷史上有官方正

---

〔註8〕　（唐）杜佑，《通典》，卷146〈樂四·八音〉，頁3678～3679。
〔註9〕　（漢）司馬遷，（劉宋）裴駰集解，（唐）司馬貞索隱，（唐）張守節正義，《史
　　　　記》，（臺北市：鼎文書局，1981），卷87〈李斯列傳〉，頁2543～2544。
〔註10〕　（日人）田邊尚雄，陳清泉譯，《中國音樂史》（臺北市：臺灣商務印書館，
　　　　1980），頁180。
〔註11〕　（漢）劉歆，《西京雜記》（《漢魏六朝筆記小說大觀本》，上海：上海古籍出
　　　　版社，1999），卷3，頁98。
〔註12〕　（唐）玄奘、辯機，季羨林等校注，《大唐西域記校注》（北京：中華書局，
　　　　1985），卷第12，頁1001。「瞿薩旦那國」即「于闐國」。

式記載外來胡樂的傳入。《晉書》〈樂志・淮南王篇〉載張騫傳「摩訶兜勒」於西京一事：

> 胡角者，本以應胡笳之聲，後漸用之橫吹，有雙角，即胡樂也。張
> 博望入西域，傳其法於西京，惟得「摩訶兜勒」一曲。李延年因胡
> 曲更造新聲二十八解，乘輿以為武樂。後漢以給邊將軍，和帝時，
> 萬人將軍得用之。魏晉以來，二十八解不復具存。〔註13〕

不僅張騫帶入以胡角橫吹的「摩訶兜勒」胡曲，善音律歌舞為漢武帝寵幸的音樂家李延年，加以編制成「二十八解」為「武樂」，並作為賞賜「邊將軍」，「萬人將軍得用之」。

在《文選》〈賦丁之二・司馬長卿上林賦〉中描述「天子上林」的樂舞情形：

> 於是乎遊戲懈怠，置酒乎昊天之臺，張樂乎膠輵之宇……奏陶唐氏
> 之舞，聽葛天氏之歌，千人唱，萬人和…巴俞宋蔡、淮南于遮、文
> 成顚歌，族舉遞奏，……俳優侏儒，狄鞮之倡，所以娛耳目而樂心
> 意者，麗靡爛漫於前，靡曼美色於後。〔註14〕

文中提到的「狄鞮之倡」是指狄鞮的樂人。李善注引郭璞曰：「狄鞮，西戎樂名也。」〔註15〕〈上林賦〉是一部文學作品，雖有文學的想像，但不可能離開生活的原型。從此篇作品中，透露西漢統治者的娛樂慶典樂舞表演中，有西方少數民族的樂人，以及西域樂舞在宮廷中傳播的訊息。除「西戎狄鞮」胡樂外，還有傳自今四川閬中的西南少數民族夷人的一種民間集體舞「巴俞舞」、今雲南東部滇池的西南夷歌曲「顚歌」（滇歌），均屬於少數民族的樂舞。

漢武帝時，張騫出使西域，促進中原與外族外域之間的文化交流；對匈奴的戰爭，亦打通到中亞的商路。此時，都市經濟也逐漸開展，除西漢首都長安以外，出現許多大都市。「以長安為中心，西至塔里木盆地和中亞，西南至川、黔、滇和印度，東南至閩、粵和安南、南洋，東北至遼東和朝鮮、日本，都有中國商人的活動。同時，東南西北各國的商人，也紛紛來到中國」。〔註16〕隨著國際商路的開通、東西商人的往來活動，促進東西音樂的交流。

---

〔註13〕（唐）房玄齡，《晉書》（北京：中華書局，1974），卷23〈樂志〉，頁715。

〔註14〕（梁）蕭統編，（唐）李善注，《文選》（上海市：上海古籍出版社，1986），卷8〈賦丁之二・畋獵中〉〈司馬長卿上林賦〉，頁375。

〔註15〕同前註。

〔註16〕翦伯贊，《秦漢史》（北京：北京大學出版社，1983），頁249～250。

這時，絲綢之路已成為中外文化交流的重要管道，西域樂舞沿著這條古老的
商路，陸續傳入中原。許多西域的樂器，如箜篌、觱篥、笳、角、羌笛等。
也都不斷傳入。當時，「漢樂府的音樂可以說是幾乎囊括了當時所有的音樂表
演形式。相和歌、鼓吹樂、郊祀樂歌、歌舞百戲以及各類夷俗音樂，都在樂
府音樂活動中得到了提高與發展」。〔註17〕歷史學家對這一時期文化交流中，
西域音樂、歌舞對中原的影響，是給予充分的重視和評價。如翦伯贊先生在
《秦漢史》寫到：

> 武帝時代，是漢代音樂與歌舞的轉捩點，正因為這一時代是漢代政
> 治、經濟的轉捩點。自此以後，迄於東漢之末，西域之道暢通，西
> 域的樂曲，不斷地傳入中原，於是在中原地區古典的音樂中，注入
> 了新的聲律，從而又改變了中國古典歌舞的場面。〔註18〕

因漢武帝對西域的經略，交通的暢通，西域樂舞及樂器，一點一滴，滲入中
原樂舞的歷史舞台，展開新的樂舞生命。

外來樂舞經過西漢的零星傳入，隨著東漢經濟的進一步發展，西域與
中原的各種交流日益頻繁，長安城內槁街有『蠻夷邸』專為外國人居住而
設〔註19〕。西域地區別具一格的日常飲食、用具及樂舞等生活文化的傳入，
在中原盛行一時。尤其東漢靈帝時，對胡樂的喜好，在當時形成風氣，《後
漢書·五行志一》：

> 靈帝好胡服、胡帳、胡床、胡座、胡飯、胡箜篌、胡笛、胡舞，京
> 都貴戚皆竟為之。此服妖也。〔註20〕

由於帝王喜愛胡族用品的情形，可見漢末崇「尚胡」的風氣業已形成，且「貴
戚皆竟為之」，尚胡之風當是流行時尚的趨勢。因此，外來胡樂傳入中原，到
東漢時期已較具規模，必然對當時的宮廷音樂有所衝擊，一股新奇剛健的胡
樂胡舞風逐漸興起。據班固〈東都賦〉對當時宮廷樂舞蹈表演活動的記載：

---

〔註17〕 修海林、李吉提，《中國音樂的歷史與審美》（北京：中國人民大學出版社，
 1999），頁40。

〔註18〕 翦伯贊，《秦漢史》，頁588。

〔註19〕 （宋）司馬光編著；（元）胡三省音註，標點資治通鑑小組校點，《資治通鑑》
 （北京：古籍出版社，1956），附錄卷3〈通鑑釋文辯誤·通鑑七十一〉頁41：
 「殊不思漢長安城中有郡國邸，又有蠻夷邸；所謂屬國舍，即蠻夷邸，在槁
 街，不在橫門。」

〔註20〕 （劉宋）范曄，（唐）李賢等注，（晉）司馬彪補志；楊家駱主編，《後漢書》
 （臺北市：鼎文書局，1981），〈五行志一·服妖〉，頁3272。

是日也，天子受四海之圖籍，齎萬國之貢珍。內撫諸夏，外綏百蠻。
爾乃盛禮興樂，供帳置乎雲龍之庭。……爾乃食舉雍徹，太師奏樂。
陳金石，布絲竹。鐘鼓鏗鍧，管絃燁煜。抗五聲，極六律。歌九功，
舞八佾。詔武備，泰古畢。四夷間奏，德廣所及，僸侏兜離，罔不
具集。〔註21〕

賦中描寫漢明帝（西元58～75年）接受四海所逞之版圖戶籍，受納萬國所貢
的異寶奇珍，內安華夏諸侯，外撫蠻邦夷民。繼而盛陳禮樂之器，供帳於雲
龍之庭。因大漢聲威影響遙遠，四夷之樂穿插其間，「僸侏」、「兜離」四夷樂
曲，也來助歡。「四夷間奏，德廣所及」，顯示漢代在設置樂舞表演組織形式
方面，表現出「德被四夷、一統天下」的思想。

由此可見，東漢宮廷中除正統的皇朝樂舞之外，已有四夷樂舞的演出，
是具有禮儀性的功能。當時並沒有明確地使用「樂部伎」或「方樂之制」的
概念來稱呼這種樂舞組織形式，可能是傳入的樂舞種類不多，內容仍較簡單
之故。但從名稱這層面看，只是「名」與「實」的問題，實質上，漢代的「四
夷之樂」已具有「樂部伎」或「方樂之制」的概念意義。再者，從表演者這
方面來看，宮中樂舞的表演應是當時漢宮廷中的舞者，因此，若四夷越舞的
演出為宮中樂舞伎，則相對於其原生狀態的外來樂舞而言，漢宮廷中的西夷
樂舞表演，則應有新的表現和創編成份在內。

通過東西交流的重要通道——絲綢之路，漢與西域各國各民族的經濟文
化交流日漸頻繁。西域商人跋山涉水來到中原大地，絲綢之路上使節、商客，
絡繹不絕，出現「馳命走驛，不絕於時月，商胡販客、日款於塞下」〔註22〕
的盛況。隨著經商、從政或傳教，必定會帶來與生活密不可分的樂舞活動，
西域樂舞自然的在中原地區傳播。從四川東漢墓出土的「駝戲」畫像磚，得
到證實。〔註23〕如圖2-1-1、圖2-1-2，在這件音樂文物中，駱駝背上立一建鼓，
在誇張的華蓋紋飾下，建鼓左右各一人分跪在駱駝背上，雙臂高舉，長袖飛
揚，正擊鼓而舞。駱駝載樂遊行的表演形式，源自西域，在遠離西域的四川

---

〔註21〕（梁）蕭統編，（唐）李善注，《文選》，卷 1〈賦甲之一・京都上之一〉，頁
35～36。

〔註22〕（劉宋）范曄，《後漢書》，卷88〈西域傳〉，頁2931。

〔註23〕呂林編，《四川漢代畫象藝術選》（四川：四川美術出版社出版，1988），頁 58。
辛曉峰，〈四川漢磚樂舞〉，《今日四川》，04 期（1995 年），頁 26～27。「駝戲」：
1978 年在四川省新都縣東漢墓出土。

發現這一文物，證明西域樂舞不僅流傳到中原，而且是西南地區人民熟知的演出，還進一步將中原的「建鼓舞」與西域的駱駝載樂俑的表演形式巧妙的結合。〔註24〕

　　「駝戲」畫像磚的出土，證明西域駱駝載樂的遊行表演形式在中原的傳播，應該是屬於在民間一種具有特殊形式的樂舞表演。另一方面，駱駝載樂俑的表演形式與中原的建鼓舞的表演形式相結合，正是西域樂舞與中原樂舞融合後的產物，是一種文化相容表現的樂舞表演形式。

圖 2-1-1　駝戲　　　　　　　圖 2-1-2　駝戲（拓片）

出處：辛曉峰，〈四川漢磚樂舞〉，《今日　　出處：呂林編，《四川漢代畫象藝術四川》（1995 年 04 期），頁 26-27。　　選》，頁 58。

## 二、魏晉南北朝外來樂舞的傳入

　　漢代以來，與西域地區通過絲綢之路，在政治、經濟、文化上的交流愈來愈多。漢末曹魏時期，僅朝貢曹魏的西域國家，明確見諸記載的西域大國有鄯善、龜茲、于闐、焉耆、大月氏、康居、大宛、烏孫、疏勒和車師，共十個之多，另有危須國、山王國、姑墨國…等二十餘個小國。〔註25〕而這一

〔註24〕王克芬，〈西域樂舞的巨大歷史貢獻〉，《新疆藝術》，第 4 期（烏魯木齊：1991），頁 19～23。

〔註25〕（晉）陳壽撰，（宋）裴松之注，《三國志》（臺北市：鼎文書局，1980），卷 30〈魏書・烏丸鮮卑東夷傳〉，頁 840 載：「魏興，西域雖不能盡至，其大國龜茲、于寘、康居、烏孫、疏勒、月氏、鄯善、車師之屬，無歲不奉朝貢，略如漢氏故事。」

時期西域胡樂舞也因諸多國家並存的局面，形成多種多元樂舞型態。而西域諸國對曹魏宮廷的朝貢，必定帶來其本土的樂舞文化，〔註26〕加上東漢末「尚胡」之風已很興盛，到曹魏之時，這種熱衷於胡舞的風氣，應也進一步得到延續。不過，魏晉時期，有關外來樂舞傳入的史料很少。在《魏志・王粲傳》注引〈魏略〉記載：

> 植初得（邯鄲）淳甚喜，延入坐，不先與談。時天暑熱，植因呼常從取水自澡，訖，傅粉。遂科頭拍袒，胡舞五椎鍛、跳丸擊劍、誦俳優小說數千言訖，謂淳曰：「邯鄲生何如邪？」於是乃更著衣幘，整儀容與淳評說混元造化之端，品物區別之意。〔註27〕

從此段史料看出胡舞的表演有跳丸、擊劍、誦俳優小說等活動，似是從漢代延續下來的一種歌舞百戲形式，其中的特點是有胡舞「五椎鍛」的演出。

兩晉時期，西晉國祚僅維持約五十二年，晉室即南遷至建康（今南京），統治地區大部分在長江以南。關於外來樂舞的記載，從《晉書・樂志》及相關史料尚未搜尋到記載。而西晉末年永嘉之亂，西北地方各少數民族貴族乘機入侵，此後在北方地區的戰亂中，前後成立各自的政權，即所謂「五胡亂華」時期，是北方各民族形成新的大融合的歷史契機。在這歷史文化發展的新環境中，不僅有大量的外來樂舞傳入中原地區，隨政權的遷移與統治者的政策管理因素，促使中原與四方各族在音樂歌舞方面，進行前所未有大融合的新局面。

## 三、西晉末至南北朝外來樂舞傳入分期

本文根據歷史文獻的記載，以表格方式，即表2-2-1、表2-2-2、表2-2-3，

---

同書，卷2〈魏書・文帝紀〉延康元年，頁58：「己卯，……濊貊、扶餘單于、馬耆、于闐王皆各遣使奉獻。」

同書，卷4〈魏書・三少帝紀第四〉咸熙二年，頁154：「閏月庚辰，康居、大宛獻名馬，歸于相國府，以顯懷萬國致遠之勳。」

同書，卷30〈魏書・烏丸鮮卑東夷傳〉，頁859～860。夾註曰：「且志國、小宛國、精絕國、樓蘭國皆并屬鄯善也。戎盧國、扞彌國、渠勒國、（穴山國）〔皮山國〕皆并屬于寘。罽賓國、大夏國、高附國、天竺國皆并屬大月氏。」「尉梨國、危須國、山王國皆并屬焉耆，姑墨國、溫宿國、尉頭國皆并屬龜茲也。楨中國、莎車國、竭石國、渠沙國、西夜國、依耐國、滿犁國、億若國、榆令國、損毒國、休脩國、琴國皆并屬疏勒。」

〔註26〕 （晉）陳壽，《三國志》，卷2〈魏書・文帝紀〉黃初三年，頁79：「二月，鄯善、龜茲、于闐王各遣使奉獻，……是後西域遂通，置戊己校尉。」

〔註27〕 （晉）陳壽，《三國志》，卷21〈魏書・王粲傳〉，頁602。

將西晉末至隋代，外來樂舞在中原三次較大規模傳入的時間和內容，作階段的劃分整理。這三個階段在時間上大致劃分爲：西晉末至北魏建立表 2-2-1，北魏建立至北魏分裂表 2-2-2，北魏分裂至隋建立這三個階段表 2-2-3。

## （一）西晉末至北魏建立時期

此階段傳入的樂舞有天竺樂、龜茲樂、西涼樂。據《隋書・音樂志下》：

> 天竺者，起自張重華據有涼州，重四譯來貢男伎，「天竺」即其樂焉。
> 〔註28〕

《舊唐書・音樂志二》：

> 載張重華時，天竺重譯貢樂伎，後其國王子爲沙門來遊，又傳其方
> 音〔註29〕

天竺樂有兩次的傳入，首先是經朝貢獻樂伎，第二次是隨「王子爲沙門來遊」，傳入具有佛教風格的歌曲樂舞。

龜茲樂方面，《隋書・音樂志下》：「龜茲者，起自呂光滅龜茲，因得其聲。」〔註30〕龜茲樂作爲戰利品，經戰爭的途徑，進入中原邊地。

《隋書・音樂志下》：

> 西涼者，起符氏之末，呂光、沮渠蒙遜等，據有涼州，變龜茲聲爲
> 之，號爲秦漢伎。〔註31〕

《舊唐書・音樂志二》：

> 西涼樂者，後魏平沮渠氏所得也。晉、宋末，中原喪亂，張軌據有
> 河西，符秦通涼州，旋復隔絕。其樂具有鐘磬，蓋涼人所傳中國舊
> 樂，而雜以羌胡之聲也。魏世共隋咸重之。」〔註32〕

「西涼樂」之「西涼」，即涼州地區，今甘肅武威西北地區一帶，是中原通往西域地區的交通要道。在西晉永嘉之亂、五胡十六國戰爭動亂的時代，張軌割據河西，隨著前秦佔領涼州後，又出現五涼紛爭的局面，先後有漢、鮮卑、匈奴、氐等民族建立短暫政權，統治佔領這區域，氐、羌、匈奴、鮮卑等民

---

〔註28〕（唐）魏徵，《隋書》（臺北市：鼎文書局，1980），卷 15〈音樂志下〉，頁 379。
〔註29〕（後晉）劉昫，《舊唐書》（臺北市：鼎文書局，1981），卷 29〈音樂志二〉，頁 1069。（唐）杜佑，《通典》，卷 144〈樂典・樂四〉，頁 3726 記載略同：「初，張重華時，天竺重譯致樂伎，後其國王子爲沙門來遊中土，又得傳其方伎。」
〔註30〕《隋書》，卷 15〈音樂志下〉，頁 378。
〔註31〕《隋書》，卷 15〈音樂志下〉，頁 378。
〔註32〕《舊唐書》，卷 15〈音樂志二〉，頁 1068。

族的文化都曾在這留下足跡。所以在民族雜處的時空背景下，西涼地區的樂舞有機會接受到許多民族樂舞藝術的滋養，「起苻氏之末，呂光、沮渠蒙遜等，據有涼州，變龜茲聲爲之，號爲秦漢伎」〔註33〕，另因「晉、宋末，中原喪亂」，許多百姓至涼州避亂，〔註34〕西涼樂中的中國舊樂應該就是此時傳到涼州，所以西涼樂不僅有中國漢族舊樂，之後加入西域龜茲樂，蛻變成新的西涼樂舞風格，是具有豐富藝術特色和生命力的樂舞，時稱爲「秦漢伎」。以上外來樂舞傳入，整理如表 2-1-2，可清楚樂舞傳入情形。

表 2-1-2：西晉末至北魏建立時期外來樂舞的傳入

| 時　　期 | 樂舞名 | 傳入或融合時間 | 傳入方式 |
|---|---|---|---|
| 西晉末（316年，劉曜攻陷長安）至北魏建立(439年)約一百二十餘年 | 天竺樂 | 兩次皆在前涼張重華年佔據涼州時（346～353年） | 第一次：通過朝貢男伎的方式<br>第二次：天竺國的王子作爲僧人「沙門」，來到西涼地區「傳其方伎」。 |
| | 龜茲樂 | （383年）前秦呂光通西域滅龜茲，（385年）返回涼州時，帶回龜茲樂舞。 | 龜茲樂作爲戰利品，通過戰爭的途徑，進入中原邊地（西涼）。 |
| | 西涼樂 | （385年）呂光滅龜茲，佔據涼洲。 | 呂光帶回龜茲樂舞與西涼本地樂舞、中國舊樂融合形成新的西涼樂舞型式，並號爲「秦漢伎」。 |

### （二）北魏建立至北魏分裂時期

此時期首先傳入悅般國鼓舞，《魏書・樂志五》：

世祖破赫連昌，獲古雅樂，及平涼州，得其伶人、器服，並擇而存之。

後通西域，又以悅般國鼓舞設於樂署。〔註35〕

《魏書・西域列傳》：

悅般國，在烏孫西北，去代一萬九千三百里。…（北魏世祖）眞君

---

〔註33〕《隋書》，卷 15〈音樂志下〉，頁 378。

〔註34〕《資治通鑑》，卷 90〈晉紀十二・中宗元皇帝上〉，建元五年條，頁 2841。「黃門郎史淑、侍御史王沖自長安奔涼州」。頁 2842 載：「長安謠曰：『秦川中，血沒腕，唯有涼州倚柱觀。』及漢兵覆關中，氐、羌掠隴右，雍、秦之民，死者什八九，獨涼州安全。」

〔註35〕（北齊）魏收，《魏書》（臺北市：鼎文書局，1980），卷 109〈樂志五〉，頁 2828。

九年，遣使朝獻。…世祖嘉其意，…仍詔有司以其鼓舞之節施於樂

府。自後每使貢獻。〔註36〕

悅般國鼓舞經由兩次的往來朝貢傳入後，將之列為樂府的樂舞，顯示其樂舞
的受到重視，因而陸續進獻樂舞。在北魏平定北燕馮跋後，《隋書・音樂志下》
記載：

疏勒、安國、高麗，並起自後魏平馮氏及通西域因得其伎。後漸繁

會其聲，以別於太樂。〔註37〕

疏勒、安國、高麗等三國之樂，隨戰事之後北朝與西域間的交通往來及朝貢
途徑，〔註38〕漸傳入到中原，並列於中央太樂署加以管理。

已傳入中原邊地的龜茲樂以及涼州地區的樂舞，據《隋書・音樂志下》
記載：

龜茲者，起自呂光滅龜茲,因得其聲。呂氏亡，其樂分散。後魏平中

原，復獲之。其聲後多變易。〔註39〕

《魏書・樂志五》：

世祖破赫連昌，獲古雅樂，及平涼州，得其伶人、器服，並擇而存

之。〔註40〕

《隋書・音樂志下》：

西涼者，起符氏之末，呂光、沮渠蒙遜等，據有涼州，變龜茲聲為

之，號為秦漢伎。魏太武既平河西得之。謂之西涼樂。〔註41〕

因北魏消滅佔有西涼之地的北涼沮渠氏政權，獲當地特色樂舞，即龜茲樂與
西涼樂，兩樂舞從邊地涼州往內地傳入到平城。繼而北魏遷都洛陽，則先前
由域外傳入的悅般國鼓舞、疏勒樂、安國樂、高麗樂，加上龜茲樂與西涼樂，
皆隨之傳至洛陽。因此，此階段外來樂舞的傳入、傳播從地域上的移動，可

---

〔註36〕《魏書》，卷102〈西域列傳〉，頁2269。

〔註37〕《隋書》，卷15〈音樂志下〉，頁380。

〔註38〕《魏書》，卷4〈世祖紀第四上〉，頁88，太延三年條：「癸巳，龜茲、悅般、
焉耆、車師、粟特、疏勒、烏孫、渴槃陁、鄯善諸國各遣使朝獻。丁酉，劉
義隆遣使朝貢。」同書，頁89，太延五年條：「夏四月丁酉，鄯善、龜茲、疏
勒、焉耆諸國遣使朝獻。」同書，頁90，「是歲，鄯善、龜茲、疏勒、焉耆、
高麗、粟特、渴盤陁、破洛那、悉居半等國並遣使朝貢。」

〔註39〕《隋書》，卷15〈音樂志下〉，頁378。

〔註40〕《魏書》，卷109〈樂志五〉，頁2828。

〔註41〕《隋書》，卷15〈音樂志下〉，頁378。

分爲兩種，第一是屬於域外傳入：經由朝貢途徑及戰爭之故，樂舞爲戰利品的方式，從西域或邊地（涼州）進入中原地區。從西域傳入的樂舞有悅般國鼓舞、疏勒樂、安國樂、高麗樂。從邊地傳入的有龜茲樂與西涼樂。

其次爲內部傳播：在此時期，傳入的外來樂舞已在各政權中心都城紮下根來，但隨著政權的交替，政權中心在地域上由西向東的移動，外來樂舞亦隨之往中原內部傳播，具有深度傳播的性質。以上外來樂舞的傳入情形整理如表 2-1-3，可清楚樂舞傳入情形。

表 2-1-3：北魏建立至北魏分裂時期外來樂舞的傳入

| 時　　　期 | 樂舞名 | 傳入時間 | 傳入方式 |
|---|---|---|---|
| 北魏建立至北魏分裂（439 年～534 年）約九十年 | 悅般國鼓舞 | 兩次傳入都集中在北魏太武帝拓跋燾時期，傳入平城（今山西大同市東）。<br>第一次：（435 年）北魏通西域。<br>第二次：北魏世祖，太平眞君九年（448） | 第一次：北魏通西域，西域九國向魏入貢。<br>第二次：西域悅般國遣使朝貢。 |
| | 高麗樂<br>疏勒樂<br>安國樂 | （436 年）北魏平定北燕馮跋後，北魏始通西域傳入。 | 疏勒樂、安國樂隨著朝貢途徑始進入中原，樂舞陸續彙集。 |
| | 龜茲樂 | （439 年）北魏消滅佔有西涼之地的北涼沮渠氏政權，獲得龜茲樂。龜茲樂由涼州傳到平城。<br>（493 年）北魏都城遷到洛陽，隨之進入洛陽。 | 涼州地區的龜茲樂在北魏統一北方過程中，通過戰爭的方式，爲北魏政權所獲。 |
| | 西涼樂 | （439 年）北魏消滅佔有西涼之地的北涼沮渠氏政權，獲當地特色樂舞。在中原內部繼續傳播，線路由涼州傳到都城平城。<br>（493 年）北魏都城遷到洛陽（今河南洛陽市），隨之進入洛陽。 | 通過戰爭的方式，爲北魏政權所獲。 |

### （三）北魏分裂至隋代建立時期

從北魏分裂後傳入的樂舞也分爲域外傳入與內部傳播兩種。首先據《隋書·音樂志中》記載：

> 太祖輔魏之時，高昌款附，乃得其伎，教習以備饗宴之禮。及天和

六年（應爲天和元年之誤〔註42〕），武帝罷掖庭四夷樂，其後帝娉皇后於北狄，得其所獲，康國、龜茲等樂，更雜以高昌之舊，並於大司樂習焉。採用其聲，被于鐘石，取周官制以陳之。〔註43〕

《隋書・音樂志下》：

康國，起自周武帝娉北狄爲后，得其所獲西戎伎，因其聲。〔註44〕

《舊唐書・音樂志二》：

周武帝聘虜女爲后，西域諸國來媵，於是龜茲、疏勒、安國、康國之樂，大聚長安。〔註45〕

隨著北周武帝與北狄后的通婚，高昌樂、康國樂、龜茲樂、疏勒樂、安國樂等樂舞直接傳到長安。〔註46〕其中高昌樂、康國樂是第一次的傳入。值得注意的是，北周武帝從這次通婚得到的陪嫁樂舞隊伍，有康國樂、龜茲樂，以及高昌樂，在北周武帝慎重的處理之下，集中於大司樂管理，並按周禮規定制度，在鐘磬等樂器上演奏。從這史實看來，實際上可說是雅、胡、俗樂混合的情況，這與北周統治者在思想、文化上的崇儒漢化有密切相關。

關於內部傳播方面的樂舞，《隋書・音樂志下》：

西涼者，……至魏、周之際，遂謂之國伎。〔註47〕

《舊唐書・音樂志二》：

其樂具有鐘磬，蓋涼人所傳中國舊樂，而雜以羌胡之聲也。魏世共隋咸重之。〔註48〕

---

〔註42〕原文記天和六年罷四夷樂，「其後」聘皇后於北狄。「六」應爲「元」形相近所誤。因（唐）令狐德棻，《周書》（臺北市：鼎文書局，1980），卷9〈阿史那皇后列傳〉，「天和三年三月，后至，高祖行親迎之禮。」《周書》，卷5〈武帝紀〉天和三年，「三月癸卯，皇后阿史那氏至自突厥。」皆記載北周武帝娶阿史那皇后是在天和三年。見於沈冬著《唐樂舞新論》（北京：北京大學出版社，2004），頁42。

〔註43〕《隋書》，卷14〈音樂志中〉，頁342。《舊唐書》，卷29〈音樂志二〉，頁1069也有記載：「西魏與高昌通，始有高昌伎。」

〔註44〕《隋書》卷15，〈音樂志下〉，頁379。

〔註45〕《舊唐書》，卷29〈音樂志二〉，頁1069。

〔註46〕龜茲樂於（384年）前秦呂光通西域滅龜茲，第一次傳入至涼州。疏勒樂和安國樂於北魏通西域後，隨西域諸國的朝貢開始傳入，傳到當時首都平城。參閱本文表2-1-1及表2-1-2。

〔註47〕《隋書》，卷15〈音樂志下〉，頁378。

〔註48〕《舊唐書》，卷29〈音樂志二〉，頁1068。

既然西涼樂在北魏及北周時期是為「國伎」，可知西涼樂是再次隨北魏政權的
分裂更替，進而從洛陽遷移到長安，屬於在中原內部傳播的胡樂舞。以上外
來樂舞傳入情形，整理如表 2-1-4，可清楚樂舞傳入及傳播情形。

表 2-1-4：北魏分裂至隋代建立外來樂舞的傳入

| 時　期 | | 傳入時間 | 傳入方式 |
|---|---|---|---|
| 北魏分裂至隋建立（534年～581年）約四十七年 | 高昌樂： | （535年）西魏文帝紀年開始。（535～557年） | 通過朝貢的方式傳入長安地區。 |
| | 康國樂： | （568年）北周武帝娶突厥阿史那氏為皇后，隨皇后而來。 | 康國樂隨著北周與北狄的通婚，直接傳入長安地區。 |
| | 龜茲樂、疏勒樂、安國樂 | （568年）北周武帝娶突厥阿史那氏為皇后，隨陪嫁隊伍再次傳入。 | 龜茲樂、疏勒樂、安國樂藉由通婚途徑再次傳入，至長安地區。備註： |
| | 西涼樂 | （534年）北魏政權分裂。 | 隨著政權的分裂，從洛陽，再傳播到西魏、北周的都城所在地長安。 |

據以上表 2-1-2、表 2-1-3、表 2-1-4，歸納《魏書・樂志》、《隋書・音樂
志》、《舊唐書・音樂志》記載，整個西晉末年至南北朝期間，外族及地處中
原邊陲的眾多樂種匯集中原，影響較大的樂種主要有以下幾種：西涼樂、龜
茲樂、天竺樂、疏勒樂、安國樂、高麗樂等。傳入的先後次序大致上為天竺、
龜茲、西涼、疏勒、安國、高昌、康國。

在北朝時期，各代統治者大多是少數的胡人，採用的音樂中自然不乏胡
樂、胡舞，而其影響力漸漸傳入中原，甚至傳播至南方。胡樂胡舞在中原傳
播形成的歷史規律和特點，可歸納成以下四點。

其一，多個樂種或同一樂種的傳播並不是一次完成的，是在不同的歷史
階段中，通過不同的傳播途徑和方式形成多次傳入。

其二，傳播途徑可大致分為五種，即朝貢、宗教、戰爭　通婚、商業貿易
等，其傳播途徑是多方面的。

其三，政權更替頻繁，統治者的決策及對戰爭中戰利品的掠奪，在不同
程度上促進胡樂胡舞在中原的傳播，除了直接傳入以外，還有原已傳入的胡
樂胡舞在中原內部繼續較深層的傳播。從政治地理的角度看，政權中心（都
城的位置）的轉移，是促使西域樂舞在中原進行大規模傳播相當重要的因素。

## 四、南朝時期的外來樂舞

南朝繼兩晉以後，乃爲偏安江南的局勢，對於西域外來樂舞之交通自然受到阻隔，故在南朝各朝代中沒有直接或完整的記載，多爲零星的記載，以下就這些史料，大致窺見外來樂舞的傳入及演出情形。

關於外來樂舞在南朝宋的記載，《宋書‧樂志一》記載：

> 凡樂章古詞，今之存者，並漢世街陌謠謳，江南可采蓮、烏生、十五、白頭吟之屬是也。吳哥雜曲，並出江東，晉、宋以來，稍有增廣。〔註49〕

> 又有西、傖、羌、胡諸雜舞。隨王誕在襄陽。造襄陽樂，南平穆王爲豫州，造壽陽樂，荊州刺史沈攸之，又造西烏飛歌曲，並列於樂官。哥詞多淫哇不典正。〔註50〕

南朝劉宋時期，尚存的「樂章古詞」，除有漢代的民間謠謳，「吳哥雜曲」也出於當時。〔註51〕政權偏安江南，地理上與西南地區的少數民族自然多有接觸，故有「西、傖、羌、胡諸雜舞」。值得注意的是，諸王刺史所造之曲「列於樂官」，歌詞卻多「淫哇不典正」，可能是受到西南諸夷的地方音樂影響所致。

《南史‧東昏侯本紀》有外來樂舞在南朝齊的記載：

> 合夕，便擊金鼓吹角，令左右數百人叫，雜以羌胡、橫吹諸伎。〔註52〕

> 從萬春門由東宮以東至郊外數十裏，皆空家盡室，巷陌縣慢爲高障，置人防守，謂之屏除。高障之內，設部伍羽儀，複有數部，皆奏鼓吹、羌胡樂、鼓角橫吹。…〔註53〕

東昏侯蕭寶卷永元三年（501年）二月壬午日出宮遊逛時，經過的地方，把老百姓都趕走，在街道兩邊掛起高高的帳幔，叫做「屏除」。在高高的帳幔裡面，

---

〔註49〕（梁）沈約，《宋書》（臺北市：鼎文書局，1980），卷19〈樂志〉，頁550。

〔註50〕《宋書》，卷19〈樂志〉，頁552。

〔註51〕周達觀原著，夏鼐校注，《真臘風土記校注》（北京：中華書局，2000），〈一城郭〉，頁43。「州城周圍可二十里」夾註：「此州城是指真臘都城，即今柬埔寨之吳哥城」

〔註52〕（唐）李延壽，《南史》（臺北市：鼎文書局，1981），卷5〈東昏侯本紀〉，頁151。

〔註53〕《南史》，卷5〈東昏侯本紀〉，頁152。

擺著儀仗隊伍，還有幾個樂部，演奏內容有「鼓吹、羌胡樂、鼓角橫吹」。另在《南齊書・高帝本紀》記載宋順帝（劉准）被殺前，有「與左右作羌胡伎為樂」之語。〔註54〕《南齊書・鬱林王本紀》記載南齊的鬱林王（蕭昭業）「嘗列胡妓二部夾閣迎奏」，〔註55〕「裁入閣，即於內奏胡伎，鞞鐸之聲，震響內外」。〔註56〕顯示宮廷中已有胡樂胡舞的演出。

南朝蕭梁時期，《隋書・音樂志上・梁》：

> 舊三朝設樂有登歌。以其頌祖宗之功烈，非君臣之所獻也，於是去之。三朝：第一，奏相和五引；……四十四，設寺子導安息孔雀、鳳凰、文鹿胡舞登連上雲樂歌舞伎。……〔註57〕

文中記載梁武帝蕭衍時期，元旦奏樂的情況，記錄類似於節目單。其中奏樂活動順序的一到十二，和四十七到四十九分別是是典禮活動的開始與結束，演奏雅樂。其餘則是娛樂性的節目，內容有歌舞、散樂、百戲、武術表演，以及與佛教有關的表演。可見這時已經在朝廷上面公開表演俗樂，雅樂和俗樂已經合流。而這組節目中的第四十四，有「安息」〔註58〕、「胡舞」，應可以視為南朝梁宮廷中，外族傳入的樂舞。再者，《樂府詩集》「上雲樂」題解記載時人周捨作「上雲樂」，又有「老胡文康辭」：

> 西方老胡，厥名文康，遨遊六合，傲誕三皇，西觀蒙氾，東戲扶桑，南泛大蒙之海，北至無通之鄉。……鳳凰是老胡家雞，獅子是老胡家狗。……從者小子，羅列成行，悉知廉節，皆識義方。歌管愔愔，鏗鼓鏘鏘，響振鈞天，聲若鸞皇。前卻中規矩，進退得宮商，舉技無不佳，胡舞最所長。老胡寄篋中，複有奇樂章，齎持數萬裏，願

〔註54〕（梁）蕭子顯，《南齊書》（臺北市：鼎文書局，1980），卷1〈高帝本紀〉，頁10：載「太祖密謀廢立。五年七月戊子，帝微行出北湖，……帝怒，取馬置光明亭前，自馳騎刺殺之，因共屠割，與左右作羌胡伎為樂。」

〔註55〕《南齊書》，卷1〈鬱林王本紀〉，頁73載：「在世祖喪，哭泣竟，入後宮，嘗列胡妓二部夾閣迎奏。」

〔註56〕《南齊書》，卷1〈鬱林王本紀〉，頁136載：「及武帝梓宮下渚，帝於端門內奉辭，輼輬車未出端門，便稱疾還內。裁入閣，即於內奏胡伎，鞞鐸之聲，震響內外。」

〔註57〕《隋書》，卷13〈音樂志上・梁〉，頁302～303。

〔註58〕（漢）班固，《漢書》（北京：中華書局，1964），卷96〈西域傳上・安息國〉，頁3889載：「安息國，王治番兜城，去長安萬一千六百里。不屬都護。北與康居、東與烏弋山離、西與條支接。土地風氣，物類所有，民俗與烏弋、罽賓同。」

以奉聖皇。乃欲次第說，老耄多所忘。但願明陛下，壽千萬歲，歡

樂渠未央。〔註59〕

辭中描述一位名叫文康的西方老胡，其青眼、白髮、高鼻，仰慕大梁，來遊
祝壽。其出遊，簫管在前面開道，眾多門徒追隨其後。管弦聲和諧安閑，鑼
鼓聲鏗鏘震天，聲勢浩大。老胡悉知禮儀，進退有音樂相隨，可以表演很多
技藝，其中「胡舞」是其最擅長的。是否真有這樣一位奇人老胡，不得而知，
不過，卻可明白南朝蕭梁宮廷樂舞表演中，少不了胡樂胡舞的演出。雅、胡、
俗樂同時放在宮廷中表演，亦說明雅胡俗樂的界限已經沒有那麼清楚，統治
階級的用樂、制樂態度已經發生變化。可見中原傳統皇朝對待胡樂的態度和
以前也已經有所不同。

　　梁元帝蕭繹〈夕出通波閣下觀妓〉詩：「胡舞開春閣，鈴盤出步廊」〔註60〕，
說明在南朝梁的宮廷中有胡樂胡舞的表演。南朝梁武帝信仰佛教，《隋書・音
樂志上》：

　　（梁武帝）帝既篤敬佛法，又制「善哉」、……「斷苦輪」等十篇，

　　名爲正樂，皆述佛法。又有法樂童子伎、童子倚歌梵唄，設無遮大

　　會則爲之。〔註61〕

梁武帝十分敬重佛法，除創制演述佛法的正樂等十篇，還有在舉行無遮大會
時才使用的「法樂童子伎」、「童子倚歌梵唄」等曲，其中「梵唄」應是出於
天竺，「法樂童子伎」可能也受天竺宗教樂舞的影響。常任俠在《絲綢之路與
西域文化藝術》中說：「南朝梁武帝篤敬佛法，童子伎倚歌梵唄，當亦始自天
竺，從西南海舶，隨佛教徒東來」。〔註62〕不過，在南朝傳入的「天竺樂」，
與北朝經由西域文化區的融合後傳入的「天竺樂」是不同的，是不屬於西域
樂舞的範疇。

　　南朝陳時期的外來樂舞記載，《陳書・章昭達列傳》：

　　每飲會，必盛設女伎雜樂，備盡羌胡之聲，音律姿容，並一時之妙，

---

〔註59〕　（宋）郭茂倩編撰，《樂府詩集》（台北市：里仁書局，1999），卷51，頁744、
　　　　746。
〔註60〕　逯欽立輯校，《先秦漢魏晉南北朝詩》（北京，中華書局，1983），卷25〈梁詩〉，
　　　　頁2039載：「蛾月漸成光。燕姬戲小堂。胡舞開春閣。鈴盤出步廊。起龍調
　　　　節奏。卻鳳點笙簧。樹交臨舞席。荷生夾妓航。竹密無分影。花疏有異香。
　　　　舉杯聊轉笑。歡茲樂未央。」
〔註61〕　《隋書》，卷13〈音樂志上・梁〉，頁305。
〔註62〕　常任俠，《絲綢之路與西域文化藝術》（上海：上海文藝出版社，1981），頁152。

雖臨對寇敵，旗鼓相望，弗之廢也。〔註63〕

章昭達每奉命出征，「有所克捷」，設飲宴會，必定備有盛大的女樂雜伎，「備盡羌胡之聲」，且胡樂舞蹈和女伎容貌都是當時一時之選，似乎十分完備。而或許是戰術的考量，在即使面對著敵軍，旗鼓都互相看得見的時候，也不廢止表演。《南史》另有記載：「胡伎不得彩衣，舞伎正冬著袿衣，不得莊面。」當時南郡王義宣等反亂，事平之後，「孝武以義宣亂逆，由於強盛，欲削王侯」，對胡伎表演所定的限制，〔註64〕片面反映胡樂胡舞曾在南朝的存在軌跡。

以上南朝各代關於「羌胡樂」、「羌胡伎」、「胡伎」的名稱記載，應泛指當時西南地方少數民族音樂而言。「羌」是指居於西南地區的少數民族，因南朝政權偏安江南，地理上與西南地區的接近及相鄰，文化、風俗上的接觸亦當自然，對於西南地區傳入的樂舞稱呼，特有「羌」字。

一般來說，歷史上提到「胡人」的樂舞，指的是西北方少數民族的樂舞。既然南朝樂舞史料中有「胡」字的記載，顯示西域樂舞亦曾傳入南朝。雖然南朝和西域諸國的交往因為北方政權的阻隔關係，但從益州到西域有條通行悠久，幾乎與河西走廊並行的道路，應是南北朝時期，對南朝而言是通向西域的主要道路。〔註65〕因此西域樂舞或許有通過此通道傳入南朝的可能性。但在何種情況下的傳播，以及傳入的西域樂舞的種類和形式，依目前史籍記載尚無法具體論之，還需要待往後發現新的材料進行研究和論述。

## 第二節　唐代外來樂舞傳入背景

南北朝以來，各民族歷經數百年種族、文化的融合，北周的統一，使北方各民族廣泛的融合進程基本上已告一段落，所以王國維在《宋元戲曲史》云：「蓋魏、齊、周三朝，皆以外族入主中國，其與西域諸國，交通頻繁，龜茲、天竺、康國、安國等樂，皆於此時入中國。」〔註66〕以下將分幾個面向，論述唐代外來樂舞傳入的時代背景。

〔註63〕（隋）姚察、（唐）魏徵、姚思廉，《陳書》（臺北市：鼎文書局，1980），卷11〈章昭達列傳〉，頁184。

〔註64〕（唐）李延壽，《南史》（臺北市：鼎文書局，1981），卷13〈宋宗室及諸王上列傳〉武帝諸子，頁372。

〔註65〕唐長孺，〈南北朝期間西域與南朝的路道交通〉（收入《魏晉南北朝史論拾遺》，出版地不詳，1982），頁168。

〔註66〕王國維，《宋元戲曲史》（臺北市：臺灣商務印書館，1994），頁7。

## 一、隋唐時代與西域之交通順暢

　　隋王朝雖然只存在短暫的三十多年，但在國策上保持相當的開放性，與四方民族、國家均有不少交往，其中也有樂舞交流。煬帝時曾派遣使者韋節等，出使西域，在《隋書‧西域列傳》記載行至史國（今獨立國家國協烏茲別克共和國撒馬爾罕南，沙赫裏夏勃茲）：

> 煬帝時，遣侍御史韋節、司隸從事杜行滿使於西蕃諸國。至罽賓，得碼磠杯；王舍城，得佛經；史國，得十儛女、師子皮、火鼠毛而還。帝復令聞喜公裴矩於武威、張掖間往來以引致之。〔註67〕

經由史國的女舞者，將西域樂舞傳入中原，雖然具體的樂舞形式不可知，但樂舞者能被國君作爲送禮之物，想必所擅長的樂舞是受到中原人士喜愛，且富有史國舞蹈特色。隋煬帝隨後又派遣裴矩，掌領西域諸藩至張掖與中國交易之事，裴矩從諸商胡口中得知西域各國風俗、山川險易，撰〈西域圖記〉三卷，其序中紀錄西域通道路線，分爲北道、中道、南道，《隋書‧裴矩列傳》：

> 發自敦煌，至於西海，凡爲三道，各有襟帶。北道從伊吾，經蒲類海鐵勒部，突厥可汗庭，度北流河水，至拂菻國，達於西海。其中道從高昌，焉耆，龜茲，疏勒，度蔥嶺，又經鏺汗，蘇對沙那國，康國，曹國，何國，大、小安國，穆國，至波斯，達於西海。其南道從鄯善，于闐，朱俱波、喝槃陀，度蔥嶺，又經護密，吐火羅，挹怛，忛延，漕國，至北婆羅門，達於西海。其三道諸國，亦各自有路，南北交通。其東女國、南婆羅門國等，並隨其所往，諸處得達。故知伊吾、高昌、鄯善，並西域之門户也。總湊敦煌，是其咽喉之地。〔註68〕

從上文可知，經由北、中、南三道可通達的國家，就有二十多餘國，可想見經此通道，西域與隋代之間交往頻繁之盛況，《隋書‧食貨志》即有清楚記載：

---

〔註67〕 《隋書》，卷83〈西域列傳〉，頁1841。
〔註68〕 《隋書》，卷67〈裴矩列傳〉，頁1578～1580載：「煬帝即位，營建東都，矩職修府省，九旬而就。時西域諸蕃，多至張掖，與中國交市。帝令矩掌其事。矩知帝方勤遠略，諸商胡至者，矩誘令言其國俗山川險易，撰西域圖記三卷，入朝奏之。」

> 煬帝即位，……又以西域多諸寶物，令裴矩往張掖，監諸商胡互市。
> 啖之以利，勸令入朝。自是西域諸蕃，往來相繼，所經州郡，疲於
> 送迎，糜費以萬萬計。〔註69〕

內地與西域的聯繫頻繁密切，有許多西域商人和使者到長安、洛陽送迎往來，
雖然此段史料中並無明確關於樂舞的記載，但屬於生活文化不可或缺的樂舞
活動，自然隨之而來。

　　唐代國家統一，版圖更加擴大，置西域羈縻府州，突厥、回紇、黨項、
吐谷渾等部族，龜茲、於闐、焉耆、疏勒、河西內屬等國，過去分散於西域
各族地區，皆爲唐帝國的組成部分。《舊唐書·地理志三》西域十六都督州府：

> 龍朔元年，西域諸國，遣使來內屬，乃分置十六都督府，州八十，
> 縣一百一十，軍府一百二十六，皆隸安西都護府，仍於吐火羅國立
> 碑以紀之。〔註70〕

> 西域諸國，分置羈縻州軍府，皆屬安西都護統攝。自天寶十四載已
> 前，朝貢不絕。今於安西府事末紀之，以表太平之盛業也。〔註71〕

可見唐代與西域交通之盛與便捷，皆超越前代，對民族間的各項交流提供最
佳的保障。

## 二、漢魏以來雅樂的淪喪

　　在魏晉南北朝時期諸胡樂舞傳入中國的同時，原漢族古樂的傳統清樂、
宮廷雅樂何在？可想而知，「永嘉已下，海內分崩」，經歷魏晉南北朝兩三百
年來的戰亂、動盪，所謂「雅樂」，即宮懸樂器和樂工，自因「世歷分崩，頗
有遺失」，〔註72〕且諸胡族視之爲戰利品，爭相掠奪，雅樂器必然漸有損毀。
征戰之中，更無暇顧及振興樂教之事，《隋書·音樂志中》更加明確的說明：

〔註69〕　《隋書》，卷24〈食貨志〉，頁687。
〔註70〕　（後晉）劉昫，《舊唐書》，卷40〈地理志三〉，頁1649。
〔註71〕　（後晉）劉昫，《舊唐書》，卷40〈地理志三〉，頁1650。
〔註72〕　（北齊）魏收，《魏書》（臺北市：鼎文書局，1980），卷109〈樂志五〉，頁
　　　　　2827載：「永嘉已下，海內分崩，伶官樂器，皆爲劉聰、石勒所獲，慕容儁平
　　　　　冉閔，遂克之。王猛平鄴，入於關右。符堅既敗，長安紛擾，慕容永之東也，
　　　　　禮樂器用多歸長子，及垂平永，並入中山。自始祖內和魏晉，二代更致音伎；
　　　　　穆帝爲代王，愍帝又進以樂物：金石之器雖有未周，而絃管具矣。逮太祖定
　　　　　中山，獲其樂縣，既初撥亂，未遑創改，因時所行而用之。世歷分崩，頗有
　　　　　遺失。」

> 魏氏來自雲、朔，肇有諸華，樂操土風，未移其俗。至道武帝皇始
> 元年，破慕容寶於中山，獲晉樂器，不知采用，皆委棄之。〔註73〕

相對於北朝而言，南朝則力圖恢復，尚能「掇其遺散」〔註74〕，但雅樂的淪
喪已是不爭的事實。故在隋代繼承北周，西元 589 年滅南朝陳，建立統一王
朝後，《通典‧樂六》乃云：

> 自長安已後，朝廷不重古曲，工伎轉缺。……自周、隋已來，管絃
> 雜曲將數百曲，多用西涼樂，鼓舞曲多用龜茲樂，其曲度皆時俗所
> 知也。惟彈琴家猶傳楚、漢舊聲，及清調、瑟調，蔡邕雜弄，非朝
> 廷郊廟所用，故不載。〔註75〕

唐代朝廷不重古曲，一方面是當然因自魏晉南北朝以來，漢代古曲之曲譜、
樂伎工多亡佚、流散，另一方面，或許與唐代李氏源自山西太原，習於北方
生活文化有關。再者，周、隋以來，西涼樂與龜茲樂之曲度「皆時俗所知也」，
換句話說，是當時的主流樂舞曲調。李氏繼隋建立唐朝後，對於宮廷樂舞的
需求，固然先繼承隋朝完整的九部樂，繼而大量吸取各方民族樂舞文化之精
華，以重新備整宮廷樂舞。

## 三、社會尚胡之風

　　唐代帝王對四方夷族採取包容寬大的態度，影響民間社會對外來文化的
接納與吸收，據《舊唐書‧輿服志》〔註76〕、《新唐書‧五行志》〔註77〕記載

〔註73〕《隋書》，卷 14〈音樂志中〉，頁 313。

〔註74〕《舊唐書》，卷 28〈音樂志一〉，頁 1040 載：「自永嘉之後，咸、洛為墟，禮
　　　　壞樂崩，典章殆盡。江左掇其遺散，尚有治世之音。而元魏、宇文，代雄朔
　　　　漠，地不傳於清樂，人各習其舊風。」

〔註75〕《舊唐書》，卷 29〈音樂志二〉，頁 1067～1068：「…工伎轉缺，合于管絃者，
　　　　唯明君、楊叛、驍壺、春歌、秋歌、白雪、堂堂、春江花月等八曲。舊樂章
　　　　多或數百言，武太后時明君尚能四十言，今所傳二十六言，就之訛失，與吳
　　　　音轉遠。劉貺以為宜取吳人使之傳習。開元中，有歌工李郎子。郎子北人，
　　　　聲調已失，云學於俞才生。才生，江都人也。自郎子亡後，清樂之歌闕焉。
　　　　又聞清樂唯雅歌一曲，辭典而音雅，閱舊記，其辭信典。」
　　　　《新唐書》（臺北市：鼎文書局，1981），卷 22〈禮樂志十二〉，頁 474。「周、
　　　　隋管絃雜曲數百，皆西涼樂也。鼓舞曲，皆龜茲樂也。」

〔註76〕《舊唐書》，卷 45〈輿服志〉，頁 1957 載：「開元初，從駕宮人騎馬者，皆
　　　　著胡帽，靚粧露面，無復障蔽。士庶之家，又相倣效。」頁 1957 載：「奚
　　　　車，契丹塞外用之，開元、天寶中漸至京城。兜籠，巴蜀婦人所用，今乾
　　　　元已來，蕃將多著勳於朝，兜籠易於擔負，京城奚車、兜籠，代於車輿矣。」

舉凡食物、服飾、器具等物質風俗，皆瀰漫胡化之風。在精神氣質層面上，也表現出充滿胡氣的社會風尚。著名詩人李白、杜甫，以及邊塞詩人岑參等，大多因自身經歷到過東北或西北邊塞，接觸當地的胡人文化，或是大量胡人遷徙中原，影響當地的社會風尚，使得詩人百姓們的言行多少都帶有少數民族的胡氣。〔註78〕《全唐文》載陳鴻祖〈東城老父傳〉感嘆：「今北胡與京師雜處，娶妻生子，長安中少年有胡心矣。」〔註79〕尚胡風氣之盛，甚至影響唐人有了「胡心」。

而皇室對胡風的好尚更是有過之而無不及，唐太宗的兒子李承乾就是一例，據《新唐書・太宗諸子常山王承乾》記載，〔註80〕皇子承乾不僅喜愛胡樂胡舞，還要上百家奴學胡人裝扮，終日不絕。也喜歡突厥語言和服飾，進而模仿胡人衣羊裘、刀割肉、住穹廬帳等生活習性。

社會風氣的好尚不會只局限於某一層面，唐代「尚胡」風氣，不僅反映在物質文化上，屬於精神層面的樂舞活動，也充分表現尚胡之盛。如前揭《舊唐書・輿服志》所載，掌管宮廷樂舞活動的最高機構「太常寺」應因宮廷喜尚，從善如流亦「尚胡曲」，這點還可從《唐會要・諸樂》記載天寶十三載「改諸樂名」一事中得證。〔註81〕

在樂舞方面的尚胡之風，沿襲北朝及隋代風氣影響，《通典・樂志》中記載北魏宣武帝以後，胡樂以「洪心駭耳」、「新聲絕麗」的姿態席捲一時。

---

頁1958載：「武德來，婦人著履，規制亦重，又有線靴。開元來，婦人例著線鞋，取輕妙便於事，侍兒乃著履。臧獲賤伍者皆服襴衫。太常樂尚胡曲，貴人禦饌，盡供胡食，士女皆竟衣胡服，故有范陽羯胡之亂，兆於好尚遠矣。」

〔註77〕《新唐書》，卷34〈五行志〉，頁879載：「天寶初，貴族及士民好爲胡服胡帽，婦人則簪步搖釵，衿袖窄小。楊貴妃常以假鬢爲首飾，而好服黃裙。近服妖也。」

〔註78〕管士光，《唐人大有胡氣》（北京：農村讀物出版社，1992），頁41。

〔註79〕（清）董誥，《全唐文》（北京：中華書局，1987），卷720〈陳鴻祖・東城老父傳〉，頁7414-2。

〔註80〕《新唐書》，卷150〈太宗諸子・常山王承乾〉，頁3564～3565載：「又使戶奴數十百人習音聲，學胡人椎髻，翦綵爲舞衣，尋橦跳劍，鼓鞞聲通晝夜不絕。造大銅鑪、六熟鼎，招亡奴盜取人牛馬，親視烹燖，召所幸廝養共食之。又好突厥言及所服，選貌類胡者，被以羊裘，辮髮，五人建一落，張氈舍，造五狼頭纛，分戟爲陣，繫幡旗，設穹廬自居，使諸部斂羊以烹，抽佩刀割肉相啗。」

〔註81〕請參閱本章第三節「天寶十三載改諸樂名」。

〔註82〕時至北齊以後，胡風更盛，《隋書・音樂志》、《北史・齊本紀》、《顏氏家訓・教子弟二》記載以若干沉湎荒淫的北朝君王爲表率，上行下效，風行草偃，胡樂遂成爲盛極一時的流行音樂。〔註83〕《隋書・音樂志下》記載中可見隋代「龜茲樂」的風行盛況，〔註84〕隋開皇年間（581～600 年），龜茲樂的器樂（琵琶）演奏在民間大爲盛行，〔註85〕當時精通樂器等人的音樂變化多端，並且經常一天之內就會有新的編創。而這些樂人靠著音樂的技能，炫

〔註82〕（唐）杜佑，《通典》卷 142，〈樂典・樂四〉，頁 3614～3615 載：「自（後魏）宣武以後，始愛胡聲，泊於遷都，屈茨琵琶、五弦、箜篌、胡直，胡鼓，銅鈸，打沙羅，胡舞鏗鏘鏗鎝，上音湯。下音塔。洪心駭耳，撫箏新靡絕麗，歌響全似吟哭，聽之者無不悽愴。琵琶及當路，琴瑟殆絕音。皆初聲頗復閒緩，度曲轉急躁。按此音所由，源出西域諸天諸佛韻調，婁羅胡語，直置難解，況復被之土木？是以感其聲者，莫不奢淫躁競，舉止輕，或蹲或躍，乍動乍息，蹻羌嬌反腳彈指，撼頭弄目，情發於中，不能自止。」

〔註83〕（唐）魏徵，《隋書》，卷 14〈音樂志中〉，頁 331 載：「（齊）雜樂有西涼鼙舞、清樂、龜茲等。然吹笛、彈琵琶、五弦及歌舞之伎，自文襄以來，皆所愛好。至河清以後，傳習尤盛。後主唯賞胡戎樂，耽愛無已。於是繁手淫聲，爭新哀怨。故曹妙達、安未弱、安馬駒之徒，至有封王開府者，遂服簪纓而爲伶人之事。」
　　（唐）李百藥，《北齊書》（臺北市：鼎文書局，1980），卷 4〈文宣帝紀〉，頁 67～68 載：「（北齊文宣帝高洋）或躬自鼓舞，歌謳不息，從旦通宵，以夜繼晝，或袒露形體，途傅粉黛，散髮胡服，雜衣錦彩，撥刀張弓，遊行市。……或擔胡鼓而拍之。」
　　（唐）李延壽，《北史》（臺北市：鼎文書局，1980），卷 7〈齊本紀〉，頁 259。記載同。
　　《北齊書》，卷 8〈幼主帝紀〉，頁 112 載：「（北齊幼主高桓）盛爲無愁之曲，帝自彈胡琵琶而唱之，侍和之者以百數，人間謂之無愁天子」。
　　《北齊書》，卷 11〈廣寧王孝珩傳〉，頁 145 載：「後周武帝在雲陽，宴齊君臣，自彈胡琵琶，命孝珩吹笛」。
　　（北齊）顏之推，王利器集解，《顏氏家訓集解》（上海：上海古籍出版社，1980），卷 1〈教子第二〉，頁 36 載：「齊朝有一士大夫，嘗謂吾曰：「我有一兒，年已十七，頗曉書疏，教其鮮卑語及彈琵琶，稍欲通解，以此伏事公卿，無不寵愛，亦要事也」。

〔註84〕《隋書》，卷 15〈音樂志下〉，頁 378 載：「開皇中，其器大盛於閭閻。時有曹妙達、王長通、李士衡、郭金樂、安進貴等，皆妙絕弦管，新聲奇變，朝改暮易，持其音技，估衒公王之間，舉時爭相慕尚。」

〔註85〕《舊唐書》，卷 29〈音樂志〉，頁 1069 載：「後魏有曹婆羅門，受龜茲琵琶於商人，世傳其業。至孫妙達，尤爲北齊高洋所重，常自擊胡鼓以和之。」
　　《通典》，卷 142〈樂典・樂三〉，頁 3650。「初，周武帝時，有龜茲人曰蘇祇婆，從突厥皇后入國，善胡琵琶。」從記載中可知龜茲樂以琵琶爲重要樂器。

耀於王公貴族之間，一時人們都爭著向他們學習。可見龜茲樂的廣泛影響。爭相學習龜茲樂、炫耀龜茲樂的演奏，已經成為當時社會流行的一種音樂時尚。

## 四、樂舞活動的興盛

舞蹈是受到唐代社會各階層喜愛的表演藝術，也是人們用以自娛、表示禮節或顯示自己才華的一種手段。唐代尚舞之風不僅表現在皇帝、貴戚、士人的好舞活動中，在社會生活中亦可見歌舞的身影，朝享慶典、節慶喜慶、宗教祭祀，無不載歌載舞。〔註86〕人們喜愛並重視舞蹈活動，能詩能文，能歌善舞，都是令人愉悅、崇尚的藝術表現。

在宮廷宴飲酺會的樂舞節目中，也有「胡夷」的演出。〔註87〕

被視為中興之主的唐玄宗李隆基，是一位著名的帝王音樂家，善作曲，常親自演奏樂器，擊奏羯鼓，〔註88〕指揮宮廷樂隊的排練，《唐會要‧雜錄》：

> 開元二年，上以天下無事，聽政之暇，於梨園自教法曲，必盡其妙，
>
> 謂之皇帝梨園弟子。〔註89〕

玄宗所寵幸的楊貴妃，即是唐代有名的舞蹈家，她「姿質豐豔，善歌舞，通音律，智算過人」，〔註90〕以善舞「霓裳羽衣」與「胡旋舞」著稱。〔註91〕玄宗另一寵妃梅妃采蘋，不但文學修養好，表演「驚鴻舞」，如飛鳥般輕盈、優美而敏捷的舞蹈，使玄宗為之傾倒，讚嘆「吹白玉笛，作驚鴻舞，一座光輝」，〔註92〕能歌善舞，故「開元初，高力士選入，侍元宗，甚見寵幸」。〔註93〕

---

〔註86〕 介永強，〈唐代尚舞風氣溯源〉，《人文雜誌》第 5 期，（陝西師範大學繼續教育學院，2001 年），頁 131。

〔註87〕 《舊唐書》，卷 28〈音樂志一〉，頁 1058 載：「玄宗在位多年，善音樂，若讌設酺會，即御勤政樓。…太常樂立部伎、坐部伎依點鼓舞，間以胡夷之伎。」

〔註88〕 《新唐書》，卷 22〈禮樂志十二〉，頁 476：「帝又好羯鼓，而寧王善吹橫笛，達官大臣慕之，皆喜言音律。」

〔註89〕 （宋）王溥，《唐會要》（北京市：中華書局，1955），卷 34〈雜錄〉，頁 629。

〔註90〕 《舊唐書》，卷 51〈楊貴妃列傳〉，頁 2178。

〔註91〕 《白居易集》（台北：漢京文化事業有限公司，1984），卷三〈諷諭三‧新樂府〉，頁 60。，〈胡旋女—戒近習也〉：「天寶季年時欲變，臣妾人人學圜轉。中有太真外祿山，二人最道能胡旋。」《白居易集》，卷十二〈感傷四〉，頁 235，〈長恨歌〉：「漁陽鞞鼓動地來，驚破霓裳羽衣曲。」

〔註92〕 （唐）曹鄴，《梅妃傳》（臺北市：藝文印書館，1966），頁 1。

〔註93〕 （清）董誥等編，《全唐文》，卷 98〈元宗江妃〉，頁 1012-1。

此外，許多將軍武官擅長舞劍，譽為唐代三絕的裴旻將軍的劍舞，〔註94〕具相當代表性。曾在洛陽天宮寺為畫家吳道子拔劍起舞，圍觀者數千人，其劍舞技藝之高超，令人驚歎不已。〔註95〕唐詩中也有一些詠讚武官或文官舞劍的詩篇，如李白〈司馬將軍歌〉「將軍自起舞長劍，壯士呼聲動九垓」〔註96〕；杜甫〈故武衛將軍輓歌三首〉「舞劍過人絕，鳴弓射獸能」〔註97〕；岑參〈酒泉太守席上醉後作〉「酒泉太守能劍舞，高堂置酒夜擊鼓」〔註98〕等詩句，說明唐代武官舞劍成風，是十分普遍的情形。

唐代士大夫燕居之暇，寄情於歌舞，留連風景。〔註99〕唐人尚文好狎，流連歌舞場所，賞舞好樂是一種時尚，除權貴宅第的宴飲廳堂以外，在民間街頭、廣場和酒肆，就是歌舞藝人演出的舞臺，如圖 2-2-1。

歌舞藝人在酒肆表演，為客侑酒的風氣也相當興盛，屬於藝術觀賞性質的酒筵歌舞，是群眾文化娛樂的一部分。另一種是酒筵中游藝性質的歌舞，結合酒令手勢「打令」，舞蹈動作有招、搖、送，同是在酒宴中所跳有禮節性與自娛性的舞蹈，〔註100〕飲酒者同時也是表演者，並發展出唐代特有的酒令歌舞新文化。唐代酒宴歌舞的盛行，不僅是樂舞活動的發展搖籃，對於唐代大量歌舞新品的創作而言，有其重要的社會需求背景。〔註101〕

---

〔註94〕 《新唐書》，卷 202〈文藝列傳〉，頁 5764 載：「文宗時，詔以白歌詩、裴旻劍舞、張旭草書為『三絕』。」

〔註95〕 （宋）李昉等編，《太平廣記》，卷 212〈畫三‧吳道玄〉，頁 1623 載：「又開元中。將軍裴旻居母喪。詣道子。請於東都天宮寺畫神鬼數壁。以資冥助。道子答曰。廢畫已久。若將軍有意。為吾纏結。舞劍一曲。庶因猛勵。獲通幽冥。旻於是脫去縗服。若常時裝飾。走馬如飛。左旋右抽。擲劍入雲。高數十丈。若電光下射。旻引手執鞘承之。劍透室而入。觀者數千百人。無不驚慄。道子於是援毫圖壁。颯然風起。為天下之壯觀。道子平生所畫。得意無出於此。」

〔註96〕 《李白集校注》（上海：上海古籍出版社，1980），卷四，頁 316。

〔註97〕 《杜詩詳註》（台北：文史哲出版社，1976），卷 2，頁 144～146。

〔註98〕 《全唐詩》卷 201-58，頁 2105。

〔註99〕 向達，《唐代長安與西域文明》（重慶：重慶出版社，2009），頁 46。

〔註100〕 （宋）黎靖德編，王星賢點校，《朱子語類》（北京市：中華書局，1986），卷 92〈樂〉，頁 2336。「唐人俗舞謂之『打令』，其狀有四：曰招，曰搖，曰送，其一記不得。蓋招則邀之之意，搖則搖手呼喚之意，送者送酒之意。舊嘗見深村父老為餘言，其祖父嘗為之收得譜子。曰：『兵火失去。』舞時皆裹襆頭，列坐飲酒，少刻起舞。」

〔註101〕 王昆吳，《唐代酒令藝術》（上海：東方出版社，1995），頁 41。

### 圖 2-2-1　敦煌第 360 窟「維摩詰經變方便品」東壁南側下部 ——唐代露天酒肆

資料來源：敦煌文物研究所編，《中國石窟敦煌莫高窟　第四卷》（北京：文物出版社，
　　　　　1987），圖 124。

　　唐代寺院和前代一樣，不僅是宣傳宗教、舉行宗教活動的地方，也是群眾娛樂的場所。寺院一般設有戲場，〔註 102〕在宗教的感召下，戲場觀眾是一般廣泛的群眾，各階層的人都可到寺院敬佛或觀戲。唐宣宗愛女萬壽公主，曾到慈恩寺觀戲場。〔註 103〕前文所提裴旻將軍在天宮寺舞劍，雖然不同一般戲場表演，但圍觀數千群眾裡，也仍有僧侶、信徒和普通百姓。

　　唐代承繼隋代，蓄伎之盛，不但帝王、官家設有宮伎、官伎、營伎等，屬於官方所有，表演場地在宮廷、官府、軍營。而貴族、士大夫也多蓄有家伎、私伎，以歌舞表演伺候主人和娛樂賓客。唐人韋莊〈陪金陵府相中堂夜宴〉：

〔註 102〕（宋）李昉，《太平廣記》卷 394〈雷二・徐智通〉頁 3148。「寺前素爲郡之戲場。每日中。聚觀之徒。通計不下三萬人。」
〔註 103〕《資治通鑑》，卷 248〈唐紀・宣宗大中二年〉，頁 8036。「十一月，庚午，萬壽公主適起居郎鄭顥。……顥弟顗，嘗得危疾，上遣使視之，還，問『公主何在？』曰：『在慈恩寺觀戲場。』上怒。」

滿耳笙歌滿眼花，滿樓珠翠勝吳娃。因知海上神仙窟，只似人間富
貴家。繡戶夜攢紅燭市，舞衣晴曳碧天霞。卻愁宴罷青蛾散，楊子
江頭月半斜。〔註104〕

詩中對歌舞遊宴生活提供具體的描繪，笙歌漫舞，一派熱鬧華靡之景。權勢、
官宦等私人蓄養樂伎的風氣相當風行，有不少唐詩描述權貴、士大夫宴飲活
動中歌舞伎樂的演出，此部份可另成研究專題，本文僅稍作闡述。不過值得
注意的是，朝廷曾訂立制度加以管限蓄伎人數，〔註105〕以官品高低來限制私
人樂伎數，意味著唐代私人蓄養樂伎的情況應相當普遍，甚至有氾濫的情況。
四、五十年後，本身善音律，喜愛音樂舞蹈的唐玄宗在位期間，明令五品以
上的官員、各地節度使及太守家中要蓄養樂伎，以為娛樂之用。〔註106〕使得
私家蓄伎情形是更加盛行，從文化傳播方面來看，私家樂舞文化的活躍，對
於唐朝整體樂舞文化的傳播、發展，卻是具有正面發展的意義與效果。另一
方面，現實生活中私家樂舞豐富的樂舞活動，也提供當時繪製敦煌石窟壁畫
的藝術家們在創作時的想像依據，所以在經變圖中的伎樂可說是當時樂舞生
活的藝術化反映。

## 五、宮廷樂舞制度

唐代初年，樂舞制度因襲隋制，從隋煬帝在關中設立教坊開始，至唐玄
宗創設梨園，由宮廷設置的三大樂舞機構是太常寺、教坊和梨園。

### （一）太常寺

太常寺是音樂機構的最高行政管理單位。唐初，太常寺下設有郊社、太
廟、諸陵、太樂、鼓吹、太醫、太葡、廩犧等八署。掌禮樂、郊廟、社稷之
事。〔註107〕盛唐之時，所管理的樂工舞人多至數萬，宮廷樂舞之盛，機構之

〔註104〕《全唐詩》，卷 697-7，頁 8018。
〔註105〕《舊唐書》，卷 43〈職官志二〉，頁 1830 記載唐中宗李顯對中央官員蓄養樂
伎的限制：「（神龍二年）凡私家不得設鐘磬。三品已上，得備女樂。五品女
樂不得過三人。」《唐會要》卷 34〈雜錄〉，頁 628～629。也記載：「（神龍二
年）其年九月，勅：「三品已上，聽有女樂一部；五品已上，女樂不過三；皆
不得有鐘磬。樂師凡教樂，淫聲過聲、凶聲慢聲，皆禁之。」
〔註106〕《唐會要》，卷 34〈雜錄〉，頁 630 載：「天寶十載九月二日勅：五品已上正員清
官，諸道節度使及太守等，並聽當家畜絲竹，以展歡娛。行樂盛時，覃及中外。」
〔註107〕《舊唐書》，卷 44〈職官志〉，頁 1872。《新唐書》，卷 48〈百官志三〉，頁 1241。
皆有記載。

龐大，可謂空前絕後。〔註108〕也因此，太常寺進行調整，分工更爲細緻、明確。訓練、考核和管理制度更加完善和嚴格。〔註109〕

### （二）教坊

唐代「教坊」之創始，在武德初年，《舊唐書・職官志二》中書省條文「內教坊」：

> 武德以來置於禁中，以按習雅樂。以中官一人充使。則天改爲雲韶府，神龍復爲教坊。〔註110〕

唐初的音樂制度仍是以太常寺爲中心，此時期之「內教坊」應爲太樂署在禁中皇居附近，教習宮女雅樂的固定場所，是於太常寺之外個別存在的地點。〔註111〕《新唐書・百官志三》太常寺、太樂署條文：

> 開元二年，又置內教坊於蓬萊宮側。有音聲博士，第一曹博士、第二曹博士。〔註112〕

「內教坊」於武后時曾改名爲「雲韶府」，〔註113〕十四、五年後，又復名「內教坊」。盛唐時期，由於社會經濟的繁榮和文化的興盛，教坊得到充分的發展；精通音律的玄宗帝於開元二年（西元 714），由太常寺專管禮儀、祭祀等雅樂

---

〔註108〕《新唐書》，卷22〈禮樂志十二〉，頁477載：「唐之盛時，凡樂人、音聲人、太常雜戶子弟隸太常及鼓吹署，皆番上，總號音聲人，至數萬人。」

〔註109〕《舊唐書》，卷44〈職官志〉，頁1875載：「凡習樂，立師以教。每歲考其師之課業，爲上中下三等，申禮部，十年大校之，量優劣而黜陟焉。凡樂人及音聲人應教習，皆著簿籍，覈其名數，分番上下。」
《新唐書》，卷48〈百官志三〉，頁1243載：「凡習樂，立師以教，……博士教之，功多者爲上第，功少者爲中第，不勤者爲下第，禮部覆之。十五年有五上考、七中考者，授散官，直本司，年滿考少者，不敘。教長上弟子四考，難色二人、次難色二人業成者，進考，得難曲五十以上任供奉者爲業成。習難色大部伎三年而成，次部二年而成，易色小部伎一年而成，皆入等第三爲業成。業成、行脩謹者，爲助教；博士缺，以次補之。長上及別教未得十曲，給資三之一：不成者隸鼓吹署。習大小橫吹，難色四番而成，易色三番而成；不成者，博士有謫。內教博士及弟子長教者，給資錢而留之。」

〔註110〕《舊唐書》，卷43〈職官志二〉，頁1854。
《新唐書》，卷48〈百官志三〉，頁1244。記載略同，「武德後，置內教坊于禁中。武后如意元年，改曰雲韶府，以中官爲使。」

〔註111〕參閱岸邊成雄著，《唐代音樂史的研究》（臺北市：臺灣中華書局，1973），〈第二章 教坊〉，論述「武德之內教坊」，頁222。

〔註112〕《新唐書》，卷48〈百官志三〉，頁1244。

〔註113〕《唐會要》，卷34〈雜錄〉，頁628。「如意元年五月二十八日，內教坊改爲雲韶府。」

舞的事宜以外，於蓬萊宮側置內教坊。將部分女樂化的燕樂歌舞〔註114〕、百戲等娛樂性演出的胡俗樂，由內教坊接管。〔註115〕同時，還開設「左右教坊」，《新唐書·百官志三》太常寺太樂署條文內：

> 京都，置左右教坊、掌俳優雜伎。自是不隸太常。以中官爲教坊使。
> 〔註116〕

《教坊記》記載：

> 西京右教坊，在光宅坊。左教坊在延政坊。右多善歌，左多工舞。
> 蓋相因習。東京兩教坊，俱在明義坊，而右在南，左在北也。〔註117〕

「內教坊」是專爲宮廷服務的，演出活動受命於皇帝，應由太常寺管理〔註118〕。「左右教坊」是明確獨立於太常寺之外的樂舞組織，不屬太常寺管理，直接由宮廷派出的中官（宦官）爲教坊使來管理。兩種「教坊」傳習、演出內容，據《資治通鑑》，開元二年條文：

> 舊制，雅俗之樂，皆隸太常。上曉音律。以太常掌禮樂之司，不應典倡優雜伎。乃更置左右教坊以教俗樂。〔註119〕

是當時民間流行的樂舞戲、雜技、新聲散樂，「新聲」指的是當時流行的胡、俗樂〔註120〕，「散樂」則指漢朝以來雜技幻術之類演出，大多自西域傳入。〔註121〕

---

〔註114〕據岸邊成雄先生《唐代音樂史的研究》，頁222。研究掌管雅樂太常寺太樂署之宮城內分所的結論，在儒教禮樂思想影響所及，雅樂是僅由男性樂工擔任。由宮女樂伎在宮中擔任演出的雅樂是爲「房中樂」。

〔註115〕《舊唐書》，卷29〈音樂志二〉，頁1073。「歌舞戲，有大面、撥頭、踏搖娘、窟礧子等戲。玄宗以其非正聲，置教坊於禁中以處之。」
《新唐書》，卷22〈禮樂志十二〉，頁475。「及即位，命寧王主藩邸樂，以充太常。分兩朋以角優劣。置內教坊於蓬萊宮側，居新聲、散樂、倡優之伎」
（唐）劉肅，《大唐新語》（《唐五代筆記小說大觀》，上海：上海古籍出版社，2000），卷10，頁304。「開元中天下無事，玄宗聽政之後，從禽自娛。又於蓬萊宮側，立教坊，以習倡優蓽衒之戲。」

〔註116〕《新唐書》，卷48〈百官志三〉，頁1244。

〔註117〕（唐）崔令欽，《教坊記》（《唐五代筆記小說大觀》，上海：上海古籍出版社，2000），頁123。

〔註118〕據「置內教坊於蓬萊宮側」記載於《新唐書》〈百官志三〉太樂署條文內，可能還是隸屬太常寺。

〔註119〕《資治通鑑》，卷211〈唐紀二十七〉開元二年條文，頁6694。

〔註120〕《舊唐書》，卷29，〈音樂志二〉，頁1071：載「又有新聲自河西至者，號胡音聲，與龜茲樂、散樂俱爲時重，諸樂咸爲之少寢。」

〔註121〕《新唐書》，卷29〈音樂志二〉，頁1073載：「大抵散樂雜戲多幻術，幻術皆出西域，天竺尤甚。漢武帝通西域，始以善幻人至中國」。

從唐初武德至盛唐玄宗朝，胡樂胡舞元素不斷的加入，樂舞活動蓬勃發展，豐富、多元的樂舞內容，已無法如唐初沿襲前代之制，全歸屬於太常寺管理，音樂素養極高的玄宗，認為有其加以分門別類，另作專門訓練、演出機構的處置必要，在即位不久，即開始部署、設置，使宮廷樂舞機構更為明確，並且成為人數眾多，頗有影響和代表性的樂舞百戲的創作和演出單位。換句話說，「教坊」的設置，亦充分反映當時胡、俗歌舞雜戲的風行之盛況。

### （三）梨園

在上述唐玄宗設置獨立的「教坊」，教習胡俗樂舞之外，玄宗還為自己設立的專屬的樂舞機構「梨園」，因在禁苑附近的梨園而得名，據岸邊成雄先生《唐代音樂史的研究》中對梨園的創設及變遷，綜合《舊唐書·音樂志一》〔註122〕、《唐會要·雜錄》〔註123〕、《明皇雜錄》〔註124〕、《資治通鑑》〔註125〕等書，梨園創設時間，應為開元二年，與左右教坊獨立設置的同時。並與太常寺、教坊成為宮廷音樂的三大中心。

根據近代學者研究指出，唐代梨園有四個，分別為「禁苑梨園」、「宮內梨園」、長安太常寺管轄的「梨園別教院」、洛陽太常寺管轄的「梨園新院」〔註126〕。本文所指梨園，是由玄宗親自指導的「禁苑梨園」〔註127〕與「宮

---

〔註122〕《舊唐書》，卷28，〈音樂志一〉頁1051載：「玄宗又於聽政之暇，教太常樂工子弟三百人為絲竹之戲，音響齊發，有一聲誤，玄宗必覺而正之，號為皇帝弟子，又云梨園弟子。以置院於禁苑之梨園。太常又有別教院，教供奉新曲。太常每陵晨古笛亂發於太樂別署教院，廩時常千人，宮中居宜春院。」

〔註123〕《唐會要》，卷34〈雜錄〉，頁629載：「開元二年，上以天下無事，聽政之暇，自教法曲，必盡其妙。謂之皇帝梨園弟子。」

〔註124〕（唐）鄭處誨，《明皇雜錄》〈輯佚〉（北京：中華書局出版，1994），頁63載：「開元二年，上於梨園自教法曲，必盡其妙。謂之皇帝梨園弟子。」

〔註125〕《資治通鑑》，卷211〈唐紀二十七〉，開元二年正月己卯條，頁6694載：「又選樂工數百人。自教法曲於梨園。謂之皇帝梨園弟子，又教宮女使習之。又選伎女置宜春院。」

〔註126〕李明明，〈唐代梨園考辨〉，《文教資料——文化藝術研究》（河南大學藝術學院，2008年4月號下旬刊），頁70。

〔註127〕《舊唐書》，卷28〈音樂志一〉，頁1051。「…又云梨園弟子。以置院於禁苑之梨園。…」。《舊唐書》，卷7〈中宗本紀〉，頁147～149。「三年春正月……乙亥，宴侍臣及近親於梨園亭。」「（三年）秋七月…辛酉，幸梨園亭，宴侍臣學士。」「（四年）二月…庚戌，另中書門下供奉官五品以上、文武三品以上並諸學士等自芳林門入，集於梨園球場，分朋拔河。帝與皇后、公主親往觀之。」

內梨園」〔註128〕，統稱「梨園」，凡約一千五百餘人之多。「梨園」主要是教授和演奏「法曲」。《新唐書‧禮樂志十二》記載：

> 玄宗既知音律，又酷愛法曲，選坐部伎子弟三百，教於梨園。聲有誤者，帝必覺而正之。號皇帝梨園弟子，宮女數百亦爲梨園弟子，居宜春院。〔註129〕

能夠選入梨園的都是最優秀的樂舞藝人，並且可得玄宗親自指點，其實梨園更像是皇帝個人組成的小型樂隊，專門習練唐玄宗酷愛的「法曲」，其中多爲玄宗親自創作的曲子〔註130〕。梨園的設置使得「法曲」有絕佳的發展環境，堪稱是唐代樂舞藝術之精華。此外，玄宗在梨園法部設立一個名稱爲「小部音聲」的少年樂隊，年齡凡十五歲以下，〔註131〕是宮廷技藝精湛的樂工的培養之地。〔註132〕

　　從玄宗設置教坊、梨園的背景緣由看來，可歸納爲兩個動機。其一，因樂舞的演出需求功能不同，樂舞內容亦有不同的屬性特色。雅樂樂舞因用於郊廟祭祀，具儀式演出的功能，演出規模、樂舞曲調、動作皆有一定規範，而雅樂以外的宮廷燕饗樂舞，則是具賞心悅目的娛樂性功能。故在管理層面上，將唐初太常寺掌理所有雅、胡、俗樂的樂舞體制，依樂舞的演出特性及功能、內容，分別置於不同機構來掌理，是使樂舞的發展與管理更具專門、專業化的發展。岸邊成雄先生對於唐代樂舞的歷史分期中，即明白指出唐代

---

〔註128〕 （日本）岸邊成雄先生《唐代音樂史的研究》，頁334，與李明明〈唐代梨園考辨〉，兩文引述同一段引文，《資治通鑑》，卷209〈唐紀二十五〉，睿宗玄眞大聖大興孝皇帝上之景雲元年、證月庚戌條「上御梨園毬場」註解「程大昌曰：梨園在光化門北。開元二年，玄宗置教坊於蓬萊宮。上自教法曲，謂之梨園弟子。至天寶中，即東宮，置宜春北苑。命宮女數百人爲梨園弟子。即是梨園者按樂之地，而欲教者名爲弟子耳。凡蓬萊宮、宜春院，皆不在梨園之內也。」岸邊成雄先生認爲蓬萊宮之教坊教習法曲或有錯誤，李明明先生則認爲是另一與教坊有關的「宮內梨園」。對於梨園的相關記載或遺失或模糊，亦非本爲論述要點，謹記於此。

〔註129〕 《新唐書》，卷22〈禮樂志十二〉，頁476。

〔註130〕 《舊唐書》，卷28〈音樂志一〉，頁1052。「玄宗又製新曲四十餘，又新製樂譜。」

〔註131〕 （宋）李昉等編，《太平廣記》，卷204〈樂二〉，頁1554～1555。「值梨園法部置小部音聲。凡三十餘人。皆十五以下。」

〔註132〕 《新唐書》，卷22〈禮樂志十二〉，頁476。「梨園法部，更置小部音聲三十餘人。帝幸驪山，楊貴妃生日，命小部張樂長生殿，因奏新曲，……」同書，頁477：「樂工少年姿秀者十數人，衣黃衫、文玉帶，立左右。」

中葉爲胡、俗樂的融合時期，與教坊、梨園之設置有直接、密不可分的關聯性。〔註133〕

其二，因其演出功能所致，雅樂樂舞可說是不需具有高超的演出技巧，按表操課即可，藝術發展的空間有其限制。相對於雅樂，在宮廷宴飲表演的樂舞，爲能滿足宮廷宴饗時感官的娛樂需求，及帝王喜好的緣故，樂舞的演出自然是能日新月異，充滿新鮮感，故對其舞蹈技藝上的變化及音樂水準要求，自是遠遠高於雅樂之上。也使音樂、舞蹈藝術的發展有求新求變的動機，對於新的樂舞元素的刺激與加入，即外來樂舞的傳入，或是宮廷民間樂舞藝人的創作，可想而知，應是有相當高的需求與迫切性。在需求與供給兩者傳動之下，成就唐代樂舞繁盛的景象。唐人崔令欽所著《教坊記》，記錄當時教坊內所習的樂舞曲共有三百二十五首之多，亦可證其樂舞繁盛之景況〔註134〕。

### （四）宮廷「當番」樂舞服務制度

據《唐會要》記載，唐初宮廷中的散樂藝人，都是由各州藝人依規定時間，輪流到宮中「當番」（值班）。〔註135〕所以各地應當都有一批藝人，平日活動在民間各地，訓練本身的技藝達到一定的水準，規定的時間一到，就去宮廷服務演出〔註136〕。

在這制度的背景之下，在民間有相當多的樂舞、百戲散樂藝人在全國各地活動，在群眾中表演、創作，吸取民間多元的樂舞藝術，不斷滋養茁壯，爲唐代的樂舞藝術貢獻他們的智慧與心血。〔註137〕如在隋代煬帝時，曾調集

〔註133〕（日人）岸邊成雄，《唐代音樂史的研究》上冊，頁5。岸邊成雄先生按唐朝樂制的變遷，將唐朝樂舞與雅、胡、俗三樂的關係，分爲三個時期，（一）唐初：雅、胡、俗三樂鼎立——太常寺樂工之完成。（二）唐朝中葉：胡、俗二樂融合——教坊與梨園之設置。（三）唐末：新俗樂之確立—妓館之活動。

〔註134〕（唐）崔令欽，《教坊記》（《唐五代筆記小說大觀》，頁125～128。請詳參本文第五章。

〔註135〕《唐會要》，卷33〈散樂〉，頁611～612載：「舊制之內，散樂一千人，其數各繫諸州多少，輪次隨月當番，週閏月六番。人各徵資錢一百六十七文，一補之後，除考假輪半次外，不得妄有破除。」

〔註136〕（唐）鄭處誨，《明皇雜錄》（《唐五代筆記小說大觀》，上海：上海古籍出版社，2000），〈補遺〉，頁973載：「新豐市有女伶曰謝阿蠻，善舞凌波曲，常出入宮中，楊貴妃遇之甚厚，亦遊於國忠及諸姨宅。」

〔註137〕任半塘，《教坊記箋訂》，〈曲名〉，頁60：「爲雜曲（教坊記所記曲名中四十六首大曲以外之曲）之作家，郭氏（郭茂倩）僅舉文人才士而已，殊不能該。雜曲之原聲與始辭，頗多創製於民間之勞動者，或在民間曾經遭遇奇變，而其人之情感頗爲眞摯者，其人並不能『文』，初不限於所謂文人才士而已也。」

「四方散樂」數萬人到東都演出。〔註138〕也就是將流散各地的民間藝人，在皇帝一聲令下，召集起來進行五花八門、壯觀宏大的精采表演。在這絢爛的演出背後，任何一種表演技藝，都不是一蹴可幾的，需要經過至少數年或是數十年，日積月累刻苦練習，才能有爐火純青的表演技巧。所以能在朝廷召集下即可進行演出者，當然都是箇中佼佼者，從這史實，也說明當時應有眾多在民間從事散樂百戲的藝人。

## 第三節　唐代外來樂舞之盛

　　經過魏晉南北朝民族文化大融合，異族文化相互接觸，猶如異花授粉，時至隋唐統一時代，政治統一，疆域廣大，經濟、交通的持續發展與發達，各方樂舞，紛雜並陳，猶如百花齊放，爭奇鬥艷，孕育出新種奇花。

### 一、外來樂舞的傳入

　　疏勒、安國、龜茲、康國等西域諸國之樂，在北朝時期，經過通婚、朝貢途徑，匯集於長安，〔註139〕長安不僅為當時國際都市，亦是國際音樂中心。隋煬帝大業六年（610年），高昌國進獻「聖明樂曲」，《隋書・音樂志下》載：

> 六年，高昌獻聖明樂曲，帝令知音者于館所聽之，歸而肄習，及客方獻，先於前奏之，胡夷皆驚焉。〔註140〕

這些經由稱臣納貢東來的西方樂舞，在外交政權上含有一定的目的性，樂舞節目內容當經過選拔與修整，對於樂舞本族而言，具有一定代表性與藝術水準。繼而成為宮廷樂舞的演出內容。〔註141〕《新唐書・禮樂志十二》：

---

〔註138〕《隋書》，卷15〈音樂志下〉，頁381載：「及大業二年，突厥染幹來朝，煬帝欲誇之，總追四方散樂，大集東都。………每歲正月，萬國來朝，留至十五日，於端門外，建國門內，綿互八裏，列為戲場。百官起棚夾路，從昏達旦，以縱觀之。至晦而罷。伎人皆衣錦繡繒綵。其歌舞者，多為婦人服，鳴環佩，飾以花毦者，殆三萬人。」

〔註139〕《隋書》，卷15〈音樂志〉下，頁378：「疏勒、安國、高麗，並起自後魏平馮氏及通西域，因得其伎。後漸繁會其聲，以別於太樂」。《舊唐書》，卷29〈音樂志二〉，頁1069：「周武帝聘虜女為后，西域諸國來媵，於是龜茲、疏勒、安國、康國之樂，大聚長安。胡兒令羯人白智通教習，頗雜以新聲。」參閱本章第一節。

〔註140〕《隋書》，卷15〈音樂志下〉，頁379。

〔註141〕趙青，〈胡樂在隋唐燕樂中的地位及影響探析〉，《內蒙古社會科學（漢文版）》，第28卷第5期，（2007年9月），頁107。

周、隋與北齊、陳接壤，故歌舞雜有四方之樂。至唐，東夷樂有高
麗、百濟，北狄有鮮卑、吐谷渾、部落稽，南蠻有扶南、天竺、南
詔、驃國，西戎有高昌、龜茲、疏勒、康國、安國，凡十四國之樂，
而八國之伎，列於十部樂。〔註142〕

周、隋、唐之樂舞可說是一脈相承而來，隋唐的宮廷樂舞「多部伎」即是匯
集各族樂舞之大成的結晶，外來樂舞自然是其中重要的組成部分，又以西域
諸國之樂爲大宗，詳細樂舞內容請參見本文第三章。

中盛唐之時，政局安定，西域交通往來便暢，樂舞持續傳入。在《通典・
四方樂》中記載：

又有新聲自河西至者，號胡音聲，與龜茲樂、散樂俱爲時重，諸樂
咸爲之少寢。〔註143〕

「河西」應指黃河以西。〔註144〕唐玄宗開元年間西域地區仍歸撫朝廷，〔註145〕
其「胡音聲」之新聲亦接續自河西傳入，且「俱爲時重」。

### （一）胡旋舞

康國舞蹈俗稱「胡旋」，在唐代仍不斷從西域傳入，且不只從康國傳入，
歸附康國的史國和米國，〔註146〕以及俱蜜國，〔註147〕皆經由朝貢途徑傳入「胡
旋舞」，史書中多有記載。《新唐書・西域傳下》：

---

〔註142〕《新唐書》，卷22〈禮樂志十二〉，頁479。《通典》，卷146〈四方樂・北狄
三國〉，頁3725。記載略同。

〔註143〕《通典》，卷146〈四方樂〉，頁3726。

〔註144〕《舊唐書》，卷40〈地理志三〉，頁1639：「河西道此又從隴右道分出，不在
十道之內。　貞觀元年，分隴坻已西爲隴右道。景雲二年，以江山闊遠，
奉使者艱難，乃分山南爲東西道，自黃河以西，分爲河西道。」

〔註145〕《舊唐書》，卷38〈地理志一〉，頁1385：「開元二十一年，分天下爲十五道，……
安西節度使，撫寧西域，統龜茲、焉耆、于闐、疏勒四國。安西都護府治所，
在龜茲國城內……」。

〔註146〕（北齊）魏收，《魏書》，卷102〈西域列傳〉，頁2281載：「（康國）名爲強
國，西域諸國多歸之。米國、史國、曹國、何國、安國、小安國、那色波國、
烏那曷國、穆國皆歸附之。」

〔註147〕《舊唐書》，卷40〈地理志三〉，頁1649～1650：「龍朔元年，西域諸國，遣
使來內屬，乃分置十六都督府，州八十，縣一百一十，軍府一百二十六，皆
隸安西都護府…」。「至撓州　於俱蜜國所治措瑟城置。……右西域諸國，分
置羈縻州軍府，皆屬安西都護統攝。自天寶十四載已前，朝貢不絕。」

（康國）開元初，貢鎖子鎧、水精（晶）杯、瑪瑙瓶、鴕鳥卵及越諾、侏儒、胡旋女子。〔註148〕

米，或曰彌末，曰彌秣賀。……開元時，獻璧、舞筵、獅子、胡旋女。〔註149〕

史，或曰佉沙，曰羯霜那，……開元十五年，君忽必多獻舞女、文豹。〔註150〕

俱蜜者，治山中。……開元中，獻胡旋舞女，……〔註151〕

《冊府元龜》〈外臣部‧朝貢四〉：

（開元七年）五月俱密國遣使獻胡旋女子及方物。〔註152〕

（開元十五年）五月康國獻胡旋女及豹。史國獻胡旋女子及葡萄酒，安國獻馬。〔註153〕

（開元十五年）七月突厥骨吐祿遣使獻馬及波斯錦。史國王阿忽必多遣使獻胡旋女及豹。〔註154〕

（開元）十七年正月，米（國）使獻胡旋女子三人及豹、獅子各一。〔註155〕

雖然早在南北朝時期，康國樂就已傳入中原地區，在唐玄宗開元年間，經朝貢途徑密集傳入，在天寶年間，「胡旋舞」成為當時極為盛行的胡舞。另外，在唐中宗神龍初年（705 年），久居突厥數年的武延秀歸國，從父兄於安樂公主宅第獻舞「胡旋」，受到主上的喜愛。〔註156〕而由此記載，可知原出康國的

〔註148〕《新唐書》，卷 221〈西域傳下〉，頁 6244。
〔註149〕《新唐書》，卷 221〈西域傳下〉，頁 6247。
〔註150〕《新唐書》，卷 221〈西域傳下〉，頁 6248。
〔註151〕《新唐書》，卷 221〈西域傳下〉，頁 6255。
〔註152〕（宋）王欽若等奉敕編，《冊府元龜》（北京：中華書局，1994），卷 971〈外臣部‧朝貢四〉，頁 11406。
〔註153〕《冊府元龜》，卷 971〈外臣部‧朝貢四〉，頁 11408。
〔註154〕《冊府元龜》，卷 971〈外臣部‧朝貢四〉，頁 11408。
〔註155〕《冊府元龜》，卷 971〈外臣部‧朝貢四〉，頁 11408。
〔註156〕《舊唐書》，卷 183〈外戚傳〉，頁 4733 載：「延秀，承嗣第二子也。則天時，突厥默啜上言有女請和親，制延秀與閻知微俱往突厥，將親迎默啜女為妻。既而默啜執知微，入寇趙、定等州，故延秀久不得還。神龍初，默啜更請通和，先令延秀送款，始得歸，封桓國公，又授左衛中郎將。時武崇訓為安樂公主壻，即延秀從父兄，數引至主第。延秀久在蕃中，解突厥語，常於主第，延秀唱突厥歌，作胡旋舞，有姿媚，主甚喜之。」

胡旋舞，必定也傳入突厥，〔註157〕甚至也在突厥中盛行，故武延秀才能學得，並擅此舞。

### （二）南詔奉聖樂

唐德宗貞元中，南詔歸唐，「欲獻夷中歌曲」，於是「遣使詣劍南西川節度使韋皋」，「且令驃國進樂」，韋皋乃作「南詔奉聖樂」。〔註158〕在此南詔獻樂的舉動中，為何是「令驃國進樂」，而非本國樂舞？推測其因可能是南詔本國樂舞無特出之處，以其樂舞水準無法編獻，而驃國為其邊臨國，其「王雍羌聞南詔歸唐，有內附心」，〔註159〕於是由驃國進樂人，節度使韋皋作樂，完成一樁獻樂美事。

《新唐書・驃國傳》詳載樂舞內容，看來結構龐大，集有西北樂舞元素，不似南蠻民族樂舞風格。〔註160〕因這盛大的樂隊，是南詔王異牟尋為表與唐

---

〔註157〕《新唐書》，卷221〈西域傳下〉，頁6244載：「康者……隋時，其王屈木支娶西突厥女，遂臣突厥。」《隋書》，卷83〈西域列傳〉，頁1848：「康國者，康居之後也。…王字代失畢，為人寬厚，甚得眾心。其妻突厥達度可汗女也。都於薩寶水上阿祿迪城。」在隋代時，突厥勢壯，康國臣屬於突厥，與突厥亦有姻親關係。「胡旋舞」因而得以傳入突厥，武延秀始能習之。

〔註158〕《新唐書》，卷22〈禮樂志十二〉，頁480：「貞元中，南詔異牟尋遣使詣劍南西川節度使韋皋，言欲獻夷中歌曲，且令驃國進樂。皋乃作南詔奉聖樂，用黃鐘之均，舞六成，工六十四人，贊引二人，序曲二十八疊，執羽而舞「南詔奉聖樂」字，曲將終，雷鼓作於四隅，舞者皆拜，金聲作而起，執羽稽首，以象朝覲。每拜跪，節以鉦鼓。又為五均：一曰黃鐘，宮之宮；二曰太蔟，商之宮；三曰姑洗，角之宮；四曰林鐘，徵之宮；五曰南呂，羽之宮。其文義繁雜，不足復紀。德宗聞於麟德殿，以授太常工人，自是殿庭宴則立奏，宮中則坐奏。」《舊唐書》，卷28〈音樂志一〉，頁1053載：「貞元十六年正月，南詔異牟尋作奉聖樂舞，因韋皋以進。」未記詳細獻樂內容。
　（唐）段安節著，《樂府雜錄》〈胡部〉（北京：中華書局出版，1985）頁15載：「奉聖樂曲是韋南康鎮蜀時，南詔所進。在宮調，亦舞伎六十四人。」
　（宋）李昉等奉敕編，《太平御覽》（臺北市：臺灣商務印書館，1975），卷567，〈樂部・四夷樂〉，頁2694載：「唐會要曰：南詔樂，貞元十六年正月，南詔異牟尋等作奉聖樂舞。因西川押雲南八國使韋皋以進，時御麟德殿以閱之。」

〔註159〕《新唐書》，卷222〈南蠻列傳〉，頁6308。

〔註160〕《新唐書》，卷222〈南蠻列傳〉，頁6308～6309載：「用正律黃鐘之均。宮、徵一變，象西南順也；角、羽終變，象戎夷革心也。舞六成，工六十四人，贊引二人，序曲二十八疊，舞「南詔奉聖樂」字。舞人十六，執羽翟，以四為列。舞「南」字，歌聖主無為化；舞「詔」字，歌南詔朝天樂；舞「奉」字，歌海宇脩文化；舞「聖」字，歌雨露覃無外；舞「樂」子，歌闢土丁零塞。皆一章三疊而成。」「舞者初定，執羽、簫、鼓等奏散序一疊，次奏第二

修好睦鄰才有的獻樂組合，極富政治目的，故「其文義繁雜，不足復紀」。另一方面，能編製出如此盛大的樂舞隊容，「德宗閱於麟德殿」之後，名不符實的「南詔樂」還能「以授太常工人，自是殿庭宴則立奏，宮中則坐奏」，顯示西南方鎮韋皋的權勢與樂舞涵養。

### （三）驃國樂

唐德宗貞元十六年，驃國協助南詔獻「奉聖樂舞」成功後，「十八年正月，驃國王來獻本國樂。」〔註161〕《新唐書・禮樂志十二》：

> 十七年，驃國王雍羌遣弟悉利移、城王舒難陁獻其國樂，至成都，韋皋復譜次其聲，又圖其舞容、樂器以獻。凡工器二十有二，其音八：金、貝、絲、竹、匏、革、牙、角，大抵皆夷狄之器，其聲曲不隸於有司，故無足采云。〔註162〕

關於驃國獻樂年代的記載，有兩種說法。《新唐書》載貞元十七年，白居易詩作〈驃國樂〉詩題下注「貞元十七年來獻之」〔註163〕、元稹詩作〈驃國樂〉題解：「李傳云，貞元辛巳歲，始來獻」〔註164〕，亦持「十七年」說法。《舊唐書》載十八年，《唐會要》〔註165〕、《冊府元龜》〔註166〕、《資治通

---

〔接上頁〕疊，四行，贊引以序入。將終，雷鼓作於四隅，舞者皆拜，金聲作而起，執羽稽首，以象朝覲。每拜跪，節以鉦鼓。次奏拍序一疊，舞者分左右蹈舞，每四拍，揖羽稽首，拍終，舞者拜，復奏一疊，蹈舞抃揖，以合「南」字。字成偏終，舞者北面跪歌，導以絲竹。歌已，俯伏，鉦作，復抃舞。餘字皆如之，唯「聖」字詞末皆恭揖，以明奉聖。每一字，曲三疊，名為五成。次急奏一疊，四十八人分行縈折，象將臣禦邊也。字舞畢，舞者十六人為四列，又舞闢四門之舞。遠舞入偏兩疊，與鼓吹合節，進舞三，退舞三，以象三才、三統。舞終，皆稽首逡巡。又一人舞億萬壽之舞，歌天南滇越俗四章，歌舞七疊六成而終。七者，火之成數，象天子南面生成之恩。六者，坤數，象西南向化。」

〔註161〕《舊唐書》，卷28〈音樂志一〉，頁1053。同書，卷13〈德宗本紀〉，頁396：「十八年春正月戊午朔，大雨雪，罷朝賀。乙丑，驃國王遣使悉利移來朝貢，并獻其國樂十二曲與樂工三十五人。」

〔註162〕《新唐書》，卷22〈禮樂志十二〉，頁480。

〔註163〕（唐）白居易，《白居易集》（台北：漢京文化事業有限公司，1984），卷三〈諷諭三・新樂府〉，頁71。

〔註164〕《全唐詩》卷419-10，頁4618。

〔註165〕《唐會要》，卷100〈驃國〉，頁1794。

〔註166〕《冊府元龜》，卷570〈掌禮部八・夷樂〉，頁6861-2。卷972〈外臣部・朝貢五〉，頁11417-1：「十八年正月驃國王始遣其弟悉利夷來朝獻其國樂凡十曲與樂工三十五人來朝樂曲皆演釋氏經論之詞意是月南詔使來朝虞夔越喜等首欽見」

鑑》〔註167〕亦持「十八年」之說。有此誤差，以實際地理距離做合理推想，貞元十七年是驃國樂團出發之年，途中先抵達劍南，再由節度使韋皋遣使護送驃國樂隊至長安。眾知蜀道崎嶇，間關萬里，待樂團抵達長安，恐怕已經是貞元十七年的歲末。如此便在來年，也就是貞元十八年春正月初八，才陳樂宮中，使百官共觀，舉行正式的獻樂典禮。〔註168〕樂團至成都時，韋皋還花時間將樂曲及舞容、樂器紀錄下來，一併呈獻自己的功勞。所以兩年的時間差，「十七年」是驃國樂團出發之年，長安方面已獲得消息，「十八年」則是獻樂典禮的時間。諸書各有所本，因而有所出入的原因。

「驃國在雲南西，與天竺國相近，故樂多演釋氏之詞」，其舞蹈「各以兩手十指，齊開齊斂，爲赴節之狀，一低一昂，未嘗不相對，有類中國柘枝舞」。〔註169〕元稹〈驃國樂〉：

> 驃之樂器頭象駝，音聲不合十二和。促舞跳趫筋節硬，繁辭變亂名
> 字訛。千彈萬唱皆咽咽，左旋右轉空傞傞。〔註170〕

白居易詩〈驃國樂－欲王化之先邇後遠也〉描繪其樂舞容：「玉螺一吹椎髻聳，銅鼓一擊文身踴。珠纓炫轉星宿搖，花鬘鬥藪龍蛇動。」〔註171〕詩中歌詠的是驃國樂舞初入唐宮廷的情狀。不過，熱熱鬧鬧的驃國樂舞並沒有得到朝廷的青睞，從元稹詩中的描述，也可知時人認爲驃國樂舞內容無特別精彩之處，只當作獻樂表演，因「無足采」，所以就「不隸於有司」。

## （四）北狄樂

關於在北方傳入的樂舞記載，《新唐書·禮樂志十二》：

> 北狄樂皆馬上之聲，自漢後以爲鼓吹，亦軍中樂，馬上奏之，故隸鼓吹署。後魏樂府初有北歌，亦曰真人歌，都代時，命宮人朝夕歌之。周、隋始與西涼樂雜奏。至唐存者五十三章，而名可解者六章而已。一曰慕容可汗，二曰吐谷渾，三曰部落稽，四曰鉅鹿公主，五曰白淨王，六曰太子企喻也。其餘辭多可汗之稱，蓋

---

〔註167〕《資治通鑑》，卷236〈唐紀·德宗〉貞元十八年，頁7599：「春，正月，驃王摩羅思那遣其子悉利移入貢。驃國在南詔西南六千八百里，聞南詔內附而慕之，因南詔入見，仍獻其樂。」

〔註168〕沈冬著，《唐代樂舞新論》（北京：北京大學出版社，2004），頁157。

〔註169〕《唐會要》，卷33〈四夷樂〉，頁620。

〔註170〕《元稹集》（北京：中華書局出版，1982），卷二十四，頁285。

〔註171〕《全唐詩》卷426-19，頁4698。

燕、魏之際鮮卑歌也。隋鼓吹有其曲而不同。貞觀中，將軍侯貴
昌，并州人，世傳北歌，詔隸太樂，然譯者不能通，歲久不可辨
矣。金吾所掌有大角，即魏之「簸邏回」，工人謂之角手，以備鼓
吹。〔註172〕

從這段記載可知，自漢以來的北狄樂就用於軍中鼓吹之樂，隸屬於鼓吹署。
後魏時，曾列於廟堂「宮人朝夕歌之」。雖然「周、隋始與西涼樂雜奏」，至
唐代宗貞觀年間，雖有「詔隸太樂」的處置，但終究因「譯者不能通，歲久
不可辨矣」，只能備於「鼓吹之列」，於軍隊樂儀式的演出。

### （五）胡歌舞戲

在唐代的樂舞表演中，有一部分是歌、舞、戲三者相結合，能表現一定
的故事情節與人物的歌舞戲。和胡樂胡舞相關的歌舞戲是「撥頭」。《舊唐書·
音樂志二》：

> 歌舞戲，有大面、撥頭、踏搖娘、窟礧子等戲。玄宗以其非正聲，
> 置教坊於禁中以處之。〔註173〕

> 撥頭出西域。胡人爲猛獸所噬，其子求獸殺之，爲此舞以像之也。
> 〔註174〕

出自胡歌舞戲中的「撥頭」，以歌舞戲的表演形式，描述一個西域人被猛獸吃，
他的兒子找到猛獸殺掉的故事，唐玄宗李隆基因爲其不是雅樂，將這類歌舞
戲歸於教坊處之。「撥頭」又叫「拔頭」、「缽頭」，是唐代具有代表性的歌舞
戲劇碼之一。這些帶有故事情節的歌舞，已經具備後世戲曲的雛形，是後世
戲曲藝術的萌芽。此外，唐代自西域傳入的歌舞戲，還有一種風俗歌舞遊戲
「潑寒胡戲」，盛行於康國等西域各地。〔註175〕在唐代因演出過於盛大，勞民
傷財，遭到諫阻禁斷之議。〔註176〕

---

〔註172〕《新唐書》，卷22〈禮樂志十二〉，頁479。
〔註173〕《舊唐書》，卷29〈音樂志二〉，頁1073。
〔註174〕《舊唐書》，卷29〈音樂志二〉，頁1074。
　　　（唐）段安節撰，《樂府雜錄》，〈鼓架部〉，頁13載：「缽頭，一昔有人父爲
　　　虎所傷，遂上山尋其父屍。山有八折，故曲八疊。戲者披髮，素衣，面作啼，
　　　蓋遭喪之狀也。」
〔註175〕《新唐書》，卷221〈西域傳下〉，頁6244：「康者，……十一月鼓舞乞寒，以
　　　水交潑爲樂。」
〔註176〕詳見本文第五章第三節之「蘇幕遮」。

　　唐中宗時期，曾在兩儀殿筵席上欣賞「合生」，該胡戲由胡人襪子、何懿合演，其故事情節與妃主、王公有關。〔註177〕以歌詠爲主，胡樂伴奏，穿插舞蹈演出的一種俳優歌舞雜戲。〔註178〕但是戲中言詞淺穢，武平一上諫書曰：

> 伏見胡樂施于聲律，本備四夷之數，比來日益流宕，異曲新聲，哀思淫溺。始自王公，稍及閭巷，妖伎胡人、街童市子，或言妃主情貌，或列王公名質，詠歌蹈舞，號曰「合生」。…凡胡樂，備四夷外，一皆罷遣。況兩儀、承慶殿者，陛下受朝聽訟之所，比大饗羣臣，不容以倡優媟狎虧汙邦典。〔註179〕

該戲上自王公，下至街童市子，都有人議論，可見胡歌舞戲演出的反響之大。

## 二、天寶十三載諸樂曲的改名

　　唐代樂舞在唐玄宗朝的發展可說是最爲蓬勃時期，在《唐會要・諸樂》中記載太常寺供奉的曲名，並有更改樂名之舉：

> 天寶十三載七月十日，太常署供奉曲名，及改諸樂名。……黃鐘商，時號越調，……「婆羅門」改爲「霓裳羽衣」、……。〔註180〕

據筆者約略合計各音調所列更改的曲名，多達五十八首，其中原曲名可明顯看出是譯音胡曲改爲唐名者應有四十多首〔註181〕。任半塘先生《教坊記箋訂》〈弁言〉則認爲胡歌名改爲漢名至少六十曲，是唐代胡歌萃集的重點所在。〔註182〕而這歷史事件的記載並非僅表面上曲名的更改，是意味著在盛唐後期，外來樂舞的發展進入另一個新的階段，不僅在太常寺供奉曲名中記載的胡樂曲多達數十多首，在民間的遺珠之憾可能更多，反映出外來樂舞在唐

---

〔註177〕《新唐書》，卷 119〈武平一列傳〉，頁 4295。

〔註178〕許序雅，〈胡樂胡音竟紛泊──胡樂對唐代社會影響述論〉，《西域研究》，（2004年 1 月），頁 70。

〔註179〕《新唐書》，卷 119〈武平一列傳〉，頁 4295。

〔註180〕《唐會要》，卷 33〈諸樂〉，頁 615～617。

〔註181〕兹舉胡樂歌曲改名數例：龜茲佛曲改爲金華洞眞、舍佛兒胡歌改爲欽明引、河東婆改爲燕山騎、摩醯首羅改爲歸眞、羅刹末羅改爲合浦明珠、蘇莫剌耶改爲玉京春、蘇莫遮改爲萬宇清、舞仙鶴乞裟婆改爲仙雲昇、帝釋婆野婆改爲九野歡、捺利梵改爲布陽春、蘇禪師胡歌改爲懷思引、蘇剌耶胡歌改爲寶廷引、訖陵伽胡歌改來賓引、蘇羅密改昇朝陽、思歸達牟雞胡歌改爲金方引、俱摩尼佛改紫府洞眞、婆伽兒改爲流水芳菲等等。

〔註182〕任半塘，《教坊記箋訂》〈弁言〉，頁 6。

代的風行，加上改名之舉，將原本外來、陌生之事物冠上自己熟悉的名稱，意味著對外來樂曲有所吸收、融合。

所以這項諸樂名稱的變更事件，不是一個單獨的事件，不能獨立來看，是與整個中唐時期的樂舞發展形勢，有極其密切相關。此時的胡樂胡舞不僅是登堂入室，進入大雅之堂，且廣受喜愛，已經通過「文化融合」的過程，轉化成爲主體文化之一。以著名的「霓裳羽衣」曲爲例，天寶十三載，由「婆羅門」曲改名而來。不僅是胡樂胡舞與傳統樂舞融合的典範，其流傳之久、傳播之廣，也顯示胡漢樂融合所產生的新形式樂舞曲，能爲當時朝野上下所接受、認同，其藝術價值更獲得普世認同。

## 三、統治階層與外來樂舞

唐代樂舞活動的興盛情形對於外來樂舞的傳入有其社會背景的動機，不過，外來樂舞本身特有的異邦情調，新穎、活潑的氣氛，對中原王朝而言，當具有吸引力。尤其在社會風潮的帶動過程中，在上位者的喜好有其一定的重要影響。因而唐代幾位君主及王公貴族對胡樂胡舞的喜愛，對外來樂舞之盛行當有其重要的影響力。

唐太宗初登帝位時，國策以懷柔綏撫爲主，擅用具強烈感化力的音樂實行國策，是可行且不可缺少的重要手段。在張鷟《朝野僉載》記載中：

> 太宗時，西國進一胡，善彈琵琶。作一曲，琵琶弦撥倍粗。上每不欲番人勝中國，乃置酒高會，使羅黑黑隔帷聽之，一遍而得。謂胡人曰：「此曲吾官人能之。」取大琵琶，遂於帷下令黑黑彈之，不遺一字。胡人謂是官女也，驚嘆辭去。西國聞之，降者數十國。〔註183〕

一首琵琶曲，不費一兵一卒，即能招降數十國，眞可謂宣揚國威的一條絕妙好計。其實太宗這招以樂服眾的手法，是有前例可循的。隋煬帝大業六年（610年），高昌國欲進獻聖明樂曲，但在高昌樂人尚未演奏獻樂曲，就早一步演奏同樣的樂曲，令「胡夷皆驚焉」，則是當然的情形。〔註184〕不過，這件美事是經隋煬帝有心安排，令人預先聽習高昌樂人在客館裡練習的結果，也不足爲

---

〔註183〕（唐）張鷟，《朝野僉載》（《唐五代筆記小說大觀》，上海：上海古籍出版社，2000），卷五，頁64。

〔註184〕見第二章第三節。《隋書》，卷15〈音樂志下〉，頁379載：「六年，高昌獻聖明樂曲，帝令知音者于館所聽之，歸而肆習，及客方獻，先於前奏之，胡夷皆驚焉」

奇。但是，若唐太宗欽點的羅黑黑真是當場聽完後，即立刻完整演奏，並沒有事前聽取練習時間，則羅黑黑的表現當比隋朝樂人更技高一籌，也顯示唐初宮廷樂人音樂素養及技藝水準之高妙。

　　琵琶是出於西域的樂器，在王朝中善彈者能夠技壓西域，甚至使數十國聞之而歸降，實在令人覺得有些不可思議，不免覺得有些誇張的成分。不過，從這一記載瞭解到宮廷中善彈琵琶者人數應也不少，羅黑黑能脫穎而出，由太宗欽點、在史上留名，足見技藝超群，也顯示出帝王對琵琶演奏有相當程度的喜愛及重視，因緣際會，而有這場絕妙「技壓群雄」的盛會。

　　既然以「琵琶演奏」一技，能讓太宗在國際上揚眉吐氣，太宗對琵琶的態度當然是喜愛有加的。《唐會要・讌樂》載：

　　　貞觀末，有裴神符者，妙解琵琶，做《勝蠻奴》、《火鳳》、《傾杯樂》
　　　三曲，聲度清美，太宗深愛之。〔註185〕

裴神符為疏勒人，太宗對裴神符所作、所演奏的琵琶曲，不僅是喜愛，且是「深愛之」。另外關於裴神符的事跡，《新唐書・禮樂志》：

　　　五弦，如琵琶而小，北國所出，舊以木撥彈，樂工裴神符初以手彈，
　　　談宗悅甚，後人習為搊琵琶。〔註186〕

這位「妙解琵琶」的高手裴神符開創以手彈琵琶的技法，深為太宗悅甚，應該在當時宮中宴娛時，經常有機會演奏。雖然於史並未記載關於裴神符創新用手撥彈琵琶的新演奏法的個人動機或經歷，推測當時裴神符的演奏能力已受萬人之尊太宗極高的肯定，可想而知，會對自己的演奏技巧，有不斷精益求精的強烈動機，以及當時善彈琵琶能者高手不在少數，也許是在為能繼續獨領鰲頭的競爭壓力下，翻新彈奏琵琶的手法。自南北朝、隋代以來，深受君主喜愛的琵琶（曲）〔註187〕，在唐太宗時期，演奏法有令人驚艷的創舉，

---

〔註185〕《唐會要》（北京：中華書局，1955），卷33〈讌樂〉，頁609～610。
〔註186〕《新唐書》，卷21〈禮樂志十一〉，頁471。
〔註187〕《舊唐書》，卷29〈音樂志〉，頁1069載：「後魏有曹婆羅門，受龜茲琵琶於商人，世傳其業。至孫妙達，尤為北齊高洋所重，常自擊胡鼓以和之。」
　　　　《隋書》，卷14〈音樂志中〉齊・元會大饗條下，頁331載：「雜樂有西涼鞞舞、清樂、龜茲等。然吹笛、彈琵琶、五絃及歌舞之伎，自文襄以來，皆所愛好。至河清以後，傳習尤盛。」
　　　　《隋書》，卷15〈音樂志下〉隋・皇后房內樂歌辭條下，頁378～379載：「開皇中，其器（琵琶）大盛於闈幹。時有曹妙達、王長通、李士衡、郭金樂、安進貴等，皆妙絕弦管，新聲奇變，朝改暮易，持其音技，估衒公王之間，舉時爭相慕尚。」

更激發後人對琵琶胡樂的傳習〔註188〕。

琵琶曲，即是當時的外國樂曲，能深受太宗喜愛，可見太宗對音樂的見解與包容有其特別之處。《貞觀政要》記載：

> 太常少卿祖孝孫奏所定新樂。太宗曰：「禮樂之作，是聖人緣物設教，以爲撙節，治政善惡，豈此之由？」御史大夫杜淹對曰：「前代興亡，實由於樂。陳將亡也爲『玉樹後庭花』，齊將亡也，而爲『伴侶曲』，行路聞之，莫不悲泣，所謂亡國之音，以是觀之，實由於樂也。」
>
> 太宗曰：「不然，夫音聲豈能感人？歡者聞之則悦，哀者聽之則悲。悲悦在於人心，非由樂也。將亡之政，其人心苦，然苦心相感，故聞之則悲耳。何樂聲哀怨，能使悦者悲乎？今「玉樹」、「伴侶」之曲，其聲具存，朕能爲公奏之，知公必不悲耳。」〔註189〕

杜淹認爲陳《玉樹後庭花》曲、齊《伴侶》曲皆爲「亡國之音」，所以「行路聞之，莫不悲泣」，直接將陳、齊兩曲定位爲亡國之音，主觀認定樂曲的性質。唐太宗則提出「悲悦在於人心，非由樂也」觀點，重視在賞樂過程中欣賞主體對音樂審美的主動作用，「樂在人和，不由音調」。〔註190〕這可看作唐人對傳統音樂觀進行不同觀點的思考結果，也是對音樂表現出一種更開明、寬廣的包容心態。太宗對樂舞文化抱持開放態度，亦可說是開啓後世外來樂舞風行之門。

胡樂胡舞的興盛，除自唐初開始隱然成型的風氣使然以外，盛唐時期以來，更得力於盛唐帝王玄宗的提倡。唐玄宗李隆基是個酷愛歌舞作樂的皇帝，自己是個頗有才能的音樂家，能親自指揮宮中樂隊排練。《新唐書‧禮樂志十二》：

> 玄宗既知音律，又酷愛法曲，選坐部伎子弟三百教於梨園，聲有誤者，帝必覺而正之，號「皇帝梨園弟子」。〔註191〕

---

〔註188〕（唐）段安節，《樂府雜錄》，頁 24 載：「貞元中，有王芬、曹保保，其子善才、其孫曹綱皆襲所藝，次有裴興奴與綱同時，曹綱善運撥若風雨而不事扣弦，興奴長於攏撚不撥稍軟，時人謂曹綱有右手興奴有左手。武宗初朱崖李太尉有樂吏廉郊者，師於曹綱，盡綱之能，綱常謂：儕流曰：教授人亦多矣，未曾有此性靈弟子也。」關於裴神符事蹟請詳見本章第三節。

〔註189〕（唐）吳兢，《貞觀政要》（臺北市：黎明文化，1990），卷 7〈論禮樂第二十九〉，頁 201～202。

〔註190〕（唐）吳兢，《貞觀政要》，卷 7〈論禮樂第二十九〉，頁 202 載：「尚書右丞魏徵進曰。古人稱。禮云禮云。玉帛云乎哉。樂云樂云。鐘鼓云乎哉。樂在人和。不由音調。太宗然之。」

〔註191〕《新唐書》，卷 22〈禮樂志十二〉，頁 476。

除知音律，有個音錯，都聽得出來，可見音樂素養相當高，還能編作曲，吹一手好笛，善於擊奏有「八音之領袖」之稱的「羯鼓」。《羯鼓錄》載：

> 上（玄宗）洞曉音律，由之天縱，凡是絲管，必造奇妙，若製作諸
> 曲，隨意即成，不立章度取適短長，應指散聲，皆中點拍；至於清
> 濁變轉，律呂呼召，君臣事務，佚相制使，雖股之夔曠，不能過也。
>
> 由愛羯鼓、玉笛，常云八音之領袖。〔註192〕

羯鼓「出外夷，以戎羯之鼓，故曰羯鼓」〔註193〕，在唐朝風行，由其以開元、天寶年間為盛，與羯鼓本身特色有關，能擬作「戰杖連碎之聲」、聲音有「焦殺鳴烈」之壯烈，又可作「明月清風，破空透遠」之聲響，擁有如此變化多端的器聲風貌，「特異眾樂」，實有受到玄宗偏愛的特出之處。〔註194〕《新唐書·禮樂志十二》：

> 帝又好羯鼓，而甯王善吹橫笛，達官大臣慕之，皆喜言音律。帝嘗
> 稱：「羯鼓，八音之領袖，諸樂不可方也。」蓋本戎羯之樂，其音太
> 簇一均，龜茲、高昌、疏勒、天竺部皆用之，其聲焦殺，特異眾樂。
>
> 〔註195〕

玄宗喜愛羯鼓，羯鼓也用於「龜茲、高昌、疏勒、天竺部」西域樂舞的演出，對於宮廷外來樂舞的風行亦當有加分的作用，甚至有倡導的作用。無論是上行下效也好，或是投其所好，直接影響的是宗室、達官貴族「慕之，皆喜言音律」，甯王及其子汝南王〔註196〕、宋璟家族〔註197〕，可為此盛風代表，於下文中詳述。

---

〔註192〕（唐）南卓，《羯鼓錄》（北京：中華書局，1985），頁4。「八音」，始見於《周禮》，「八音者，樂器之屬也」。分為匏、土、革、木、金、石、絲、竹等八類。
〔註193〕（唐）南卓，《羯鼓錄》，頁3。
〔註194〕（唐）南卓，《羯鼓錄》，頁3。「擊用兩杖，其聲焦殺鳴烈，尤宜促曲急破，作戰杖連碎之聲，又宜高樓晚景，明月清風，破空透遠，特異眾樂。」
〔註195〕《新唐書》，卷22〈禮樂志十二〉，頁476。
〔註196〕（唐）南卓，《羯鼓錄》，頁6。「汝南王璡，甯王長子也。姿容研美，秀出藩邸，元宗（唐玄宗）特鍾愛焉。自傳授之（羯鼓），又以其聰悟敏慧，妙達音旨，每隨游幸，頃刻不捨璡。」
〔註197〕（唐）南卓，《羯鼓錄》，頁10～11。「宋開府璟雖耿介不羣，亦身好聲樂，尤善羯鼓。始承恩顧與上論鼓事。………開府之家悉傳之，東都留守鄭叔則祖母，即開府之女，今尊賢里鄭氏第有小樓，即宋夫人習鼓之所也。開府孫沇，亦工之，並有音律之學。」

　　作曲方面，著名的「霓裳羽衣曲」就是他本人的傑作之一，玄宗根據西涼進獻「婆羅門曲」創制「霓裳羽衣曲」。〔註198〕亦是胡樂胡舞興盛之下的創作品。統治期間，由於玄宗本身對舞蹈的喜愛及對樂舞藝術有相當高的鑑賞力，不但各地選拔出色樂舞藝人進獻宮廷，域外少數民族也紛紛向朝廷獻「胡旋女」及其他樂舞百戲藝人。這對於唐代吸收域外各樂舞的精華元素來說，不僅是最佳的傳入途徑，能進宮獻樂之樂舞必為當時萬中選一，是最為優秀美妙之樂舞，如此，更加豐富唐代樂舞內涵，提高樂舞藝術的水準，甚至遠超越前代。

　　寧王李憲是玄宗的大哥，寧王的長子李璡，即汝陽王。寧王李憲曾擔任過太常卿，太常卿是太常寺的最高長官，屬正三品。〔註199〕本身亦精通聲律，好聲色，尤好羯鼓，「常夏中揮汗鞔鼓，所讀書乃龜茲樂譜也」〔註200〕，「而龜茲樂譜則羯鼓譜耳」〔註201〕。會用皮蒙羯鼓，即知如何修整羯鼓，以達鼓聲之美妙，可知寧王李憲對羯鼓的相關音樂素養應與玄宗在伯仲之間，且常專研羯鼓龜茲樂譜。對於寧王喜愛音樂之舉，玄宗甚至欣喜曰：「天子兄弟，當極醉樂耳」。

　　對汝陽王李璡來說，（小字花奴）自小應是在充滿音樂氣氛的環境裡耳濡目染，自然也培養起對音樂的愛好與興趣。《樂府雜錄》：「明皇好此伎，有汝陽王花奴，尤善羯鼓。」〔註202〕李璡資質聰慧、領悟快，加上叔父玄宗的疼愛，親自教授羯鼓摑擊的技巧，技藝已達到精妙處。盡情摑擊時，身體自然的搖晃擺動，竟不會讓砑絹帽（砑，光亮之意。即砑光帽）上的花朵掉落，實屬不易，可見其演奏羯鼓水準之高。甚至讓精於此藝的玄宗讚嘆「非人間人，必神仙謫墜也！」。〔註203〕寧王李憲的第三子，嗣寧王李琳喜好聲色，善

---

〔註198〕　參閱本文第四章第三節。

〔註199〕　《新唐書》，卷48〈百官志三〉太常寺條下，頁1241。「卿一人，正三品；少卿二人，正四品上。掌禮樂、郊廟、社稷之事，總郊社、太樂、鼓吹……等署。」

〔註200〕　（唐）段成式，《酉陽雜俎》（《唐五代筆記小說大觀》，上海：上海古籍出版社，2000），前集卷12，頁643。「玄宗常伺察諸王。寧王常夏中揮汗鞔鼓，所讀書乃龜茲樂譜也。上知之，喜曰：『天子兄弟，當極醉樂耳。』」

〔註201〕　向達，《唐代長安與西域文明》，頁48。

〔註202〕　（唐）段安節，《樂府雜錄》，頁34。「汝陽王」應即「汝南王」。

〔註203〕　（唐）南卓，《羯鼓錄》，頁6、7。「汝南王璡，寧王長子也。姿容妍美，秀出藩邸，元宗（唐玄宗）特鍾愛焉，自傳授之（應指羯鼓）。又以其聰悟敏慧，妙達音旨，每隨遊幸，頃刻不捨。璡常戴砑絹帽打曲，上自摘紅槿花一朵，

吹紫玉笛，常在宮中爲諸樂伴奏，得到玄宗相當的寵信。〔註204〕

邠王李承寧是章懷太子李賢之孫，是唐玄宗的叔伯姪子，也就是玄宗的堂兄弟。善吹玉笛。元稹〈連昌宮詞〉：

> 力士傳呼覓念奴，念奴潛伴諸郎宿。須臾覓得又連催，特敕街中許
> 然燭。春嬌滿眼睡紅綃，掠削雲鬟旋裝束。飛上九天歌一聲，二十
> 五郎吹管逐。逡巡大遍涼州徹，色色龜茲轟續錄。〔註205〕

詩中描述宮中樂伎臨時被傳喚演唱，邠王李承寧則吹著玉笛爲念奴伴奏。念奴很快的唱完一遍「涼州」曲，接著是熱烈歡愉的「龜茲」曲，兩首皆爲外來樂曲，李承寧能熟稔配合樂曲做即興的演出，可見平時對外來樂曲不僅僅止於欣賞，也能有出色的演奏。

宋璟（663～737 年）是開元盛世與姚崇並稱的賢相之一，史稱姚宋，其人忠讜敢言，耿介大節，亦善好羯鼓，曾與玄宗討論羯鼓的演奏時，用「頭如青山峰，手如百雨點」〔註206〕等十字，來概括羯鼓演奏的特點，說明演奏羯鼓時，頭部應要巍然不動，雙手杖擊時，則要急、要快。對羯鼓演奏有此精確之經驗談，也知宋璟對羯鼓的熟稔程度。《羯鼓錄》載：

> 宋開府璟，雖耿介不群，亦深好聲樂，尤善羯鼓，始成恩顧，與上
> 論鼓事……上與開府兼擅兩鼓，而羯鼓偏好……開府之家悉傳之，
> 東都留守鄭叔則祖母，即開府之女，今尊賢里鄭氏第有小樓，即宋
> 夫人習鼓之所也。開府孫沈，亦工之，並有音律之學……〔註207〕

由於宋璟的愛好，宋家後世相傳。女兒嫁給鄭家，成爲東都留守鄭叔則的祖母，把演奏羯鼓也帶過去，並有專門習鼓之小樓。而宋璟之孫宋沈「亦工之」，羯鼓的「家傳」於此清楚呈現，顯現胡樂傳習之風行。

---

至於帽上笡（檐）處，二物皆極滑，久之方安，遂奏「舞山香」一曲，而花不墜落，上大喜笑！賜璡金器一廚，因誇曰：「花奴資質明瑩，肌發光細，非人間人，必神仙謫墜也！」

（宋）王讜，周勛初校證，《唐語林校證》（北京：中華書局，1987），卷五〈補遺〉，頁 457。記載略同。文中「汝南王」應爲「汝陽王」，據《舊唐書》，卷95〈睿宗諸子〉，讓皇帝憲條下，頁 3014。「憲凡十子：璡、嗣莊、……璀等十人，歷官封襲。璡封汝陽郡王，歷太僕卿，與賀知章、褚庭誨爲詩酒之交。」

〔註204〕毛水清，〈唐代樂人考述〉（北京，東方出版社，2006），頁 23。

〔註205〕《元稹集》（北京：中華書局出版，1982），卷二十四，頁 270。

〔註206〕（宋）王讜，《唐語林校證》，卷五〈補遺〉，頁 478。

〔註207〕（唐）南卓，《羯鼓錄》，頁 10～11。《唐語林校證》，卷五〈補遺〉，頁 477 ～478。記載略同。

　　以唐玄宗、寧王李憲、汝陽王李璡及邠王李承寧等身爲帝王、郡王之尊，因自身胡樂的喜愛，進而學習胡樂器，表現精湛的演出技巧，對於公卿大臣而言，能投上位者之愛好，以樂侍君，未嘗不是一件樂己樂人之事，甚能因此飛上枝頭，帝王前頭的紅人。所以，羯鼓在宗室間父子相傳，達官家族的傳習也相當盛行。而羯鼓爲出自西域的樂器，竟能得善音律玄宗「八音之領袖」的美稱，可見羯鼓特出的音色。在唐初多部伎中龜茲、高昌、疏勒、天竺部等西域樂舞也都使用到羯鼓，對於外來樂舞在唐代樂舞活動中的提倡與傳播，當更有推波助瀾的影響。

　　不過，並非每位帝王、達官顯要皆善演奏樂器，只要具有欣賞外來樂舞的素養及態度，喜愛外來樂舞，對於外來樂舞的流行風潮當有其影響力。王建〈涼州行〉：「城頭山雞鳴角角，洛陽家家學胡樂」，〔註208〕也爲唐代外來樂舞盛行之況作一最佳描繪。

## 四、著名外來樂舞者

　　從唐初以來，外來樂舞仍不斷的經由各民族交流途徑（朝貢、經商貿易、文化傳習）傳入，與傳統樂舞在開放的時代背景中，經國內外的樂者、舞者們的表演傳播，爲唐代的樂舞藝術一次次開出令人屏息的絢麗花朵。

　　樂舞的成就絕大部分當然要歸功於表演者、創作者對樂舞藝術的辛勤耕耘，尤其唐代樂舞能夠在中國藝術史上有如此高度的成就，對於外來樂舞的吸收有不可抹滅的重要性。所以在漢胡樂胡舞交融、吸收的過程中，「外來樂舞者」所扮演的傳遞與創新角色，更是使得樂舞藝術能夠日新又新，展現出令人驚豔演出的重要因素及媒介。

　　在北周時期，「周武帝聘突厥女爲后」不僅是政治上的大事件，對外來樂舞史來說，更是重要的里程碑，〔註209〕嫁娶當時，由西域諸國龜茲、疏勒、

---

〔註208〕《全唐詩》，卷 298-1，頁 3374。「涼州四邊沙皓皓，漢家無人開舊道。邊頭州縣盡胡兵，將軍別築防秋城。萬里人家皆已沒，年年旌節發西京。多來中國收婦女，一半男兒爲漢語。蕃人舊日不耕犁，相學如今種禾黍。驅羊亦著錦爲衣，爲惜氈裘防鬥時。養蠶繰繭成匹帛，那堪繞帳作旌旗。城頭山雞鳴角角，洛陽家家學胡樂。」

〔註209〕《隋書》，卷 14〈音樂志中〉，頁 342 載：「及（北周武帝宇文邕）天和六年（應爲元年之誤），武帝罷披庭四夷樂。其後帝聘皇后於北狄，得其所獲康國、龜茲等樂，更雜以高昌之舊，並於大司樂習焉。」

安國、康國等，一時之選的樂舞專精人士，組成三百人的龐大西域樂舞隊，隨著陪嫁隊伍送至長安。〔註 210〕能夠隨皇后陪嫁，樂工技藝當然是各國首選之列，其中著名的龜茲音樂家蘇祇婆帶來影響隋唐樂調甚深的琵琶「五旦七調」〔註 211〕，白明達和白智通等優秀音樂家，以其自身精湛的樂舞技藝等藝術表現，深深影響後世的樂舞風貌。隨之傳入的還有五弦琵琶、豎箜篌、羯鼓等西域樂器。

西域音樂家當中影響最大的是來自龜茲世家的蘇祇婆，他精通韻律，善彈琵琶，將龜茲音樂中的「五旦七調」的樂理體系傳授到中原，直接推動音樂變革和唐代燕樂二十八調形式。此外白明達曾任「樂正」（掌管樂舞之官）之職，安叱奴被封爲「散騎侍郎」，反映唐代酷愛胡部新聲，重用西域藝術人才的情況。

唐朝，來華胡人絡繹不絕。〔註 212〕貞觀初（631），唐太宗攻滅東突厥後，從溫彥博之議，安置突厥貴族萬家居長安〔註 213〕。據向達先生考證，流寓長安的西域人大致不出四類，一是魏周以來入居中夏，已華化的西域人，其族姓仍皎然可尋；二是逐利東來的商胡；三是傳道至中土的異教僧侶；四是入朝充質的西域諸國子侄，其中也有留居長安入籍爲民者。既有來自蔥嶺以東于闐、龜茲、疏勒等國，也有中亞昭武九姓及西亞波斯諸國。〔註 214〕

---

〔註 210〕《舊唐書》，卷 29〈音樂志二〉，頁 1069。「周武帝聘虜女爲后，西域諸國來媵，於是龜茲、疏勒、安國、康國之樂，大聚長安。胡兒令羯人白智通教習，頗雜以新聲。」

〔註 211〕《通典》，卷 142〈樂典‧樂三〉，頁 3650。「初，周武帝時，有龜茲人曰蘇祇婆，從突厥皇后入國，善胡琵琶。聽其所奏，一均之中間有七聲。因而問之，答云：『父在西域，稱爲知音。代相傳習，調有七種。』以其七調，勘校七聲，冥若合符。……譯因習而彈之，始得七聲之正。然其就此七調，又有五旦之名，旦作七調。」

〔註 212〕李昌集，〈唐代宮廷樂人考略〉，《第三屆唐宋詩詞國際學術研討會論文集》，鍾振振等主編，北京：中國社會科學院出版社，（2004 年），頁 14。說明胡人者，乃指西域一帶及由之遷徙中土，北方和部份中原地區的非漢族人。

〔註 213〕《唐會要》，卷 73〈安北都護府〉，頁 1314。「朝士多同彥博議‧上遂用之‧封阿史那蘇尼失爲懷德郡王‧阿史那思摩爲懷化郡王‧處其部落於河南朔方之地‧入居長安者‧近萬家。」

〔註 214〕向達，《唐代長安與西域文明》，頁 6。唐代中亞各國主要指昭武九姓（康、安、曹、石、、米、何、火尋、戊地、史）、拔汗那、吐火羅等，至於昭武九姓，文獻記載略有不同。《新唐書》，卷 221 下〈西域傳下〉，頁 6243 記載：「康者，一曰薩末鞬，亦曰颯秣建，元魏所謂悉萬斤者。……在那密水南，大城

從漢代到唐代，中亞國家的居民大多以國姓爲氏。通常認爲，凡西域人入中國，以石、曹、米、何、康、安、穆爲氏者，大抵皆爲昭武九姓之後代，如康居姓康，安息姓安等。惟新疆諸族稍變其例，于闐姓尉遲，〔註 215〕疏勒姓裴，〔註 216〕龜茲姓白。〔註 217〕

　　除此之外，在唐朝入仕封公、從軍授將、留學從藝、伺禦馬、馴舞馬者也不在少數。特別是來長安獻藝的樂工舞伎更是不計其數，宮廷豪門、教坊梨園、酒肆歌樓、街頭巷裏，無不活躍著他們的身影。

　　唐朝在政策上的寬鬆和文化吸納上的寬容，給西域各族提供相互交往的充分條件。西域藝人在長安也受到照顧和優待。並給流傳中原的西域樂舞藝術和樂工舞伎，提供適宜生存的土壤和施展藝術才華的廣闊舞臺。

　　唐代載入史籍的著名西域音樂家有：初唐龜茲音樂家白明達，疏勒琵琶能手裴神符，盛唐琵琶手裴興奴，于闐人尉遲青、尉遲璋（章）、康國人康昆侖（善琵琶）、康迺（善弄波羅門，即演奏印度音樂）、曹國人曹保、子曹善才、孫曹綱（三世均爲琵琶名手），又有曹解新（善弄婆羅門）、曹紹夔（樂令）、米國人米嘉榮（著名歌唱家）、子米和（琵琶名家）、米禾稼、米萬槌（均善弄婆羅門）、石國人石寶山（善弄婆羅門），安國人安萬善（善篳篥）。此外還有許多西域樂工、舞伎、歌手在教坊、梨園供職，凡樂人、音聲人、太常

　　　　三十，小堡三百。君姓溫，本月氏人。始居祁連北昭武城，爲突厥所破，稍南依蔥嶺，即有其地。枝庶分王，曰安，曰曹，曰石，曰米，曰何，曰火尋，曰戊地，曰史，世謂「九姓」，皆氏昭武。」（元）馬端臨，《文獻通考》（臺北市：臺灣商務印書館，1987）卷 338〈四裔考〉，頁 2651 記載：「此國枝庶各分王，故康國左右諸國，米國、史國、曹國、何國、安國、小安國、那色波國、烏那曷國、穆國，凡九國，皆其種類，並以昭武爲姓，示不忘本也。」。

〔註 215〕向達，《唐代長安與西域文明》，頁 6 載：「中國史籍中之于闐王室尉遲氏即 Visa 一詞之譯音。于闐國人入居中國，遂俱氏尉遲。至于唐代流寓長安之尉遲諸人，淵源所自，大別有三：，一爲出于久已華化之後魏尉遲部一族：一爲隋唐之際因充質子而入華者：其一則族系來歷俱不明者。」

〔註 216〕向達，《唐代長安與西域文明》，頁 9 載：「疏勒國王姓裴氏，自號阿摩支。其裴姓對音之由來，至今學者未能言也。疏勒裴氏入居長安，當亦始於唐初，大率以質子宿衛京師，遂留不去。」

〔註 217〕向達，《唐代長安與西域文明》，頁 10 載：「龜茲白氏，源遠流長，自漢至唐，王室一姓相承：蔥嶺以東諸國，唯于闐尉遲氏勉強可與一較短長也。白氏對音，馮承鈞先生由龜茲王蘇伐勃駃及訶黎布失畢二名還原所得之 Suvarna-puspa（金花）及 Hari-puspa（師子花）二者推測，以爲疑是 Puspa 之譯音。」

雜戶子弟，隸太常及鼓吹署，皆番上，總呈音聲人，至數萬人。至於遠涉中原流落民間者人數想必更多。

## （一）初唐龜茲音樂家白明達

白明達，隋末唐初的宮廷音樂家，善作曲，善彈琵琶。《隋書·音樂志》記載：

> 煬帝不解音律，略不關懷。後大製豔篇，辭極淫綺。令樂正白明達
> 造新聲，創萬歲樂、藏鈎樂、七夕相逢樂、投壺樂、舞席同心髻、
> 玉女行觴、神仙留客、擲磚續命、鬥雞子、鬥百草、汎龍舟、還舊
> 宮、長樂花及十二時等曲，掩抑摧藏，哀音斷絕。帝悅之無已，……
> 〔註218〕

白明達在隋末時爲「樂正」，即是樂師，所作曲子得到隋煬帝的喜愛，煬帝曾對白明達說「齊氏偏隅，曹妙達猶自封王。我今天下大同，欲貴汝，宜自修謹。」〔註219〕，煬帝以北齊樂師曹妙達封王爲例，有意讓白明達比照辦理，由此可見白明達在隋代宮廷中受到重視的程度，只是隋朝在煬帝在位短短十四、五年間，後因客死江都，隋即滅亡，未有白明達封官發達的記載。

入唐以後，白明達的音樂才能陸續受到唐高祖李淵、唐太宗李世民、唐高宗李治祖孫三代的賞識，繼續在宮廷擔任樂師。《唐會要·論樂》夾註：

> 樂工之雜士流，自茲始也。太常卿竇誕，又奏用音聲博士，皆爲大
> 樂鼓吹官僚。於後箏簧琵琶人白明達，術踰等夷，積勞計考，並至
> 大官。自是聲伎入流品者，蓋以百數。〔註220〕

在隋朝來不及升官封王的白明達，在武德年間應已封有官職，雖未明封爲何職，但自此以後，「聲伎入流品者，蓋以百數」，以白明達出色的音樂表現來看，官職應不會太低。唐太宗時，即有明確官職記載，《舊唐書·馬周列傳》：

---

〔註218〕《隋書》，卷15〈音樂志下〉，頁379。
〔註219〕《隋書》，卷15〈音樂志下〉，頁379。
〔註220〕《唐會要》，卷34〈論樂〉，頁624。此段記載爲：「（武德）四年九月二十九日，詔太常樂人，本因罪譴，沒入官者，藝比伶官，前代以來，轉相承襲，或有衣冠繼緒，公卿子孫，一霑此色累世不改，婚姻絕於士庶，名籍異於編甿，大恥深疵，良可矜愍。其大樂鼓吹諸舊樂人，年月已久，時代遷移，宜並蠲除，一同民例。但音律之伎，積學所成，傳授之人，不可頓闕，仍令依舊本司上下，若已經仕宦，先入班流，勿更追補，各從品秩。自武德元年，配充樂戶者，不在此例。」文後之夾註說明。

（貞觀六年）臣又聞致化之道，在於求賢審官；爲政之基，在於揚清激濁。孔子曰：「唯名與器，不以假人。」是言慎舉之爲重也。臣伏見王長通、白明達本自樂工，興卑雜類，韋槃提、斛斯正則更無他材，獨解調馬。縱使術瑜儕輩，伎能有取，乍可厚賜錢帛，以富其家；豈得列預士流，超授高爵。遂使朝會之位，萬國來庭，驪子倡人，鳴玉曳履，與夫朝賢君子，比肩而立，同坐而食，臣竊恥之。然朝命既往，縱不可追，謂宜不使在朝班，預於士伍。太宗深納之。

尋除侍御史，加朝散大夫。〔註221〕

從「尋除侍御史，加朝散大夫」，可知白明達在封爲「侍御史」不久，即降除爲「大夫」，官職高低落差相當大，雖然太宗對於樂伶人的封官受爵之舉，備受朝中大臣的極力反對，馬周甚至不恥與之同列朝班，認爲不能與士人爲伍，其地位還是「興卑雜類」，供人驅使的賤隸。但是卻不能抹滅白明達專精的音樂涵養，爲隋唐音樂的發展所做的重大貢獻。在視樂工如卑隸的階級偏見的意識型態下，雖遭反黜，白明達能遇天子知音，欲加禮遇，雖終不成，但有此心意，白明達或許稍能感慰。而能深得太祖李淵、太宗李世民喜愛，加以封官，白明達的音樂才能到底如何？《舊唐書・呂才列傳》：

呂才，博州清平人也。少好學，善陰陽方伎之書。貞觀三年，太宗令祖孝孫增損樂章，孝孫乃與明音律人王長通、白明達遞相長短。

〔註222〕

《教坊記》：

高宗乃命白明達造道曲、法曲。〔註223〕

春鶯囀，高宗曉聲律，晨坐聞鶯聲。命樂人白明達寫之，遂有此曲。

〔註224〕

從這些記載看來，大致上可勾勒出白明達在唐初長達約三十多年的音樂活動，至高宗時，應已爲六十多歲的老者。不僅能彈琵琶及作曲，並與祖孝孫參與制定當代樂律、樂章，可謂受到極大的重用與重視。在隋代所創作曲子「萬歲樂」、「鬥百草」、「汎龍舟」，流傳至唐代玄宗朝，已演變爲當代盛行的

---

〔註221〕《舊唐書》，卷74〈馬周列傳〉，頁2614～2615。
〔註222〕《舊唐書》，卷79〈呂才列傳〉，頁2719～2720。
〔註223〕（唐）崔令欽，《教坊記》，頁122。
〔註224〕（唐）崔令欽，《教坊記》，頁129。

法曲。〔註225〕高宗時創作的曲子「春鶯囀」，亦爲教坊盛行之軟舞曲。雖然在唐代所創作的作品並無明確記載，但是曾受命高宗作道曲、法曲，其作品產量應也不少於隋代。

## （二）疏勒琵琶能手裴神符

《新唐書・禮樂志》：

> 五絃，如琵琶而小，北國所出，舊以木撥彈，樂工裴神符初以手彈，
> 太宗悅甚，後人習爲搊琵琶。〔註226〕

《舊唐書・音樂志》：

> 琵琶，四絃，漢樂也。………曲項者，亦本出胡中。五絃琵琶，稍
> 小，蓋北國所出。風俗通云：以手琵琶之，因爲名。案舊琵琶皆以
> 木撥彈之，太宗貞觀中始有手彈之法，今所謂搊琵琶者是也。〔註227〕

琵琶是唐代音樂最重要的樂器，許多樂器演奏或是歌舞伴樂，都用琵琶伴奏，有時也獨自彈奏。琵琶有多種形制，以木撥爲原本的彈奏方法。太宗貞觀年間，裴神符則改以手彈，其彈奏效果深得太宗喜愛。《唐會要・讌樂》：

> 貞觀末，有裴神符者，妙解琵琶，作勝蠻奴、火鳳、傾盃樂三曲，
> 聲度清美。太宗深愛之。〔註228〕

裴神符除善彈琵琶，首創以「手」搊彈琵琶外，亦能作曲。其中「火鳳」一曲，元稹〈和李校書新題樂府十二首・法曲〉：「女爲胡婦學胡妝，伎進胡音務胡樂。火鳳聲沉多咽絕，春鶯囀罷長蕭索。」〔註229〕傳至百年後，廣爲流轉的「火鳳」曲，可能指法曲之「火鳳」，〔註230〕不過較限於宮廷中的演出。琵琶曲「火鳳」，其傳播應該更廣遠。

## （三）于闐人尉遲青、尉遲章（善觱篥）

尉遲青於唐代宗時，居長安之常樂坊，德宗時官至將軍，善觱篥，時人稱其冠絕古今。《樂府雜錄・觱篥》：

> 觱篥者，本龜茲國樂也，亦名悲篥，有類於笳也。德宗朝有尉遲青，

---

〔註225〕參閱本文第三章第三節。
〔註226〕《新唐書》，卷21〈禮樂志十一〉，頁471。
〔註227〕《舊唐書》，卷29，頁1076。
〔註228〕《唐會要》，卷33〈讌樂〉，頁610。
〔註229〕《全唐詩》，卷419-7，頁4616～4617。
〔註230〕參見本文第三章第三節。

官至將軍。……尉遲將軍冠絕古今…。〔註231〕

在大曆中時，以此藝折服幽州觱篥名手王麻奴。〔註232〕於德宗朝封爲將軍，史料中並無俱載詳細職稱。

《唐會要・忠諫》：

> 大和中，文宗欲以伶官尉遲璋爲王府率，拾遺竇洵直極諫，乃改光
> 州長史。〔註233〕

《舊唐書・陳夷行列傳》：

> 仙韶院樂官尉遲璋授王府率，右拾遺竇洵直當衙論曰：「伶人自有
> 本色官，不合授之清秩。」鄭覃曰：「此小事，何足當衙論列！王
> 府率是六品雜官，謂之清秩，與洵直得否？此近名也。」嗣復曰：
> 「嘗聞洵直幽，今當衙論一樂官，幽則有之，亦不足怪。」夷行曰：
> 「諫官當衙，祗合論宰相得失，不合論樂官。然業已陳論，須與處
> 置。今後樂人每七八年與轉一官，不然，則加手力課三數人。」帝
> 曰：「別與一官。」乃授光州長史，賜洵直絹百疋。夷行尋轉門下
> 侍郎。〔註234〕

據《新唐書・百官志》太常寺條：「開成三年，改法曲所處院曰仙韶院」〔註235〕。

《唐會要・雜錄》：「開成三年四月，改法曲名仙韶曲，仍以伶官所處爲仙韶院」〔註236〕。可知尉遲璋爲仙韶院樂工，是晚唐文宗開成三年之後的事情。根據《唐會要》記載封「王府率」是「大和中」（831 年左右），《新唐書》所

---

〔註231〕 （唐）段安節，《樂府雜錄》，頁 31。

〔註232〕 （唐）段安節，《樂府雜錄》，頁 31～32：「大曆中，有幽州王麻奴者善此伎，河北推爲第一手，恃其藝踞傲自負，戎師外莫有敢輕易請者。時有從事姓盧，不記名臺拜將入京臨歧，把酒請麻奴吹一曲子相送，麻奴偃蹇大以爲不可，從事怒曰：汝藝亦不足稱者殊，不知上國有尉遲將軍，冠絕今古。麻奴大怒曰：某此藝，海內豈有及者耶？今即往彼，定其優劣。不數月，到京訪尉遲青所居，在常樂坊，乃側近僦居，日夕加意吹之。尉遲每經其門如不聞，麻奴不平，乃求謁見，閽者不納厚賂方得見通，即席地令坐，因於高般涉調中吹一曲。勒部羝曲，曲終流汗夾背，尉遲頷頤而已，謂曰：此曲何必於高般涉調也，（徒費許多氣力也）即自取銀字管於平般涉調中吹之。麻奴涕泣愧謝曰：邊鄙微人偶學此藝，實爲無敵。今日幸聞天樂，方悟前非。乃碎樂器，自是不復言音律也。」

〔註233〕 （宋）王溥，《唐會要》，卷 52〈忠諫〉，頁 912。

〔註234〕 《舊唐書》，卷 173〈陳夷行列傳〉，頁 4495～4496。

〔註235〕 《新唐書》，卷 48〈百官志〉，頁 1244。

〔註236〕 《唐會要》，卷 34〈雜錄〉，頁 631。

言「仙韶院樂官尉遲璋授王府率」，則應是開成三年（838 年）後，才遭竇洵直諫論，轉授「長史」。

文宗先封尉遲璋爲「王府率」，是爲內庭武官之職，文中謂之「六品雜官」，以一樂人授予衛率之職，無疑是格外的恩寵與提拔，可見文宗對尉遲璋之寵信。但是仍遭到右拾遺竇洵直等人的諫阻，終究只授爲「光州長史」。不過，尉遲璋身爲一名樂工，擅於何種技藝能得文宗喜愛，史書並無記載。〔註 237〕而關於尉遲璋之死，是與當時宮廷政權的傾軋有相當關係，《舊唐書‧武宗本紀》記載：

> 五年正月二日，文宗暴疾，宰相李珏、知樞密劉弘逸奉密旨，以皇太子監國。兩軍中尉仇士良、魚弘志矯詔迎穎王於十六宅，⋯⋯⋯⋯
> 三日，仇士良收捕仙韶院副使尉遲璋殺之，屠其家。四日，文宗崩⋯⋯
> 〔註 238〕

晚唐宦官仇士良於「甘露之變」後，愈加專橫，《資治通鑑‧唐紀》：「（唐文宗開成五年）時仇士良等追怨文宗，以甘露之事也。凡樂工及內侍得幸於文宗者，誅貶相繼。」〔註 239〕若尉遲璋不因得幸於文宗之故被誅殺，或許尉遲璋還能回到仙韶院當樂工，畢竟他本身未做過錯事。

關於尉遲青與尉遲璋是否是「出於久已華化之後魏尉遲部」，並無相關史料可據考，但向達先生疑其與其他出於昭武九姓之曹氏父子孫、米姓父子，偕同隸於樂府教坊的樂人，「是否爲隨北周突厥皇后東來諸樂人之子嗣」〔註 240〕，依當時代背景來推測，實有可能。且兩人所封官位皆爲武職之屬，與在唐初以武將立功立身之「尉遲敬德」一族，似有關係。但是，其中值得一究的是，尉遲青在德宗朝封爲「將軍」，在「（大樂胥）皆終身繼世‧必不易其業」〔註 241〕的制度、觀念下，並未遭到諫阻之議而轉封他職，或許是不足爲記，又或許

---

〔註 237〕（宋）錢易，《南部新書》（北京：中華書局，1985）乙，頁 19 載：「太和中，樂工尉遲璋能轉喉爲新聲，京師屠沽效之，呼爲拍彈。」另據《舊唐書》，卷 177〈曹確列傳〉，「可及善音律，尤能轉喉爲新聲，音辭曲折，聽者忘倦。京師屠沽效之，呼爲『拍彈』。」《唐會要》，卷 34〈雜錄〉，頁 632：「咸通中，伶官李可及善音律‧尤能轉喉爲新聲‧音辭曲折‧聽者忘倦。京師屠酤少年效之‧謂之拍彈‧」皆載「拍彈」爲李可及爲之。《南部新書》之說，應爲傳聞之誤記。

〔註 238〕《舊唐書》，卷 18〈武宗本紀〉，頁 583～584。

〔註 239〕《資治通鑑》，卷 246〈唐紀‧文宗皇帝〉，頁 7944。

〔註 240〕向達，《唐代長安與西域文明》，頁 8。

〔註 241〕《唐會要》，卷 34〈論樂〉，頁 623。

是尉遲青不是以伶人樂官身份貴封爲將軍，所以可能是「出於久已華化之後魏尉遲部」，與尉遲敬德一族有其淵源，或是「與跋質那輩同爲于闐質子之苗裔」有關，今尚無可證史料，僅闕疑於此。

### （四）安國人安叱奴（善舞）、安萬善（善篳篥）

舞人安叱奴在武德元年（618）封爲散騎侍郎，《唐會要》〈論樂〉：

> 武德元年六月二十四日，………至其年十月，拜舞人安叱奴爲散騎侍郎，既在朝列。禮部尚書李綱諫曰……雖齊末高緯，封曹妙達爲王，授安馬駒爲開府，有國家者，以爲殷鑒。………而先令胡舞，致位五品，鳴玉曳組，趨馳廊廟，恐非創規模，貽子孫之道也。〔註242〕

安叱奴封官之事與前文提及的白明達相較之下，顯得較爲幸運，因爲安叱奴雖遭李綱諫阻，但據記載上，並未有降封之說。雖暫無相關史料知悉其舞蹈表現，但安叱奴能在歷史上是以「舞人」之姿拜官，推想其精湛的舞藝應是不在話下，在眾多著名樂人中，能以舞蹈稱善者，更是少見。

另一位安姓樂人安萬善，有李頎〈聽安萬善吹篳篥歌〉詩描繪其樂：

> 南山截竹爲篳篥，此樂本自龜茲出。流傳漢地曲轉奇，涼州胡人爲我吹。傍鄰聞者多歎息，遠客思鄉皆淚垂。世人解聽不解賞，長颼風中自來往。枯桑老柏寒颼飀，九雛鳴鳳亂啾啾。龍吟虎嘯一時發，萬籟百泉相與秋。忽然更作漁陽摻，黃雲蕭條白日暗。變調如聞楊柳春，上林繁花照眼新。歲夜高堂列明燭，美酒一杯聲一曲。〔註243〕

李頎爲盛唐詩人，開元二十三年（735年）進士及第，曾任新鄉縣尉，後歸隱潁陽，約死於安史亂前，由此可知安萬善應是開元、天寶年間人。

安萬善爲邊地涼州來的胡人，一個除夕夜晚，在某位大官高堂明燭的家宴中，聽到他演奏的篳篥曲。篳篥善摹聲，安萬善吹出枯桑老柏在寒風中抖動樹葉的聲響；吹出九隻小鳳啾啾鳴叫的聲音、龍吟虎嘯、流泉風聲，精細描摹出篳篥的音響特色，也說明安萬善吹奏的絕妙技巧。另外還將古代鼓曲「漁陽摻」〔註244〕、笛曲「楊柳春」移調翻成篳篥曲來演奏，分別表現出悲壯、優美的情調。

---

〔註242〕《唐會要》，卷34〈論樂〉，頁623～624。
〔註243〕《全唐詩》，卷133-22，頁1354。
〔註244〕（南朝宋）劉義慶，《世說新語・言語》（《漢魏六朝筆記小說大觀》，上海：上海古籍出版社，1999）卷上之上，頁768。「禰衡被魏武謫爲鼓吏，正月半試鼓。衡揚枹爲『陽摻檛』，淵淵有金石聲，四坐爲之改容。」

「傍鄰聞者多歎息，遠客思鄉皆淚垂。世人解聽不解賞，長飆風中自來往」，參與宴會的聽眾雖被安萬善的樂音所感動、垂淚，但是有多少知音者了解演奏者自身的愁緒，詩人似乎在暗喻異地漂泊、獨自來往的安萬善，是否能尋得賞識官人，免去奔走顛沛之辛苦。

### （五）康國人康崑崙（善琵琶）

康崑崙為中唐時期的琵琶名手，據《新唐書‧禮樂志》記載：

> （代宗）大曆元年，又有廣平太一樂。涼州曲，本西涼所獻也，其聲本宮調，有大遍、小遍。貞元初，樂工康崑崙寓其聲於琵琶，奏於玉宸殿……〔註245〕

以及《樂府雜錄‧胡部》：

> 樂有琵琶、五絃…………。涼州府所進，本在正宮調，大遍、小遍。至貞元初，康崑崙翻入琵琶玉宸宮調，初進曲在玉宸殿，故有此名。
>
> 〔註246〕

貞元為唐德宗年號，宮廷樂工康崑崙將西涼府所進「涼州曲」移調後，以琵琶彈奏，即展現康崑崙對於琵琶彈奏及移調之能力。在《樂府雜錄‧琵琶》更記載：「貞元中，有康崑崙第一手」。〔註247〕在高手如林的宮廷中，康崑崙是貴為琵琶演奏的首席者。

不過，在一次長安大旱祈雨的活動中，遇到技藝更勝於他的僧人段善本。《樂府雜錄‧琵琶》記載這次的賽藝活動〔註248〕，段善本將「新翻羽調錄要」曲調移為更難彈奏的楓香調，「及下撥聲如雷，其妙絕入神」，康崑崙不僅驚

---

〔註245〕《新唐書》，卷21〈禮樂志十一〉，頁477～478。
〔註246〕《樂府雜錄‧琵琶》，頁14～15。
〔註247〕《樂府雜錄‧琵琶》，頁23。
〔註248〕《樂府雜錄‧琵琶》，頁23～24載：「貞元中有康崑崙第一手。始遇長安大旱，詔移兩市祈雨。及至天門街市人廣較勝負，及鬥聲樂。即街東有康崑崙琵琶最上，必謂街西無以敵也，遂請崑崙登綵樓，彈一曲新翻羽調錄要。其街西亦建一樓，東市大誚之。及崑崙度曲，西市樓上出一女郎抱樂器，先云，我亦彈此曲，兼移在楓香調。及下撥聲如雷，其妙絕入神，崑崙即驚駭，乃拜請為師。女郎遂更衣出見，乃僧也。蓋西市豪族厚賂莊嚴寺僧善本，以定東鄽之勝。翌日，德宗召入，令陳本藝，異常嘉獎，乃令教授崑崙，段奏曰，且請崑崙彈一調，及彈師曰，本領何雜，兼帶邪聲，崑崙驚曰，段師神人也，臣小年初學藝時，偶於隣舍女巫授一品絃調，後乃易數師。段師精鑑如此元妙也。段奏曰，遣崑崙不近樂器十餘年，使忘其本領，然後可教。詔許之。後果盡段之藝。」

駭，並拜請為師。段善本還聽出康崑崙的琵琶聲「兼帶邪聲」，因為康崑崙最初學藝於「鄰舍女巫」，教的是「一品絃調」，而後又數易其師，雖然技藝增進，進入宮廷為「第一手」，但始終帶有邪音，韶味不正。另外在《唐語林校證・識鑒》也記載康崑崙早年彈奏的缺點：

> 王琚為太常卿。早起…………又見康崑崙彈琵琶，云：「琵聲多，琶聲少，亦未可彈五十四絲大絃也。」自下而上謂之琵，自上而下謂之琶。〔註249〕

「王琚」為漢中王李琚，是唐玄宗的侄子，乾元年間任太常卿，「亦知音」〔註250〕，對康崑崙的彈奏批評，應是指康崑崙早年的演奏情況。因為「貞元」（785～805）距「乾元」（758～760）是二十多年以後，在這期間，康崑崙「易數師」所增進的琴藝，卻成為康崑崙欲從段善本師學藝前，必須再花十餘年「使忘其本領」的本事。對一般人來說，抹殺二十多年的努力成果，須再重頭學起，無異是一項打擊。不過，既然「詔許之」，康崑崙當時年歲應值壯年，依段師所囑，終於「盡段之藝」，成為能綜合各師之長的琵琶高手，可謂得來不易！

經過這番「前功盡棄」的苦學鍛鍊後，元稹〈琵琶歌〉給予康崑崙相當高的肯定：

> 琵琶宮調八十一，旋宮三調彈不出。玄宗偏許賀懷智，段師此藝還相匹。自後流傳指撥衰，崑崙善才徒爾為。〔註251〕

詩人認為康崑崙、曹善才是繼賀懷智、段善本之後，當代的主要琵琶師。只不過，覺得指撥衰退，旋宮三調已彈不出來。《唐國史補》：

---

〔註249〕　（宋）王讜，《唐語林校證・識鑒》，卷3，頁252。

〔註250〕　（宋）李昉等，《太平廣記》，卷205〈樂三〉，頁1566載：「漢中王琚見康崑崙彈琵琶。云琵聲多。琶聲少。亦未可彈五十四絃大絃也。自下而上謂之琵。自上而下謂之琶。」《新唐書》卷81〈睿宗諸子列傳〉，頁3599～3600。「琚早有材望，偉儀觀。始封隴西郡公。從帝幸蜀，至河池，封漢中王，山南西道防禦使。乾元初，寧國公主降回紇，詔琚以特進、太常卿持節冊拜回紇為威遠可汗。琚亦知音，嘗早朝過永興里，……又聞康崑崙奏琵琶，曰：「琵聲多，琶聲少，是未可彈五十四絲大絃也。」樂家以自下逆鼓曰琵，自上順鼓曰琶云。肅宗詔收軍臣馬助戰，琚與魏少游等持不可。帝怒，貶蓬州長史。薨，贈太子太師，謚曰宣。」《舊唐書》，卷95〈睿宗諸子列傳〉，頁3015載：「……天寶十五載，從玄宗幸蜀，至漢中，因封漢中王，仍加銀青光祿大夫、漢中郡太守。乾元二年（760），以特進試太常卿，送寧國公主至迴紇，充冊立使。」

〔註251〕　《元稹集》，卷二十六，頁304。

> 韋應物爲蘇州刺史，有屬官因建中之亂，得國工康崑崙琵琶，至是
> 送官，表進入內。〔註252〕

韋應物在貞元四至六年（788～790）擔任蘇州刺史。〔註253〕康崑崙因建中朱
泚之亂長安陷落（建中四年，783 年），流落至江南，爲韋之屬官得之，才得
以復歸京師，再爲樂師。若依此記載，康崑崙與段善本在天門街賽琵琶之事，
應在這此次歸京後所發生的事情。

## （六）曹國人曹保、曹善才

《樂府雜錄・琵琶》：「貞元中有王芬、曹保。保其子善才…」〔註254〕唐
德宗貞元年間（785～805），曹保已爲當時琵琶能手，原是西域昭武九姓的曹
國人，世居長安。其子曹善才曾爲教坊樂師。白居易名作〈琵琶行〉並序：

> 元和十年，予左遷九江郡司馬。明年秋，送客湓浦口，聞舟中夜彈
> 琵琶者，聽其音，錚錚然有京都聲。問其人，本長安倡女，嘗學琵
> 琶于穆、曹二善才；年長色衰，委身爲賈人婦。〔註255〕

詩中琵琶女在長安學藝於琵琶師穆、曹二善才，「曹」應爲曹保之子「曹善才」，
可能弟子眾多，其技藝很高，被譽爲「善才」。唐代詩人李紳在聽說曹善才去
世後，曾寫下一首〈悲善才〉以示悼念，詩前小序云：

> 余守郡日，有客遊者，善彈琵琶。問其所傳，乃善才所授。項在內
> 庭日，別承恩顧，賜宴曲江，敕善才等二十人備樂。自余經播遷，
> 善才已沒。因追感前事，爲悲善才。〔註256〕

李紳「餘守郡日」任滁州刺史，約大和二至四年間（828～830），〔註257〕見到
一位客遊者善彈琵琶，一問之下，受教習於曹善才。但此時，善才早已去世。
詩人追憶當年自己在宮廷擔任內職時，聽過兩次曹善才演奏琵琶，哀嘆善才
之死，並以生動的比喻描繪曹善才當年所奏琵琶曲給人留下的深刻印象，詩

---

〔註252〕（唐）李肇編，《唐國史補》卷中（《唐五代筆記小說大觀》，上海：上海古籍
出版社，2000），頁 177。
〔註253〕郁賢皓著，《唐刺史考全編》（合肥：安徽大學出版，2000），卷 139，頁 1915。
（清）董誥等編，《全唐文》，卷 375，頁 3809～3810：「應物。京兆長安人。
少以三衛郎事元宗。永泰中授京兆功曹。遷洛陽丞。大歷中授鄠令。建中三
年拜比部員外郎。出爲滁州刺史。調江州。改左司郎中。後出爲蘇州刺史。」
〔註254〕《樂府雜錄》，頁 24。
〔註255〕（宋）李昉等奉敕編，《文苑英華》（北京：中華書局，1966），卷 334，頁 1737。
〔註256〕《全唐詩》卷 480-17，頁 5465。
〔註257〕《唐刺史考全編》，卷 125，頁 1712。

人為失去曹善才這樣一位優秀的琵琶表演藝術家而悲痛，也是詩人對這位表演藝術家留給後世最好的紀念。

李紳應在元和十五年的某天夜裡，第一次聽到曹善才的演奏，〈悲善才〉：

> 穆王夜幸蓬池曲，金鑾殿開高秉燭。東頭弟子曹善才，琵琶請進新翻曲。翠蛾列坐層城女，笙笛參差齊笑語。天顏靜聽朱絲彈，眾樂寂然無敢舉。銜花金鳳當承撥，轉腕攏弦促揮抹，花翻鳳嘯天上來，裊回滿殿飛春雪。抽弦度曲新聲發，金鈴玉佩相瑳切。流鶯子母飛上林，仙鶴雌雄唳明月。此時奉詔侍金鑾，別殿承恩許召彈。〔註258〕

李紳在穆宗李恒即位之初任翰林學士，時間約為元和十五年（820）至長慶三年間（823）。擔任翰林學士屬於內職，撰擬文書機要，得以隨侍穆宗身旁。這天穆宗夜幸蓬萊池，隨之在側的李紳有幸聽到曹善才「花翻鳳嘯天上來，裊回滿殿飛春雪」如花與雪的飛揚、「金鈴玉佩相瑳切」鏗鏘清晰、「流鶯子母飛上林，仙鶴雌雄唳明月」清新悅耳的美妙演奏。曹善才得到穆宗的讚許之後，穆宗還表示之後要在別殿再聽善才彈奏。

李紳第二次機會是在三月的曲江宴會上，聽到曹善才的演奏，〈悲善才〉：

> 三月曲江春草綠，九霄天樂下雲端。紫髯供奉前屈膝，盡彈妙曲當春日。寒泉注射隴水開，胡雁翻飛向天沒。日曛塵暗車馬散，為惜新聲有餘歎。〔註259〕

在前段詩中，「東頭弟子」應即為梨園子弟，「供奉」是指在宮內供職的藝人，「紫髯」意指曹善才有著紫色鬍鬚，其年紀應也不小。詩序云「賜宴曲江，敕善才等二十人備樂」，顯然曹善才為宮庭樂工。也因此有「九霄天樂下雲端」的形容，「天樂」即指宮廷音樂。這次詩人描繪其聲「寒泉注射隴水開，胡雁翻飛向天沒」，對於曲調的感受不同於上次在金鑾殿夜奏的新曲。傍晚人煙散去，詩人仍然沉醉在聆聽曹善才美妙樂音的回憶境界裡，嘆息新聲的消逝。〈悲善才〉：

> 明年冠劍閉橋山，萬里孤臣投海畔。籠禽鎩翮尚還飛，白首生從五嶺歸。聞道善才成朽骨，空餘弟子奉音徽。南譙寂寞三春晚，有客彈弦獨淒怨。〔註260〕

---

〔註258〕《全唐詩》卷480-17，頁5465～5466。
〔註259〕《全唐詩》卷480-17，頁5465～5466。
〔註260〕《全唐詩》卷480-17，頁5465～5466。

長慶四年（824 年）正月，穆宗駕崩，長子李湛即位。二月時，李紳爲牛黨
人物李逢吉所誣陷，被貶爲端州司馬。端州，在廣東省近南海，故稱「萬里
孤臣投海畔」。當李紳在寶曆改元大赦那年（825 年），獲量移爲江州長史，
〔註 261〕自「五嶺」遷歸途中，就已聽聞「善才成朽骨」，既然是「朽骨」，
表示已死去數年，推測可能是在李紳長慶四年離開長安，至寶曆年間回京
（824～826 年）的這兩、三年間去世。

### （七）曹綱（曹保孫、曹善才子）、裴興奴

曹善才之子曹綱〔註 262〕，出身於琵琶世家，祖父曹保，三代皆爲著名的
宮廷琵琶師。曹綱彈琵琶，長於運撥。《樂府雜錄·琵琶》：

> 貞元中有王芬、曹保。保其子善才，其孫曹綱，皆襲所藝。次有裴
> 興奴與曹綱同時。曹綱善運撥，若風雨，而不事扣絃。興奴長於攏
> 撚，不撥稍軟。時人謂曹綱有右手，興奴有左手。〔註 263〕

彈奏琵琶需要左右兩手攏撚、運撥兩相配合，但個人擅長總有不同。當時曹
綱右手善撥，裴興奴左手善攏撚，詩人白居易抓住這一特點，在〈聽曹剛琵
琶兼示重蓮〉詩中寫道：

> 撥撥弦弦意不同，胡啼蕃語兩玲瓏。誰能截得曹剛手，插向重蓮衣
> 袖中。〔註 264〕

「重蓮」應爲白居易家的樂伎。白居易竟然以「誰能截得曹剛手，插向重
蓮衣袖中」的大膽設想，要將兩位琵琶高手的長處集於一身，使其珠聯璧
合。對曹綱的褒揚，對重蓮的希望，都包含在這形象化的比喻中，頗耐人
尋味，也極富想像力。詩中說曹剛的琵琶演奏如胡人啼哭、番人言語，極

---

〔註 261〕《舊唐書》，卷 173〈李紳列傳〉，頁 4499～4500。「（敬宗）帝初即位，方倚
大臣，不能自執，乃貶紳端州司馬。…………及寶曆改元大赦（825 年），逢
吉定赦書節文，不欲紳量移，但云左降官已經量移者與量移，不言左降官與
量移。韋處厚復上疏論之，語在處厚傳。帝特追赦書，添節文云「左降官與
量移」，紳方移爲江州長史。再遷太子賓客，分司東都。」
《資治通鑑》，卷 243〈唐紀·敬宗睿武昭愍孝皇帝〉寶曆元年，頁 7843～7844。
「春，正月，辛亥，上祀南郊。還，御丹鳳樓，赦天下，改元。」、「夏，四
月，癸巳，群臣上尊號曰文武大聖廣孝皇帝。赦天下。赦文但云：『……』上
即追赦文改之。紳由是得移江州長史」

〔註 262〕曹「綱」，在唐詩中，寫爲「剛」字，究詩人生平，所遇之「曹剛」應即爲「曹
綱」。

〔註 263〕《樂府雜錄·琵琶》，頁 24。

〔註 264〕《白居易集》，卷二十六〈律詩〉，頁 588。

為逼眞，樂音玲瓏絕妙。白居易還有一首〈代琵琶弟子謝女師曹供奉寄新調弄譜〉：

> 琵琶師在九重城，忽得書來喜且驚。一紙展看非舊譜，四弦翻出是
> 新聲。蒸賓掩抑嬌多怨，散水玲瓏峭更清。珠顆淚沾金捍撥，紅妝
> 弟子不勝情。〔註265〕

白居易此詩是代自家樂班中的琵琶女弟子，謝教授琵琶的師傅曹供奉。曹剛寄來的新曲「蒸賓」嬌怨、「散水」清峭，讓女弟子感動萬分。此詩作於大和八年（834年），「曹供奉」指的應是曹剛，因為曹剛的祖父曹保、父親曹善才皆為御前供奉，曹剛應也如此，且父親善才大約死於寶曆初年（825年），故此詩之「曹供奉」應為曹剛無疑。此外，曹剛「教授人亦多矣」，並表示在教過的眾多弟子中，以「廉郊」性靈聰慧、悟性高，得到他的賞識。廉郊是曾擔任過丞相、太尉李德裕家中的樂伎〔註266〕。可知曹剛所教習弟子不只是宮廷內人樂工，還有權豪勢要家中樂班的歌姬樂人。在劉禹錫〈曹剛〉詩：

> 大弦嘈囋小弦清，噴雪含風意思生。一聽曹剛彈薄媚，人生不合出
> 京城。〔註267〕

劉禹錫對曹綱的琵琶技藝推崇極致，只要聽到曹剛所彈奏的如「噴雪含風」之「薄媚」曲，人生不必出京城，即無所遺憾，讚揚他高超的彈奏技巧。薛逢也有〈聽曹剛彈琵琶〉詩：

> 禁曲新翻下玉都，四弦根觸五音殊。不知天上彈多少，金鳳銜花尾
> 半無。〔註268〕

對於曹剛所彈奏的曲調，認為有新奇獨絕之感，輕輕振觸四條琴弦，就能以五個音階撥彈出完美的曲調。

### （八）曹國人曹紹夔

曹紹夔是任職於太常的太樂令，《通典‧樂三》記載：

> 近代言樂，衛道弼為最，天下莫能以聲欺者。曹紹夔與道弼皆為太
> 樂令，享北郊，監享御史有怒於夔，欲以樂不和為之罪，雜扣鐘磬，
> 使夔暗名之，無誤者，由是反歎服。又有洛陽有僧，房中磬日夜自

---

〔註265〕《白居易集》，卷三十二〈律詩〉，頁721。
〔註266〕《樂府雜錄‧琵琶》，頁24。「武宗初，朱崖李太尉有樂吏廉郊者，師於曹綱，盡曹綱之能，常謂儕流曰，教授人亦多矣，未曾有此性靈弟子也。」
〔註267〕《全唐詩》卷365-105，頁4127。
〔註268〕《全唐詩》，卷548-75，頁6334。

鳴，僧以爲怪，懼而成疾，求術士百方禁之，終不能已。紹夔素與僧善，來問疾，僧尋以告。俄頃齋鐘，磬復作聲，紹夔笑曰：「明日可設盛饌，當與除之。」僧雖不信紹夔言，冀其或效，乃具饌以待。紹夔食訖，出懷中錯，鑢磬數處而去，其聲遂絕。僧苦問其所以，紹夔曰：「此磬與鐘律合，故擊彼此應。」僧大喜，疾亦愈。
〔註269〕

曹紹夔擔任太樂令，精於音律，知道在聲學方面的共振原理，監享御史「雜扣鐘磬」，亂敲鐘、磬，結果曹紹夔仍可毫無差錯的辨別兩種聲響的高低音，反而讓御史驚服。也因曹紹夔的耳朵特別靈敏，「適來問疾」，知道好友房中的磬與寺裡的鐘，音律相同，才會大鐘一響，石磬也兀自發出聲音，解除好友因「懼而成疾」的困擾。曹紹夔以物理的共鳴現象，解決遇到的疑難，可見對音律原理的精通。

### （九）米嘉榮、米和、米禾稼、米萬槌（均善弄婆羅門）

來自西域米國的米嘉榮，爲唐宮廷供奉的樂人，在《通志・氏族略第二》的敘述：

米氏，西域米國胡人也。唐有供奉歌者米嘉榮。五代米至誠。望出隴西高平。〔註270〕

《樂府雜錄・歌》：「元和、長慶以來，（歌者）有李貞信、米嘉榮、何戡、陳意奴」。〔註271〕米嘉榮是唐憲宗、穆宗時期著名的歌唱家，深得劉禹錫的讚賞，〈與歌者米嘉榮〉詩云：

唱得涼州意外聲，舊人唯數米嘉榮。近來時世輕先輩，好染髭須事後生。〔註272〕

---

〔註269〕《通典》，卷143〈樂三・歷代製造〉，頁3656～3657。
（唐）劉餗，《隋唐嘉話》（《唐五代筆記小說大觀》，上海：上海古籍出版社，2000）卷下，頁112。《唐語林校證》，卷2〈文學〉，頁176。《太平廣記》，卷203〈樂一〉，頁1534。皆有記載。
〔註270〕（宋）鄭樵，《通志》（臺北市：台灣商務印書館，1987），卷26〈氏族略第二〉，頁454。
〔註271〕《樂府雜錄・琵琶》，頁19。
〔註272〕《全唐詩》，卷365-30，頁4116。據毛水清，《唐代樂人考述》（北京，東方出版社，2006），頁116，劉禹錫另有一首〈米嘉榮〉詩作：「一別嘉榮三十載，忽聞舊曲尚依然。如今世俗輕前輩，好染髭須事少年。」此詩可能爲草稿。

「涼州」是首具奇特之調的曲子，有「諸王賀」之讚，也有寧王認為「恐一日有播越之禍，悖逼之患，莫不兆于斯曲也」之惑，〔註273〕故詩人雖在詩中並無正面描繪米嘉榮的歌聲如何，而以米嘉榮能唱「涼州之意外聲」，顯示米嘉榮出乎其類，拔乎其萃的歌唱技藝。

劉禹錫曾遭貶官二十年，重回長安，大約是大和二年（828 年）之後，〔註274〕見到昔日貞元宮廷樂人米嘉榮，雖然歌喉仍如往昔，但是身懷絕妙歌技的米嘉榮，不得隨世風之變，「近來時世輕先輩」，反要將白鬍子染黑「事後生」。一如自己的政見不被認同，遭到貶逐或做著無關緊要的閑官，不由得充滿感慨、憤世之情。《太平廣記‧樂二》米嘉榮條：

> 歌曲之妙，其來久矣。元和中，國樂有米嘉榮、何戡。近有陳不嫌，不嫌子意奴。……劉尚書禹錫與米嘉榮詩云，三朝供奉米嘉榮，能變新聲作舊聲。于今後輩輕前輩，好染髭鬚事後生。〔註275〕

文中所提「三朝供奉米嘉榮」，推測意指米嘉榮在宮廷供職自德宗起，主要經歷憲宗、穆宗三朝，前後估計約三十餘年。《樂府雜錄‧琵琶》：

> 咸通中，即有米和，即嘉榮子，申旋尤妙。〔註276〕

米嘉榮之子米和善於彈琵琶，技藝亦稱「尤妙」，米家父子可稱為音樂世家。

除米嘉榮父子外，在《文獻通考‧樂考》〈夷部樂‧西戎‧龜茲〉記載：

> 開元之時，曹婆羅門累代傳其素業。大和初，有米禾稼、米萬搥。〔註277〕

《通考》將米禾稼、米萬搥與善琵琶之曹婆羅門〔註278〕同歸於龜茲部，並且

---

〔註273〕（唐）鄭棨，《開天傳信記》（《唐五代筆記小說大觀》，上海：古籍出版社，2000），頁1224。並參見本文第四章第一節「涼州」段。

〔註274〕《舊唐書》，卷160〈劉禹錫列傳〉，頁4210 載：「禹錫貞元九年擢進士第，又登宏辭科。……從事淮南節度使杜佑幕，典記室，尤加禮異。從佑入朝，為監察御史。與吏部郎中韋執誼相善。貞元末，王叔文於東宮用事，後輩務進，多附麗之，禹錫尤為叔文知獎，以宰相器待之。……大和二年，自和州刺史徵還，拜主客郎中。……予貞元二十一年（806 年）為尚書屯田員外郎，時此觀中未有花木，是歲出牧連州，尋貶朗州司馬。」

〔註275〕（宋）李昉，《太平廣記》，卷204〈樂二〉，頁1551。

〔註276〕（唐）段安節，《樂府雜錄‧琵琶》，頁27。

〔註277〕（元）馬端臨，《文獻通考》（台北：臺灣商務印書館，1987），卷148〈樂考〉，頁1294。

〔註278〕《舊唐書》，卷29〈音樂志二〉，頁1069：「後魏有曹婆羅門，受龜茲琵琶於商人，世傳其業，世傳其業，至孫妙達，尤為北齊高洋所重，常自擊胡鼓以和之。………。」

是從曹婆羅門累代相傳伎業，由此解釋，應意指米禾稼、米萬槌也是善於琵琶的能手。不過，向達先生表示在唐文宗「大和初，教坊有米禾稼、米萬槌，善弄婆羅門」〔註279〕，而「弄」字所含意思則不單指爲演奏樂器，且「婆羅門」也有散樂雜戲的演出，〔註280〕是否如下文所提「石寶山善弄婆羅門」，是擅長表演婆羅門的散樂雜戲？暫存疑於此，可再推敲。

### （十）石國人石寶山、康國人康迺（善弄婆羅門）

關於石國人石寶山的記載，《樂府雜錄·俳優》：

> 僖宗幸蜀時，戲中有劉眞者尤能。後乃隨駕入京，籍入教坊弄婆羅。
>
> 大中初，有康迺、李百魁、石寶山。〔註281〕

從此段記載歸類在「俳優」條下，而善於演戲劉眞「隨駕入京」後，「籍入教坊」看來，「教坊」中有專門演出戲劇的單位，而「弄婆羅」或許就是演出散樂雜戲之類的表演節目。「大中」爲唐宣宗年號（847～859年），因此石寶山、康迺應爲當時善演出婆羅門的藝人。

以上提及的西域樂工舞人，活躍於當時，在一些詩人心目中除了對樂人們技藝的激賞，但也發出不少無奈之聲。正因爲有一大批多才多藝的民族表演藝術家的努力不懈，才有唐代多元樂舞藝術的交流與融合，也才有唐代音樂舞蹈的蓬勃發展。

### （十一）胡姬

在唐代的長安，除上述於史籍載有姓名、或身爲宮廷供奉樂人的胡樂胡舞者，民間還活躍著大群的胡姬。在長安西市以及長安城東至曲江一帶，經常可見有胡姬侍酒之酒肆，〔註282〕習稱爲「酒家胡」或「酒胡」。〔註283〕胡姬們或歌、或舞，傳送著異國胡風的樂舞情調。

---

〔註279〕向達，《唐代長安與西域文明》，頁20。

〔註280〕《舊唐書》，卷29〈音樂志二〉，頁1073：「睿宗時，婆羅門獻樂，舞人倒行，而以足舞於極銛刀鋒，倒植於地，低目就刃，以歷臉中，又植於背下，吹篳篥者立其腹上，終曲而亦無傷。又伏伸其手，兩人躡之，旋身遶手，百轉無已。」

〔註281〕《樂府雜錄·琵琶》頁21。

〔註282〕向達，《唐代長安與西域文明》，頁38。

〔註283〕謝海平，《唐代留華外國人生活考述》（臺北：臺灣商務印書館發行，1978），頁241。

《史記》：

> 自大宛以西至安息，國雖頗異言，然大同俗，相知言。其人皆深
> 眼，多鬚顤，善市賈，爭分銖。俗貴女子，女子所言而丈夫乃決
> 正。〔註284〕

大部分西域女子在本族社會中受到肯定，人民善於商賈，千里迢迢來到大唐
國境，出掌店面謀生，是自然之事，無所謂拋頭露面。於是掌店賣酒或待客
的西域女子，變成了在唐詩裡的「胡姬」。詩仙李白有幾首詩均寫到胡姬。〈少
年行〉之二云：

> 五陵年少金市東，銀鞍白馬度春風。落花踏盡遊何處？笑入胡姬酒
> 肆中。〔註285〕

〈白鼻騧〉：

> 銀鞍白鼻騧，綠地障泥錦。細雨春風花落時，揮鞭直就胡姬飲。〔註286〕

〈前有樽酒行二首〉之二：

> 胡姬貌如花，當壚笑春風。笑春風，舞羅衣，君今不醉將安歸。〔註287〕

李白〈送裴十八圖南歸嵩山二首〉「胡姬招素手，延客醉金樽」〔註288〕；〈醉
後贈王歷陽〉「雙歌二胡姬，更奏遠清朝。」〔註289〕張祜〈白鼻騧〉：

> 為底胡姬酒，長來白鼻騧，摘蓮拋水上，郎意在浮花。〔註290〕

賀朝〈贈酒店胡姬〉：

> 胡姬春酒店，弦管夜鏘鏘。紅毺鋪新月，貂裘坐薄霜。玉盤初鱠鯉，
> 金鼎正烹羊。上客無勞散，聽歌樂世娘。〔註291〕

楊巨源〈胡姬詞〉：

> 妍豔照江頭，春風好客留。當壚知妾慣，送酒為郎羞。香渡傳蕉扇，
> 妝成上竹樓。數錢憐皓腕，非是不能留。〔註292〕

〔註284〕（漢）司馬遷，（劉宋）裴駰集解，（唐）司馬貞索隱，（唐）張守節正義，《史記》（台北：鼎文書局，1981），卷123〈大宛列傳〉，頁3174。
〔註285〕《李白集校注》，卷五，頁435。
〔註286〕《李白集校注》，卷五，頁438。
〔註287〕《李白集校注》，卷三，頁251。
〔註288〕《李白集校注》，卷十七，頁1015。
〔註289〕《李白集校注》，卷十二，頁773。
〔註290〕《全唐詩》，卷511-37，頁5833。
〔註291〕《全唐詩》，卷117-7，頁1181。
〔註292〕《全唐詩》，卷333-16，頁3718。

唐人尚文好狎，燕居時流連歌舞場所是一種時尚，胡姬酒肆在當代能吸引許多的文人騷客乘銀鞍白馬前來，酒家胡的獨具的特色風味，無非是重要因素之一。在賀朝的詩作中清楚描述胡姬酒家的佈置「紅毹〔註293〕鋪新月」，出自西域波斯的紅地氈上有如新月般的圖案；「貂裘坐薄霜」胡姬身上坐擁雪白如薄霜般的貂裘，顯得雍容高貴；宴客的荼餚「鱠鯉」、「烹羊」；使用的器皿「玉盤」、「金鼎」，如此豪華排場，雖不是家家如此，但是胡姬們笑語如花的驕態，帶來悠揚婉轉的歌聲，閃動著優美動人的舞姿，更是「君今不醉將安歸」、「郎意在浮花」最重要的原因。

詩作中雖無提及所歌舞的曲目，但配合酒家胡姬的特色，自然以擅長的西域家鄉為主的樂舞。如此一來，充滿異國情調的酒家胡及胡姬，亦是在民間傳播胡樂胡舞重要的媒介。不過，胡姬們的姓名大半已被歷史的塵沙淹沒，渺無可循之跡，只能從詩作中稍加了解胡姬樂人的生活輪廓。

## （十二）胡兒

除酒家胡姬之外，在唐詩中還有一種以表演舞蹈、演奏樂器為業，頗得時人讚賞的胡樂胡舞者——「胡兒」，男性或女性皆有。以舞為業的胡兒，所表演的胡舞以出自石國的「胡騰」、「柘枝」舞和出自康國的「胡旋」舞最為流行，胡兒舞者亦多屬於其國人。三種舞皆屬於活潑矯健的「健舞」類〔註294〕，在高官設宴的場合中，總是少不了他們矯健靈活的舞姿身影。

李端〈胡騰兒〉「胡騰是涼州兒，肌膚如玉鼻如錐。桐布輕衫前後卷，葡萄長帶一邊垂。帳前跪作本音語，」〔註295〕、劉言史〈王中丞宅夜觀舞胡騰〉

---

〔註293〕《隋書》，卷83〈西域列傳〉，頁1856～1857。「波斯國，都達曷水之西蘇藺城即條支之故地也。……土多良馬，大驢，……細布，氍毹，毾㲪，護那……」（北宋）王欽若等奉敕編，《冊府元龜》，卷971〈外臣部‧朝貢四〉，頁11411～11413。「（天寶）四載二月黃頭室韋三月謝䫻吐火羅、波斯俱訶蘭國並遣使獻方物，罽賓國遣使獻波斯錦舞筵。」「（天寶五載）閏十月陁拔斯單國王忽魯汗遣使獻千年棗、突騎施。石國、史國、米國、罽賓國各遣使來朝獻繡舞筵毾㲪、紅鹽、黑鹽、白戎鹽、餘甘子質汗千金藤、瑠璃、金銀等物。」「（天寶九載）四月波斯獻大毛繡舞延、長毛繡舞延、舞孔真珠」唐玄宗天寶年間，西域各國皆有朝貢舞蹈用的地毯「舞筵」之記載。

〔註294〕參見本文第四章第二節。

〔註295〕《全唐詩》，卷284-29，頁3238。「胡騰是涼州兒，肌膚如玉鼻如錐。桐布輕衫前後卷，葡萄長帶一邊垂。帳前跪作本音語，拈襟擺袖為君舞。安西舊牧收淚看，洛下詞人抄舊與。揚眉動目踏花氈，紅汗交流珠帽偏。醉卻東傾又西倒，雙靴柔弱滿燈前。環行急蹴皆應節，反手叉腰如卻月。絲桐忽奏一曲終，鳴鳴畫角城頭髮。胡騰兒，胡騰兒，故鄉路斷知不知」

「石國胡兒人見少，蹲舞尊前急如鳥，織成蕃帽虛頂尖，細氈胡衫雙袖小。」
〔註296〕，對於胡兒來自何方、外貌、衣著都描寫的十分詳細，一位胡兒舞者
的形象即清晰浮現。

安史之亂後，西北邊防軍入靖，吐蕃趁勢入境，在代宗廣德元年（763 年）
河西、隴右一帶二十餘州均被吐蕃侵占〔註297〕。德宗貞元元年（785 年），唐
代西陲最前線的瓜、沙二州相繼相繼陷入吐番之手。與中亞之間的交通便已
中斷，所以「石國胡兒人見少」，詩人有感國事酬唱，對胡兒發出「胡騰兒，
胡騰兒，故鄉路斷知不知」的慨嘆。既然有鄉歸不得，一身異國風貌的胡兒
說著胡語，演著「跳身轉轂寶帶鳴，弄腳繽紛錦靴軟」，讓「四座無言皆瞪目」
的胡騰舞，在宴會喜新熱鬧的氣氛需求下，流轉於宴會助興的演出活動中，
成爲唐代的流浪藝人，但應未像酒家胡姬與文人騷客般周旋酬唱，有許多的
交往。

但在安史亂後，唐國勢漸衰時，這種召喚胡兒到府表演歌舞、戲碼的活
動，仍然在士人官宦間盛行，白居易便有一首新樂府體的諷諭詩〈西涼伎－
刺封疆之臣也〉（作於 809 年）「紫髯深目兩胡兒，鼓舞跳樑前致辭」〔註298〕，
「西涼伎」遠從萬里來，且應於安史亂前即已來到中土，但是「安西路絕歸
不得」、「涼州陷來四十年」，在唐境內的賣藝生活至少也有四十多年。在這期
間，胡兒的演出也不斷有新意，從獨舞胡騰再加上「假面胡人假獅子」，頗有

---

〔註296〕《全唐詩》，卷 468-11，頁 5323。「石國胡兒人見少，蹲舞尊前急如鳥，織成
蕃帽虛頂尖，細氈胡衫雙袖小。手中拋下蒲萄盞，西顧忽思鄉路遠，跳身轉
轂寶帶鳴，弄腳繽紛錦靴軟。四座無言皆瞪目，橫笛琵琶遍頭促。亂騰新毯
雪朱毛，傍拂輕花下紅燭。酒闌舞罷絲管絕，木槿花西見殘月」

〔註297〕《舊唐書》，卷 11〈代宗本紀〉廣德元年條，頁 273。「是月（秋七月），吐
蕃大寇河、隴，陷我秦、成、渭三州，入大震關，陷蘭、廓、河、鄯、洮、
岷等州，盜有隴右之地。」

〔註298〕《白居易集》，卷第四〈諷諭四・新樂府〉，頁 75。「西涼伎，假面胡人假獅子。
刻木爲頭絲作尾，金鍍眼睛銀帖齒。奮迅毛衣擺雙耳，如從流沙來萬里。紫髯
深目兩胡兒，鼓舞跳樑前致辭。應似涼州未陷日，安西都護進來時。須臾雲得
新消息，安西路絕歸不得。泣向獅子涕雙垂，涼州陷沒知不知。獅子回頭向西
望，哀吼一聲觀者悲。貞元邊將愛此曲，醉坐笑看看不足。娛賓犒士宴監軍，
獅子胡兒長在目。有一征夫年七十，見弄涼州低面泣。泣罷斂手白將軍，主憂
臣辱昔所聞。自從天寶兵戈起，犬戎日夜吞西鄙。涼州陷來四十年，河隴侵將
七千里。平時安西萬里疆，今日邊防在鳳翔。緣邊空屯十萬卒，飽食溫衣閒過
日。遺民腸斷在涼州，將卒相看無意收。天子每思長痛惜，將軍欲說合慚羞。
奈何仍看西涼伎，取笑資歡無所愧。縱無智力未能收，忍取西涼弄爲戲。」

戲劇演出的味道。元稹〈和李校書新題樂府十二首・西涼伎〉「胡騰醉舞筋骨柔」〔註299〕，亦提到在「哥舒開府設高宴」，欣賞西涼伎中「獅子搖光毛彩豎，胡騰醉舞筋骨柔」的演出。白居易〈奉和汴州令狐令公二十二韻〉（作於825年）「雷捶柘枝鼓，雪擺胡騰衫」〔註300〕，也提及柘枝舞。

　　劉言史〈王中丞宅夜觀舞胡騰〉「手中拋下葡萄盞，西顧忽思鄉路遠」〔註301〕，除了胡兒舞者心中的濃烈的思鄉情，李益〈登夏州城觀送行人賦得六州胡兒歌〉「心知舊國西州遠，西向胡天望鄉久。」〔註302〕、李頎〈聽安萬善吹觱篥歌〉：「旁鄰聞者多歎息，遠客思鄉皆淚垂。」〔註303〕、李賀〈龍夜吟〉：「捲髮胡兒眼睛綠，高樓夜靜吹橫竹。一聲似向天上來，月下美人望鄉哭。」〔註304〕、岑參〈胡笳歌送顏眞卿使赴河隴〉：「君不聞胡笳聲最悲，紫髯綠眼胡人吹」。〔註305〕觱篥、橫竹、胡笳所發出的全是淒涼、悲苦、哀怨之音，充分表達了這些遠離故土的胡兒的思鄉之情，詩人對他們的同情亦溢於言表。胡兒人前獻舞賣藝，光鮮亮麗，但長時間在異地爲生活奔波，在詩人的筆下，除了見識到胡兒藝人精湛的藝術表演，亦流露出濃濃的思鄉之情。

---

〔註299〕《元稹集》（北京：中華書局出版，1982），卷二十四，頁281。「吾聞昔日西涼州，人煙撲地桑柘稠。蒲萄酒熟恣行樂，紅豔青旗朱粉樓。樓下當壚稱卓女，樓頭伴客名莫愁。鄉人不識離別苦，更卒多爲沉滯遊。哥舒開府設高宴，八珍九醞當前頭。前頭百戲競撩亂，丸劍跳躑霜雪浮。獅子搖光毛彩豎，胡騰醉舞筋骨柔。大宛來獻赤汗馬，贊普亦奉翠茸裘。一朝燕賊亂中國，河湟沒盡空遺丘。開遠門前萬里堠，今來蹔到行原州。去京五百而近何其逼，天子縣內半沒爲荒陬，西涼之道爾阻修。連城邊將但高會，每聽此曲能不羞。」

〔註300〕《白居易集》，卷二十四〈律詩〉，頁528。「客有東征者，夷門一落帆。二年方得到，五日未爲淹。在浚旌重葺，游梁館更添。心因好善樂，貌爲禮賢謙。俗阜知敦勸，民安見察廉。仁風扇道路，陰雨膏閻閻。文律操將柄，兵機鈎得鈐。碧幢油葉葉，紅斾火襜襜。景象春加麗，威容曉助嚴。槍森赤豹尾，纛吒黑龍髯。門靜塵初斂，城昏日半銜。選幽開後院，占勝坐前簷。平展絲頭毯，高褰錦額簾。雷捶柘枝鼓，雪擺胡騰衫。發滑歌釵墜，妝光舞汗沾。回燈花簇簇，過酒玉纖纖。饌盛盤心殢，醅濃盞底黏。陸珍熊掌爛，海味蟹螯鹹。福履千夫祝，形儀四座瞻。羊公長在峴，傅說莫歸巖。眷愛人人遍，風情事事兼。猶嫌客不醉，同賦夜厭厭。」

〔註301〕《全唐詩》，卷468，頁5323。

〔註302〕《全唐詩》，卷282，頁3211。

〔註303〕《全唐詩》，卷133，頁1354。

〔註304〕《全唐詩》，卷394，頁4440～4441。

〔註305〕《全唐詩》，卷199，頁2053。

# 第四節　小　結

　　唐代以前外來樂舞的傳入或演出的相關記載，從先秦至秦漢時期的記載並不詳確，多爲零星記載。西漢張騫通西域爲胡樂胡舞的傳入提供潛在的機遇，從司馬相如〈上林賦〉提及的「狄鞮之倡」與宮廷樂官李延年有可能接觸過西域樂舞，並進行創作或改編的論述，提供西漢胡樂傳入的簡略線索。

　　班固〈東都賦〉對當時宮廷樂舞蹈表演活動的記載，顯示東漢宮廷中已有四夷樂舞表演，且漢末京都貴戚尚胡風氣已成爲一種時尚。在民間的建鼓舞與西域駱駝載樂俑的表演形式相結合，可說是西域與中原樂舞文化融合後，產生的一種新的藝術形式。

　　漢代宮廷中「四夷之樂」的設立表明「德被四夷、一統天下」的思想，四夷樂舞的演出，是具有禮儀性的功能。雖然沒有明確地使用「樂部伎」或「方樂之制」的概念來稱呼這種樂舞組織形式，實質上，漢代的「四夷之樂」或許已具有「樂部伎」或「方樂之制」的概念意義。而漢宮廷中的西夷樂舞表演，也已有新的表現和創編成份在內。

　　魏晉南北朝時期因北方少數民族入主中原，傳入大量外來樂舞，是唐代外來樂舞源出的重要關鍵。周邊民族入主中原，對本身文化的認同，有其一定的主體性，並接納各族文化的多元性，其宮廷音樂的主體，就是四方之樂。致而胡樂胡舞大量傳入中原，在中原的傳播過程，形成幾項歷史規律和特點。首先，胡樂胡舞在不同的歷史階段中，通過多方面的傳播途徑和方式形成多次傳入。因政權更替頻繁，政治中心的轉移，進一步促使已傳入的胡樂胡舞在中原進行深層的傳播，與中原樂舞的交流與融合，催化出新的樂舞風格，成爲當代樂舞主流。

　　北朝採取戎華兼採的制樂方式，是四方外來樂舞與中原傳統樂舞文化的融合契機。尤其西域樂舞在這一歷史時期深度傳播的影響，幾乎成爲宮廷燕樂的主要部份，反映外來樂舞在中原宮廷爲統治階級所接受和容納，在典禮和饗宴中的使用，儼然已經成爲宮廷主體樂舞文化的一部分，促進中原宮廷樂舞文化的更新與重構，進一步形成隋唐「多部樂」（伎）的宮廷樂舞制度。因此在隋唐以前大量傳入的外來樂舞，高昌、龜茲、疏勒、康國、安國等西域五國，及東方高麗、百濟，成爲隋唐多部樂構成的主要內容。

　　東晉、南朝政權因偏安江南的政治狀況和建都位置，和西域諸國的交往相對較少。西北方胡樂胡舞對南朝的傳入雖然沒有直接的傳播通道，但是南

朝各代宮廷中仍然存在「西、傖、羌、胡諸雜舞」、「羌胡樂」、「羌胡之聲」
等少數民族樂舞的演出記載，甚至有同時有雅、胡、俗樂的演出，反映中原
傳統皇朝對待胡夷樂舞的態度已有所不同，也說明外來樂舞在南朝的傳播仍
然存在。

　　隋唐之初，原漢族古樂的傳統清樂、宮廷雅樂經歷魏晉南北朝兩三百年
來的戰亂、動盪，世歷分崩，頗有遺失，雅樂的淪喪已是不爭的事實。故唐
代朝廷有不重古曲之緣由，另一方面，或許與唐代李氏源自山西太原，習於
北方生活文化有關。再者，周、隋以來，西涼樂與龜茲樂之曲度已是當時的
主流樂舞。李氏繼隋建立唐朝後，對於宮廷樂舞的需求，固然先繼承隋朝完
整的九部樂，繼而大量吸取各方民族樂舞文化之精華，以重新備整宮廷樂舞。

　　在唐代政治經濟穩定，對四方夷族採取包容寬大的態度，舉凡食物、酒、
服飾、器具、宗教信仰等民情風俗，社會瀰漫尚胡之風。舞蹈受到唐代社會
各階層喜愛的表演藝術，是人們用以自娛、表示禮節或顯示自己才華的一種
手段，是令人愉悅、崇尚的藝術表現。唐人尚文好狎，流連歌舞場所，賞舞
好樂是一種時尚，在民間街頭、廣場和酒肆，就是歌舞藝人演出的舞臺。另
在權貴蓄伎風之盛的情形下，宅第內宴飲廳堂上，各家蓄有的家伎、私伎，
以歌舞表演伺候主人和娛樂賓客。唐玄宗在位期間，明令五品以上的官員、
各地節度使及太守家中要蓄養樂伎，以爲娛樂之用。從文化傳播方面來看，
私家樂舞文化的活躍，對於唐朝整體樂舞文化的傳播、發展，是具有正面發
展的意義與效果。

　　在宮庭樂舞制度方面，「教坊」、「梨園」設置，反映出至盛唐玄宗朝樂舞
發展之蓬勃與多元，使其有分置教習機構的必要，由專門機構管理不同性質
或功能的樂舞，並專門訓練、培養人才。另外，各州藝人依規定時間，輪流
到宮中「當番」，集中大批的優秀藝人，使得唐代宮廷能自民間得到滋養，促
使唐宮廷蓬勃發展出專屬的宮廷樂舞。另一方面，宮廷樂舞的興盛也促進民
間外來樂舞的普及與繁榮。

　　隋唐時期，直接傳入的外來樂舞，相對於北朝時期經由戰爭兼併方式，
大量傳入的情況，雖然大爲減少，王朝持開放的政策，外來樂舞經由朝貢或
貿易往來之途，以較爲精緻的方式持續傳入。除下章節將論及的從唐初「多
樂部」中的「外來樂部」等八部樂舞，中盛唐之時，自河西持續傳入「俱爲
時重」之「胡音聲」。玄宗開元年間，西域諸國接續進獻胡旋女（舞）；唐德

宗貞元中，南詔歸唐欲獻夷中歌曲，令驃國進樂，節度使韋皋乃作「南詔奉聖樂」；驃國協助南詔獻「奉聖樂舞」成功後，德宗貞元十八年正月，驃國王也來獻本國樂。此外，在民間樂舞方面，自西域傳入以歌舞戲的表演形的「撥頭」，是唐代具有代表性的歌舞戲劇碼之一，已經具備後世戲曲的雛形，是後世戲曲藝術的萌芽。還有一種風俗歌舞遊戲「潑寒胡戲」，盛行於康國等西域各地。在唐代甚至因演出過於盛大，勞民傷財，遭到諫阻禁斷之議。關於外來樂舞活動的記載，片面反映唐代外來樂舞的風行情形，而外來樂舞本身特有的異邦情調，新穎、活潑的氣氛，對中原王朝而言，當極具有吸引力。唐太宗對樂舞文化抱持開放態度，音樂家唐玄宗對「羯鼓」之愛好，不僅對宮廷胡樂胡舞的風行有倡導之用，並直接影響的是宗室、王公貴族「慕之，皆喜言音律」。雖然並非每位帝王貴族皆善演奏樂器，只要對外來樂舞懷有欣賞的素養及態度，對於外來樂舞的流行風潮當有其正面影響。

在煌煌樂舞的成就背後，不能忽略表演者、創作者對樂舞藝術辛勤耕耘的貢獻。唐代樂舞能夠在漢胡樂舞交融、吸收的過程中展現高度的樂舞成就，「外來樂舞者」所扮演的傳遞與創新角色，是其中重要的因素及媒介之一。在北周時期，因「周武帝聘突厥女爲后」，當時西域諸國一時之選的樂舞專精人士，隨著陪嫁隊伍齊聚長安，這些優秀的樂舞藝術家深深影響後世的樂舞風貌。除文中史籍載有姓名、或身爲宮廷供奉樂人的外來樂舞者，民間還活躍著大群的胡姬，在長安之酒肆中，或歌、或舞，傳送著異國胡風的樂舞情調。以及以樂舞爲業的胡兒，流轉於宴會助興的演出活動中，展現他們矯健靈活的舞姿身影，傳遞家鄉精湛的藝術表演。

從唐代外來樂舞傳入的沿革、背景及興盛情形看來，外來樂舞傳入後，進而影響唐代的樂舞風潮，與漢族傳統樂舞無可避免的產生後續文化影響的現象，形成隋唐樂風兼容並蓄的風範，影響唐代整體的樂舞內涵，確立唐代多元樂舞文化進化與整合的方向。同時，這一歷史時期外來樂舞的傳播，也遍及社會的各個階層，傳播的地域也非常廣泛。將於第三、四章中論及。

# 第三章　唐代宮廷燕樂中的外來樂舞

## 第一節　唐代宮廷燕樂「多部樂」中的外來樂舞

### 一、何謂宮廷燕樂

「燕樂」名稱，最早見於《周禮》〈春官宗伯下〉「磬師」條：「磬師，掌教擊磬，擊編鍾……教縵樂、燕樂之鍾磬。」〔註1〕。「旄人」條曰：「旄人掌教舞散樂，舞夷樂，凡四方之以舞仕者屬焉。凡祭祀、賓客，舞其燕樂。」〔註2〕「凡四至屬焉」此句[疏]釋曰：

> 凡四方之以舞仕者屬焉者，此即野人能舞者屬旄人選，舞人當於中
> 取之故也。〔註3〕

「凡祭至燕樂」此句[疏]釋曰：

> 賓客亦謂饗燕時，舞其燕樂，謂作燕樂時，使四方舞士舞之以夷樂。
>
> 〔註4〕

從文中可知「燕樂」是雜用四方外族的音樂舞蹈，並以「野人能舞者」演出，外族音樂為燕樂的內容之一，是燕樂的特色，也是燕樂的特質，乃自古已有之事。另外燕樂舞於祭祀、賓客，也具備禮儀性質。

---

〔註1〕 （漢）鄭玄注，（唐）賈公彥疏，《周禮注疏》（《重刊宋本十三經注疏附校勘記》（臺北市：藝文印書館，1965），卷24〈春官宗伯下〉，頁365-1。
〔註2〕《周禮注疏》，卷24，頁367-2。
〔註3〕《周禮注疏》，卷24，頁367-2。
〔註4〕《周禮注疏》，卷24，頁367-2。

　　「燕」即「讌」，亦作「宴」，或「醼」。燕樂者，宴饗時所用之樂也。
〔註5〕據日人岸邊成雄《唐代音樂史的研究》認爲「燕樂」是供國事之用，在
宮廷宴饗儀式上，所演出的一種雅樂。樂曲形式上採取雅樂規範，內容方面
則納入俗樂及胡樂之要素，多使用於禮儀上之燕饗，故命名爲「燕饗雅樂」，
簡稱「燕樂」。〔註6〕一般來說，一切宴饗之際所奏的音樂，謂之「燕樂」，於
朝廷中，供作國事用，具有宮廷禮儀性質。

　　隋唐以來，燕樂一詞的涵義，依包含範疇的狹廣分爲三種：一是最狹義
的集中定義明確於某些音樂之上，即唐代十部樂位居前列的第一部，也是坐
部伎之首，《通典・樂六》：

> 貞觀中，景雲見，河水清，協律郎張文收采古「朱雁」、「天馬」之
> 義，制「景雲河清歌」，名曰「讌樂」，奏之管絃，爲諸樂之首：今
> 元會第一奏者是。〔註7〕

即貞觀十四年協律郎張文收所作的「景雲河清歌」，亦名「讌樂」者是也，
是爲「諸樂之首」的「元會第一奏」。其次，較此涵義稍廣的燕樂，則是指
隋唐樂部的九部樂、十部樂，「總謂之燕樂」，此說見於《樂府詩集・近代
曲辭序》：

> 太宗增高昌樂，又造讌樂，而去禮畢曲。其著令者十部：一曰讌樂，
> 二曰清商……九曰高昌，十曰康國，而總謂之燕樂。〔註8〕

第三，含意範圍較前又再廣泛者，即坐部、立部伎一概包括在內，此說見於
《通典・樂六》：

> 讌樂，武德初，未暇改作，每讌享，因隋舊制，奏九部樂，……至
> 貞觀十六年十一月，宴百寮，奏十部樂，……其後分爲立坐二部。
> 〔註9〕

---

〔註5〕丘瓊蓀，《燕樂探微》（上海：古籍出版社，1989），頁2。
〔註6〕（日本）岸邊成雄，《唐代音樂史的研究》（臺北：台灣中華書局印行，1973），
　　　上冊，頁13。
〔註7〕（唐）杜佑，王文錦等點校，《通典》（北京：中華書局，1988），卷146〈樂
　　　六〉，頁3721。史籍並未明言十部樂中燕樂爲何，林謙三先生以爲是隋世禮畢
　　　之樂，但多數學者(如張世彬)以爲即貞觀十四年張文收所作之「景雲河清歌」，
　　　本爲十部樂之首，至坐部伎，仍爲元會第一奏。
〔註8〕（宋）郭茂倩編撰，《樂府詩集》（台北市：里仁書局，1999），卷79〈近代曲
　　　辭序〉，頁1107。
〔註9〕《通典》，卷146，頁3720。

由《通典》此段文字，看出「讌樂」（燕樂）是於「宴百寮」時演出，則「燕樂」二字仍含有其原始宴饗之樂的本義，只因在唐代時的讌饗之樂名爲九、十部樂及立坐部（伎），所以此種樂部之樂也以「燕樂」稱之。就實質而言，此種音樂似乎是包含朝會宴饗及宮廷遊宴之樂而言。宋人沈括《夢溪筆談》：

> 外國之聲，前世自別爲四夷樂，自唐天寶十三載，使詔法曲與胡部
> 合奏；自此樂奏全失古法，以先王之樂爲雅樂，前世新聲爲清樂，
> 合胡部樂者爲燕樂。〔註10〕

《通典》所謂燕樂是指樂部之樂，沈括所指則是樂部漸趨沒落、解散以後，融合清商俗樂和胡樂之「法曲」爲燕樂。於此，根據沈括所載，則燕樂的涵義又再推廣，則包括玄宗朝盛行之「法曲」在內，《樂府雜錄‧雅樂部》記載，盛唐宮庭內宴，「有登歌皆奏法曲」〔註11〕。指出「法曲」即是在宮廷宴饗時所演奏的樂舞，故「法曲」是爲燕樂內容之一。不過，燕樂的內涵雖然與唐世推移，然而做爲宴饗之樂的基本意涵是不曾改變的。

檢視以上所提燕樂的不同涵義，將張文收所作的「景雲河清歌」稱作燕樂，是著重於其「元會第一奏」的儀式性質，其餘以樂部之樂或清胡相合者爲燕樂，反而是立足於宴饗之樂的本義出發。而不論樂部之樂（九、十樂部、坐立部伎），或是清胡融合之樂（法曲），均可以確定含有胡樂的成分，因此，隋唐燕樂具有胡樂的性質是無可置疑的。〔註12〕綜合而論，唐人所謂的燕樂，應是指用於宮廷娛樂、宴饗賓客，且融合胡俗二樂的宴饗之樂舞。

本文重點在於唐代外來樂舞的探討，將以宮廷燕樂涵義最廣者爲範圍，即包含九、十部樂、坐立部伎以及法曲，探究外來樂舞在其宮廷燕樂樂舞中的風貌及演變。

## 二、西域胡樂與「樂部」沿革

「燕樂」是唐人用於宮廷宴饗時所用的一切音樂與舞蹈部份。隋唐兩代，「燕樂」被視作樂舞的冠冕，胡漢融合的指標，其內容涵括華夏及大量戎夷樂舞，且需用於朝廷宴饗禮儀之用，自然有必要將風格迥異的樂舞分門別列，

---

〔註10〕　（宋）沈括，《夢溪筆談校證》（上海（北京）：中華書局，1959），卷5，頁232。

〔註11〕　（唐）段安節，《樂府雜錄》（北京：中華書局出版，1985年），〈雅樂部〉頁7。

〔註12〕　沈冬，《隋唐西域樂部與樂律之研究》（國立台灣大學中國文學研究所博士論文，1991年6月），頁221、222。

成立規章制度，立於官署，由專人專門管理，即隋唐時代所謂「樂部」。從隋代的開皇「七部伎」，繼而大業「九部伎」，終於唐代貞觀年間「十部伎」之宮廷燕樂，是燕樂樂部最輝煌燦爛的時代。

　　歷來關於隋唐燕樂「樂部」的討論，大多從樂舞中使用的風格樂器、舞容舞衣等資料的徵引，作爲唐代胡樂興盛的佐證，在此，將試著從制度層面引述，釐清「多部伎」〔註13〕之「樂部」成形的淵源、「樂部」架構的概念意義，助於瞭解唐代燕樂「多部伎」中外來樂舞的源流。

　　根據陳寅恪先生《隋唐制度淵源略論稿》所論，隋唐胡樂的源流在於北朝：北魏—西魏、北周—隋〔註14〕，宋師德喜以西涼樂、龜茲樂分別經由北齊、北周再傳至楊隋之淵源考證，補充說明陳先生在北魏及隋代之間，一貫強調「北魏、北齊」系統淵源的隋唐胡樂承襲出入之處，〔註15〕從而可明確得知隋唐之世受胡樂影響之源。而沈冬先生在《唐樂舞新論》中以不同的觀點，進一步從「樂部」的制度層面作整體的考據，認爲隋唐燕樂樂部之根源是在北周，歸因於北周政治上兩件重大措施。第一是周武帝聘突厥女爲后，第二是北周「行周禮，建六官」，〔註16〕《北史‧周本紀上》：

> （西魏）恭帝三年（556年）正月丁丑，初行《周禮》，建六官，……
> 帝（宇文泰）以漢、魏官繁，思革前弊，（西魏文帝）大統中，乃命
> 蘇綽、盧辯依周制改創其事。〔註17〕。

---

〔註13〕採用楊蔭瀏《中國古代音樂史簡述》說法，以「多部伎」總稱「七部伎」、「九部伎」、「十部伎」一系列的樂部。

〔註14〕陳寅恪，《隋唐制度淵源略論稿》（台北市：里仁書局，1980），第五章，頁109。「自來中外學人考隋唐胡樂之源流者，其著撰大抵關於唐代直接輸入之胡樂即隋代鄭譯七調出於北周武帝時龜茲人蘇祇婆之類，……本章所欲論者，在證述唐之胡樂多因於隋，隋之胡樂又多傳自北齊，而北齊胡樂之盛實由承襲北魏洛陽之胡化所致。」

〔註15〕宋師德喜，《陳寅恪中古史學探研——以《隋唐制度淵源略論稿》爲例》（台北：稻鄉出版社，1999），頁92。此書頁98，將隋唐胡樂系統淵源以畫表清楚呈現。

〔註16〕沈冬，《唐樂舞新論》（北京：北京大學出版社，2004），〈文物千官會，夷音九部陳——"樂部"考〉，頁18～50。

〔註17〕（唐）李延壽，《北史》（臺北市：鼎文書局，1980），卷9〈周本紀上〉，頁330。
（唐）令狐德棻等撰，《周書》（臺北市：鼎文書局，1980），卷24《盧辯傳》，頁404。「於是依《周禮》建六官，置公、卿、大夫，並撰次朝儀、車服器用，多依古禮，革漢、魏之法。」

《隋書‧音樂志中》：

> 及（北周武帝宇文邕）天和六年（應為元年之誤），武帝罷掖庭四夷
> 樂。其後帝聘皇后於北狄，得其所獲康國、龜茲等樂，更雜以高昌
> 之舊，並於大司樂習焉。採用其聲，披於鐘石，並取《周官》制以
> 陳之。〔註18〕

北周此時原有高昌樂，加上隨皇后陪嫁而來的龜茲、疏勒、安國、康國，已
有五國胡樂聚集長安，與隋唐多部樂相較之下，已經是半數相同。既然是隨
皇后陪嫁，樂工技藝當然是首選之列，北周朝廷也須慎重處理，於是將這些
胡樂工「並於大司樂習焉」，歸於官署的制度中，由專人專業的管理，此即有
「樂部」管理制度的概念產生。

　　至於官署制度就是北周另外一項重大的舉措，依循《周禮》，建立官制（樂
制），在《隋書‧音樂志中》阿史那皇后來歸的引文中有「四夷樂」、「大司樂」
名目出現，將網羅的四夷諸樂，分別部伍，統屬於「大司樂」之下，成就有
實無名的樂部制度。因此，雖然正式的樂部制度至隋代宣告成立，但其實概
念早已醞釀於北朝，北周繼承之，據《通典》〈樂典‧四方樂〉：

> 初，張重華時，天竺重譯致樂伎，後其國王子為沙門來遊中土，又
> 得傳其方伎。宋代得高麗、百濟伎。魏平馮跋，亦得之而未具。周
> 師滅齊，二國獻其樂，合西涼樂，凡七部，通謂之國伎。〔註19〕

至北周滅齊，則有較明確的「樂部」之制。各個樂類已經過長期發展，甚至
步入成熟階段，隋朝就其中編採羅列，化為各類樂部，於開皇年間確立「七
部樂」，滋長了約三百年的樂部制度始告成立。

　　此論點與近今極具影響力學者有不同的見解，如日人岸邊成雄《唐代
音樂史的研究》〔註20〕及歐陽予倩《唐代舞蹈》〔註21〕，兩位學者的說法

〔註18〕　（唐）魏徵，《隋書》（臺北市：鼎文書局，1980），卷14〈音樂志中〉，頁342。
〔註19〕　《通典》，卷144〈樂典‧四方樂〉，頁3726。
〔註20〕　（日人）岸邊成雄，《唐代音樂史的研究》，頁483載：「隋文帝統一天下，企
　　　　　圖復興雅樂，同時將上述胡樂與中國俗樂（清商樂）加以整理，因而出現了
　　　　　所謂開皇『七部伎』」。
〔註21〕　歐陽予倩，《唐代舞蹈》（臺北：蘭亭書局出版，1985），引言，頁15載：「隋
　　　　　文帝統一了中國，把各種音樂舞蹈和散樂集中了起來，唐朝把這些東西全部
　　　　　繼承下來，集其大成。」「隋初把南北雙方的樂舞加以集中整理，組成了『七
　　　　　部樂』。」第一章，頁18；第二章第一節，頁48。「隋朝統一中國後，集中整
　　　　　理了魏晉及南朝盛行的『清商樂』，和南北朝時期傳入中原的少數民族及外國
　　　　　樂舞，制定了七部樂。」

是將七部樂（樂部制度）的出現，歸功於隋代〔註 22〕，沈冬先生認爲是未能詳察北周已有「有其實而無其名」的樂部組織，使得「多部樂」的起源難以釐清。

再者，隋初燕樂體制的順利建置，與雅樂體制遷延十餘年仍不能決〔註 23〕，形成明顯的對比，就是因爲雅樂經魏晉南北朝長久以來戰亂失散之故，無所承繼的緣故。從這一側面資料加以印證隋唐燕樂「樂部」制度是醞釀於北朝元魏，承襲自北齊、北周，其一脈相承的淵源是北周「行《周禮》，建六官」的「大司樂」、「四夷樂」體系，而其根源在於《周禮》〔註 24〕。既然燕樂「樂部」承自於北周「四夷樂」，則「樂部」中有較多的胡夷樂也是自然的情況。

另外，沈冬先生從對「樂部」、「部」是標明風格之別的涵義來看，認爲風格分部因爲包括樂團、樂曲、樂器等各項因素，是各種部類中內涵最爲豐富的，「隋唐以下，音樂的風格類別日益繁多，以『部』作爲風格區分的情形乃更爲習見，基本上已反映了當時音樂的多姿多樣，風采各殊」〔註 25〕。《新唐書‧禮樂志十二》：

> 自周、陳以上，雅鄭清雜而無別，隋文帝始分雅、俗二部，至唐更曰「部當」。〔註 26〕

明顯看出隋文帝將雅樂、俗樂風格迥異以「部」爲分類單位，至唐七「部」樂、九「部」樂、十「部」樂、坐立「部」伎，即是將不同型態、風格的樂

---

〔註 22〕《隋書》，卷 15〈音樂志下〉，頁 376 載：「始，開皇初定令，置「七部樂」：一曰「國伎」，二曰「清商伎」，三曰「高麗伎」，四曰「天竺伎」，五曰「安國伎」，六曰「龜茲伎」，七曰「文康伎」。又雜有疏勒、扶南、康國、百濟、突厥、新羅、倭國等伎。」

〔註 23〕《隋書》，卷 14〈音樂志〉，頁 345 載：「開皇二年，齊黃門侍郎顏之推上言：『禮崩樂壞，其來自久。今太常雅樂，並用胡聲，請馮梁國舊事考尋古典。』高祖不從，曰：『梁樂亡國之音，奈何遣我用邪？』是時尚因周樂，命工人齊樹提檢校樂府，改換聲律，益不能通。俄而柱國、沛公鄭譯奏上，請更修正。於是詔太常卿牛弘、國子祭酒辛彥之、國子博士何妥等議正樂。然淪謬既久，音律多乖，積年議不定。高組大怒曰：『我受天命七年，樂府猶歌前代功德邪！』命治書侍御史李諤，引弘等下，將罪之。諤奏：『武王克殷，至周公相成王，始制禮樂。斯事體大，不可速成。』高祖意稍解。又詔求之音之士，集尚書，參定音樂。……」

〔註 24〕沈冬，《唐樂舞新論》，頁 50。

〔註 25〕沈冬，《唐樂舞新論》，頁 30。

〔註 26〕（宋）歐陽修，宋祁，《新唐書》（臺北：鼎文書局，1981），卷 22，〈禮樂志十二〉頁 473。

舞分類部署。對隋唐「樂部」樂舞豐富、繁多的表現，提出相當精闢的詮釋。不可忽視的是，其中外來樂舞扮演豐富唐代樂舞的重要角色。

## 三、多部「樂」與多部「伎」之通用

古之所謂「伎」者，與「技」通用，指的是技藝或本領，泛指身懷藝技之人。〔註27〕朱駿聲《說文通訓定聲》：「伎，…又爲技法言。」〔註28〕古代演藝人員有伎、倡、優、俳、伶等多種稱呼，其中倡、優、伶較含有戲劇方面的指稱，伎則較具有音樂性。多部伎的「伎」即指有音樂或舞蹈技巧的樂工或舞人。而多部樂的「樂」亦包含音樂與舞蹈的表現。《隋書》卷十五，音樂志：「始開皇初定令，置七部『樂』：一曰國『伎』，二曰清商伎⋯⋯。」據其中「樂」與「伎」皆意指樂舞，可見通用的指稱。故九部「伎」可稱爲九部「樂」，十部「伎」可稱爲十部「樂」。

## 四、隋代「七部樂」、「九部樂」

唐代多部樂開朝初期完全沿用隋代燕樂體制，再論述唐部樂前，先將隋代部樂作一簡略說明。

隋代統一天下後，繼承北朝（北周）樂舞，頒訂「七部樂」樂部制度。《隋書‧音樂志下》：

> 始開皇初定令，置七部樂：一曰國伎，二曰清商伎，三曰高麗伎，
> 四曰天竺伎，五曰安國伎，六曰龜茲伎，七曰文康伎。又雜有疏勒、
> 扶南、康國、百濟、突厥、新羅、倭國等伎。〔註29〕

主要以地名或國名作爲燕樂部伎名稱，可明白看出各部伎所具有的民族樂舞特色及傳入來源。其中「國伎」，在北朝魏周時已以西涼伎稱之爲國伎〔註30〕，隋初繼沿用此名。天竺伎、安國伎、龜茲伎都是西域樂舞；清商伎即是清樂，由漢魏時的清商樂發展而來，屬中原地區傳統樂舞；高麗伎是古代居住在鴨

〔註27〕宋師德喜，〈美麗與哀愁──唐代妓女的生活與文化〉，《唐史識小：社會與文化的探索》，（台北：稻鄉出版社，2009），頁167。
〔註28〕朱駿聲，《說文通訓定聲》（臺北：藝文印書館，1975），頁541。
〔註29〕《隋書》，卷15〈音樂志下〉，頁376～377。
〔註30〕《隋書》，卷15〈音樂志下〉，頁378：「西涼者，起苻氏之末，呂光、沮渠蒙遜等，據有涼州，變龜茲聲爲之，號爲秦漢伎。魏太武既平河西得之，謂之西涼樂。至魏、周之際，遂謂之國伎。」

綠江沿岸朝鮮族先人的民間樂舞；文康伎出自東晉時代，爲悼念晉明穆皇后
的哥哥庾亮而作的，是帶著假面表演的樂舞，不像其他樂部是具有地方色彩
或爲外族樂舞。〔註31〕

　　至於「雜有」的他國樂伎，可能是當時編制不夠完備，或較不受歡迎，
故未被列入樂部之中，僅居雜部地位。

　　隋煬帝大業（605～618 年）年間時，再按照樂曲來源並擴充爲「七部樂」。
《隋書・音樂志》：

> 及大業中，煬帝乃定清樂、西涼、龜茲、天竺、康國、疏勒、安國、
> 高麗、禮畢，以爲九部。樂器工衣創造既成，大備於茲矣。〔註32〕

　　原七部樂增加康國、疏勒兩樂部，此二部能獨立出來，可能樂舞內容陸續
有所增補，此時較爲完備優秀而列出。將「清樂」即「清商伎」，列爲第一部，
「國伎」則還原以「西涼」稱之，意味著漢代以來的清商樂舊曲，經過隋文帝
朝「考而補之。以新定律呂，更造樂器」，〔註33〕有更加完備的樂舞，另爲一部，
代表中原正統皇朝之樂。借用爲「國伎」已久的西涼樂，至此，當可還原其樂
舞源出之地爲名。「文康伎」改名爲「禮畢」，放在最後演奏。此時整體樂部伎
所用樂器種類、數量、樂工人數、歌曲、舞曲等，大體上可說是完整具備。

## 五、唐代十部樂

　　唐高祖武德初年（618 年），燕享之樂，由於無暇改作，繼承隋代的舊制，
乃奏用九部樂。〔註34〕待唐代基業穩定之後，即陸續有所修增。《新唐書・禮
樂志十一》載：

---

〔註31〕 《隋書》，卷 15〈音樂志下〉，頁 380 載：「禮畢者，本出自晉太尉庾亮家。亮
卒，其伎追思亮，因假爲其面，執翳以舞，象其容，取其謚以號之，謂之爲
文康樂。」

〔註32〕 《隋書》，卷 15〈音樂志下〉，頁 377。

〔註33〕 《隋書》，卷 15〈音樂志下〉，頁 377。

〔註34〕 （後晉）劉昫，《舊唐書》（臺北：鼎文書局，1981），卷 28〈音樂志一〉頁
1040。「高祖受禪，擢祖孝孫爲吏部郎中，轉太常少卿，漸見親委，孝孫由是
奏請作樂。時軍國多務，未遑改制，樂府尚用隋代舊文。」
《舊唐書》，卷 29〈音樂志二〉，頁 1059。「高祖登極之後，享宴因隋舊制，
用九部之樂。」
《新唐書》，卷 21〈禮樂志十一〉，頁 469。「燕樂，高祖即位，仍隋制設九部樂。」
《通典》，卷 146〈樂六〉，頁 3720。「讌樂，武德初，未暇改作，每讌享，因
隋舊制，奏九部樂。」

> 隋樂每奏九部樂終，輒奏文康樂，一曰禮畢。太宗時，命削去之，
> 其後遂亡。〔註35〕

> 高宗即位，景雲見，河水清，張文收采古誼爲景雲河清歌，亦名燕
> 樂。〔註36〕

太宗貞觀十一年（637年）廢「禮畢伎」。十四年（640年）設「燕樂伎」，並以此伎爲諸部之首〔註37〕。《舊唐書‧音樂志二》：

> 西魏與高昌通，始有高昌伎。我太宗平高昌，盡收其樂，又造讌樂，
> 而去禮畢曲，今著令者，惟此十部。〔註38〕

《新唐書‧禮樂志十一》載：

> 隋樂每奏九部樂終，輒奏文康樂，一曰禮畢。太宗時，命削去之，
> 其後遂亡。及平高昌，收其樂。……自是初有十部樂。〔註39〕

貞觀十四年八月，太宗大將侯君集平定高昌（今新疆省吐魯番縣境），〔註40〕繼而收「高昌樂」，列於部伎舞蹈，始有唐代「十部伎」。貞觀十六年（642年），「十部伎」進行第一次演出。〔註41〕

　　唐代「十部伎」內容有讌樂伎、清商伎、西涼伎、天竺樂、高麗樂、龜茲樂、安國樂、疏勒樂、康國樂、高昌樂等十部。編制既定，先後風行一百四十年之久。以下列出隋代七部樂、九部樂與唐代九部樂、十部樂對照表，以供清楚比較。

---

〔註35〕《新唐書》，卷21〈禮樂志十一〉，頁470。

〔註36〕《新唐書》，卷21〈禮樂志十一〉，頁471。

〔註37〕《通典》，卷146〈樂六〉，頁3721。「貞觀中，景雲見，河水清。協律郎張文收采古朱雁天馬之義，製景雲河清歌，名曰讌樂，奏之管絃，爲諸樂之首：今元會第一奏者是。」

〔註38〕《舊唐書》，卷29〈音樂志二〉，頁1069。

〔註39〕《新唐書》，卷21〈禮樂志十一〉，頁470。

〔註40〕《舊唐書》，卷3〈太宗本紀〉，頁51。「八月庚午，新作襄城宮。癸巳，交河道行軍大總管侯君集平高昌，以其地置西州。」「十二月丁酉，交河道旋師。吏部尚書、陳國公侯君集執高昌王麴智盛，獻捷于觀德殿，行飲至之禮，賜酺三日。乙卯，高麗世子相權來朝。」

〔註41〕《通典》，卷146〈樂六〉，頁3720。「至貞觀十六年十一月，宴百寮，奏十部。」

表 3-1-1：隋唐「多部樂」對照表

| 時代 | | 樂名 | 部伎名稱 | | | | | | | | | | |
|---|---|---|---|---|---|---|---|---|---|---|---|---|---|
| 隋 | 開皇初（581後） | 七部樂 | | 清商伎 | 國伎 | 龜茲 | 天竺 | | 安國 | | 高麗 | 文康 | |
| | 大業九年（605～618） | 九部樂 | | 清商 | 西涼 | 龜茲 | 天竺 | 康國 | 安國 | 疏勒 | 高麗 | 禮畢 | |
| 唐 | 武德初（618後） | 九部樂 | 部首640年列為樂（讌樂） | 清商 | 西涼 | 龜茲 | 天竺 | 康國 | 安國 | 疏勒 | 高麗 | （禮畢）637年廢 | |
| | 貞觀十六年（642） | 十部樂 | 讌樂 | 清商 | 西涼 | 龜茲 | 天竺 | 康國 | 安國 | 疏勒 | 高麗 | | 高昌列入642年 |
| 傳入或增列時間 | | | 640 | 原有 | 385 | 385 | 346 | 568 | 436 | 436 | 430 | | 640 |

參考來源：採自楊蔭瀏《中國古代音樂史稿》（台北市：丹青圖書有限公司，1985），頁 2～26。加以修整製成。

另外《通典》坐立部伎條載：

> 讌樂，武德初，未暇改作，每讌享，因隋舊制，奏九部樂。一讌樂，二清商，三西涼，四扶南，五高麗，六龜茲，七安國，八疏勒，九康國。〔註42〕

唐初因隋舊制，《隋書》記載九部樂中有「天竺」無「扶南」，不過《通典》記述唐九部樂時，有「扶南」，卻無「天竺」，書中並未交代兩樂部變更之事。據《舊唐書·音樂志二》：

> 煬帝平林邑國，獲扶南工人及其匏琴，陋不可用，但以天竺樂轉寫其聲，而不齒樂部。〔註43〕

可知扶南樂雖因隋煬帝平林邑國時而傳入，但因其樂器「陋不可用」，無法列於樂部。劉再生《中國古代音樂史簡述》說明此段記載是扶南樂並未列於樂

〔註42〕《通典》，卷 146〈樂六〉，頁 3720。
〔註43〕《舊唐書》，卷 29〈音樂志二〉，頁 1069。

部的歷史紀錄。〔註44〕並認爲扶南樂已納入天竺樂的音樂成分中，〔註45〕對
於隋、唐多部樂的確切內容有澄清的作用。再者，《通典》可能於傳載時有疑
誤，因爲據《通典·樂六》的記載：

> 隋文帝平陳，得清樂及文康禮畢曲，而黜百濟。至煬帝，乃立清樂、
> 龜茲、西涼、天竺、康國、疏勒、安國、高麗、禮畢爲九部。平林
> 邑國，獲扶南工人及其觱瑟琴，陋不可用，但以天竺樂傳寫其聲，
> 而不列樂部。…………今著令者，唯十部。龜茲、疏勒、安國、康
> 國、高麗、西涼、高昌、讌樂、清樂伎、天竺，凡十部。〔註46〕

此段引文記述唐代十部樂明白列有「天竺」，而無「扶南」，同書之中兩筆載
文即有所出入，因此可確信「天竺」樂爲唐代十部樂之一。

## （一）「外來樂部」樂舞內容

### 1. 西涼樂

西涼樂在北朝魏、周之際已爲「國伎」〔註47〕，顯示其樂舞受到朝廷的
認同並重用。隋代承繼北周宮廷樂舞，西涼樂仍爲「魏世共隋咸重之」。西涼
樂對宮廷樂舞的影響近百餘年。不過，任何民族或地區在接受外來藝術的影
響時，都會保持它原來藝術的特點和風格一樣。〔註48〕「西涼樂」仍具有西
涼地方特色的樂舞，其中所用樂器「曲項琵琶、豎頭箜篌之徒，並出自西域，
非華夏舊器」〔註49〕爲隋代宮廷燕樂七部、九部樂之一，〔註50〕據《隋書·
音樂志下》記載：

> 其歌曲有永世樂，解曲有萬世豐，舞曲有于闐佛曲。其樂器有鍾、
> 磬、彈箏、搊箏、臥箜篌、豎箜篌、琵琶、五絃、笙、簫、大篳篥、

---

〔註44〕劉再生，《中國古代音樂史簡述》（北京：人民音樂出版社，1989），頁215。
〔註45〕《隋書》，卷82〈南蠻列傳〉，頁1833～1835。記載隋煬帝大業三年，屯田主
　　　　事常駿、虞部主事王君政等請使「扶南之別種」「赤土國」，赤土王遣其子隆
　　　　重迎賓，在宣讀隋煬帝詔書後，奏「天竺樂」。可見天竺樂在扶南諸國之重要
　　　　性。
〔註46〕《通典》，卷146，頁3726。
〔註47〕《隋書》，卷15〈音樂志下〉，頁378。
〔註48〕耿占軍、楊文秀，《漢唐長安的樂舞與百戲》（西安：西安出版社，2007），頁
　　　　87。
〔註49〕《隋書》，卷15〈音樂志下〉，頁378。
〔註50〕《隋書》，卷15〈音樂志下〉，頁377：「及大業中，煬帝乃定清樂、西涼、龜
　　　　茲、天竺、康國、疎勒、安國、高麗、禮畢，以爲九部。樂器工衣創造既成，
　　　　大備於茲矣。」隋文帝制七部樂時，西涼伎仍爲「國伎」。

長笛、小篳篥、橫笛、腰鼓、齊鼓、擔鼓、銅拔、貝等十九種，爲
一部。工二十七人。〔註51〕。

「于闐」是當時西域國名，國人崇信佛教，〔註52〕西涼樂有「于闐佛曲」，顯
示不僅具西域樂舞的特色，並有佛教色彩。《新唐書・禮樂志十一》記載其樂
舞內容：

> 西涼伎，有編鍾、編磬，皆一；彈箏、搊箏、臥箜篌、豎箜篌、琵
> 琶、五絃、笙、簫、觱篥、小觱篥、笛、橫笛、腰鼓、齊鼓、擔鼓，
> 皆一；銅鈸二，貝一。白舞一人，方舞四人。〔註53〕

《舊唐書・音樂志二》之記載：

> 自周、隋已來，管弦雜曲將數百曲，多用西涼樂，鼓舞曲多用龜茲
> 樂，其曲度皆時俗所知也。

> 西涼樂者，……其樂具有鐘磬，蓋涼人所傳中國舊樂，而雜以羌胡
> 之聲也。魏世共隋咸重之。工人平巾幘，緋褶。白舞一人，方舞四
> 人。白舞今闕。方舞四人，假髻，玉支釵，紫絲布褶，白大口袴，
> 五綵接袖，烏皮靴。樂用鐘一架，磬一架，彈箏一，搊箏一，臥箜
> 篌一，豎箜篌一，琵琶一，五絃琵琶一，笙一，簫一，篳篥一，小
> 篳篥一，笛一，橫笛一，腰鼓一，齊鼓一，擔鼓一，銅拔一，貝一。
> 編鐘今亡。〔註54〕

「西涼樂」的舞蹈有「白舞」、「方舞」兩種，舞者頭飾也有中國之「假髻」
的髮型，並加上「玉支釵」。樂器有中國之鐘、磬，顯示樂舞充滿中國舊樂之
特色，也是西涼樂舞最重要的特色。

再者，西涼樂自周、隋以來，被用於數百曲的管弦雜曲，可說是「時俗
所知」的流行樂之一，對唐代樂舞的重要性與影響性由此可見。唐玄宗天寶
年間若干邊地傳入的樂曲，皆以邊地名爲樂曲名，如「涼州」、「甘州」、「伊
州」等曲，〔註55〕顯示富有邊疆地區色彩的樂曲持續傳入。《教坊記》的大曲

---

〔註51〕《隋書》，卷15〈音樂志〉下，頁378。
〔註52〕（唐）玄奘、辯機，季羨林等校注，《大唐西域記校注》（北京：中華書局，
1985），卷第12，頁1002。
〔註53〕《新唐書》，卷21〈禮樂志十一〉，頁470。
〔註54〕《舊唐書》，卷29，〈音樂志二〉，頁1068。
〔註55〕《新唐書》，卷22〈禮樂志十二〉，頁476～477：「而天寶樂曲，皆以邊地名，
若「涼州」、「伊州」、「甘州」之類。」

中記有「涼州」曲〔註56〕，亦爲教坊軟舞曲〔註57〕，是開元年間由西涼州都督郭知運進獻。〔註58〕

　　唐詩人李端詩作〈胡騰兒〉：「胡騰身是涼州兒，肌膚如玉鼻如錐。」〔註59〕，詩中主要在描繪胡騰舞的舞蹈姿態，並直接說明胡騰舞者爲涼州胡人，可知胡騰舞爲涼州地區的舞蹈之一。在元稹詩作〈和李校書新題樂府十二首·西涼伎〉〔註60〕、白居易〈西涼伎－刺封疆之臣也〉〔註61〕兩首詩中，描寫當時廣泛流傳於民間、軍中和宮廷中的劍舞、弄丸、獅舞等百戲歌舞，與多部樂中的「西涼樂」皆出自西涼地區，不過是風格各異的樂舞內容。

　　**2. 龜茲樂**

　　龜茲樂自北朝傳入中原地區以來，直到隋朝的建立，「龜茲樂」在百年來傳播的過程中，隨地區樂舞文化的差異，有不同的發展，《隋書·音樂志下》：

> 後魏平中原，復獲之。其聲後多變易。至隋有「西國龜茲」、「齊朝龜茲」、「土龜茲」等，凡三部。〔註62〕

此龜茲樂，自後涼呂光滅亡後（403年），「其樂分散」由宮廷散入民間，所以當北魏「復獲之」之前，龜茲樂已與當地樂舞之間有所融合，相互影響，故「其聲後多變易」。至隋代則發展成「西國龜茲」、「齊朝龜茲」、「土龜茲」三種風格。所謂「西龜茲」應指西魏傳入，或北周時阿史那皇后自西域攜入的龜茲樂，即北周龜茲樂而言；「齊龜茲」指北齊時傳入，並流行於當朝的龜茲樂；「土龜茲」則應指當時流行北周關中地區，而且習染土風的龜茲樂

---

〔註56〕　（唐）崔令欽撰，《教坊記》（丁如明等點校，《唐五代筆記小說大觀》，上海：上海古籍出版社，2000），頁127。

〔註57〕　（唐）段安節，《樂府雜錄·舞工》（北京：中華書局出版，1985），頁19：「軟舞曲有涼州、綠腰、蘇合香、屈柘、團圓旋、甘州等。」

〔註58〕　（唐）鄭棨，《開天傳信記》（丁如明等點校，《唐五代筆記小說大觀》，上海：上海古籍出版社，2000），頁1224載：「西涼俗好音樂，制新曲曰『涼州』，開元中列上獻。上召諸王便殿同觀。」《新唐書》，卷22〈禮樂志十二〉，頁478：「涼州曲，本西涼所獻也，其聲本宮調，有大遍、小遍。」

〔註59〕　《全唐詩》，卷284-29，頁3238。

〔註60〕　《元稹集》（北京：中華書局出版，1982），卷二十四，頁281。

〔註61〕　《白居易集》（台北：漢京文化事業有限公司，1984），卷第四〈諷諭四·新樂府〉，頁75：「西涼伎，假面胡人假獅子。刻木爲頭絲作尾，金鍍眼睛銀帖齒。奮迅毛衣擺雙耳，如從流沙來萬裏。………」

〔註62〕　《隋書》，卷15〈音樂志〉下，頁378。

而言。〔註63〕影響龜茲樂發展成三種風格的過程中，最大的因素，應該就是在散入民間時期，得到其他文化的滋養、融合，不斷豐富音樂內涵，使得龜茲樂在這歷程中，增加一些新的創意與內容，當然也可能會丟失一些原有的樂舞風貌。但正是這種文化融合意義的改變，讓胡樂胡舞的傳播帶來生機，在傳播的歷程，發展出具有某種創造性的特殊意涵。

經此蛻變的「龜茲樂」，其器樂（琵琶）演奏在民間大為盛行，〔註64〕時人爭相學習龜茲樂、炫耀龜茲樂的演奏，已經成為當時社會流行的一種音樂時尚。據《隋書・音樂志下》記載「九部樂」中龜茲樂的樂舞內容：

> 其歌曲有善善摩尼，解曲有婆伽兒，舞曲有小天，又有疎勒鹽。其樂器有豎箜篌、琵琶、五弦、笙、笛、簫、篳篥、毛員鼓、都曇鼓、答臘鼓、腰鼓、羯鼓、雞婁鼓、銅拔、貝等十五種，為一部。工二十人。〔註65〕

其樂器多達十五種，僅次於「國伎」西涼樂十九種，顯示其豐富、多元音樂風格。在《舊唐書・音樂志二》之樂舞記載：

> 龜茲樂，工人皂絲布頭巾，緋絲布袍，錦袖，緋布袴。舞者四人，紅抹額，緋襦，白袴帑，烏皮靴。樂用豎箜篌一，琵琶一，五絃琵琶一，笙一，橫笛一，簫一，篳篥一，毛員鼓一，都曇鼓一，答臘鼓一，腰鼓一，羯鼓一，雞婁鼓一，銅拔一，貝一。毛員鼓今亡。

〔註66〕

隋唐兩書所記載之樂器皆相同。其中毛員鼓也用於龜茲樂和天竺樂，但在唐代卻都記載其樂器「今亡」，可能是樂器毀損後，無修整之需，可以其它鼓器代替，故在唐代已無毛員鼓。在《新唐書・禮樂志十一》中記載：

---

〔註63〕關於龜茲樂三個流派詳細論敘，參見沈冬先生《隋唐西域樂部與樂律之研究》（台灣大學中國文學研究所，博士論文，1991），頁60。宋師德喜，《陳寅恪中古史學探研──以《隋唐制度淵源略論稿》為例》，頁96。

〔註64〕《隋書》，卷15〈音樂志下〉，頁378載：「開皇中，其器大盛於閭閈。…皆妙絕弦管，新聲奇變，朝改暮易，持其音技，估衒公王之間，舉時爭相慕尚。」《舊唐書》，卷29〈音樂志〉，頁1069載：「後魏有曹婆羅門，受龜茲琵琶於商人，世傳其業。至孫妙達，尤為北齊高洋所重，常自擊胡鼓以和之。」《通典》，卷142〈樂典・樂三〉，頁3650。「初，周武帝時，有龜茲人曰蘇祇婆，從突厥皇后入國，善胡琵琶。」從記載中可知龜茲樂以琵琶為重要樂器。

〔註65〕《隋書》，卷15〈音樂志下〉，頁379。

〔註66〕《舊唐書》，卷29〈音樂志二〉，頁1071。

龜茲伎，有彈箏、豎箜篌、琵琶、五絃、橫笛、笙、簫、觱篥、答
臘鼓、毛員鼓、都曇鼓、侯提鼓、雞婁鼓、腰鼓、齊鼓、檐鼓、貝，
皆一；銅鈸二。舞者四人。設五方師子，高丈餘，飾以方色。每師
子有十二人，畫衣，執紅拂，首加紅袜，謂之師子郎。〔註67〕

《新唐書》記載的樂器配置顯然較《舊唐書》爲多，〔註68〕其中《新唐書》
多記載之彈箏、齊鼓、檐鼓在西涼樂中也有，反映出龜茲樂與西涼樂在前代
發展過程中的融合情形。龜茲樂不僅僅是流行於中原地區，藉由唐玄宗之手，
曾將龜茲樂賞賜給雲南王（南詔），〔註69〕使西域樂舞龜茲樂傳播足跡遠至西
南地區。

### 3. 康國樂

「康國」，漢代稱「康居國」，〔註70〕故地在今獨立國家國協烏茲別克共
和國撒馬爾罕一帶。〔註71〕據《新唐書・西域傳下》記載康國與安、曹、石、
米、何、火尋、戊地、史等九姓諸個西域國家，皆屬於隋唐時期西域粟特人
「昭武九姓」。〔註72〕所謂「昭武九姓」是指在今中亞阿姆錫爾兩河流域一帶

---

〔註67〕　《新唐書》，卷21〈禮樂志十一〉，頁470。

〔註68〕　《舊唐書》所記之「篳篥」與《新唐書》記之「觱篥」實爲相同樂器。據（元）
馬端臨，《文獻通考》（臺北：臺灣商務印書館，1987），卷138〈樂考十一〉
胡部，頁1224-3載：「觱篥，本名悲篥出於胡中其聲悲。」「陳氏樂書曰：觱
篥，一名悲篥，一名笳管，羌胡龜茲之樂也。以竹爲管，以蘆爲首，狀類胡
笳，而九竅所法者，角音而甚悲篥。胡人吹之以驚中國馬焉」。《舊唐書》，卷
29〈音樂志二〉，頁1075：「篳篥，本名悲篥，出於胡中，其聲悲。亦云：胡
人吹之以驚中國馬雲。」

〔註69〕　（宋）司馬光編著，《資治通鑑》（北京：古籍出版社，1956），卷235〈唐紀〉
德宗貞元十年條，頁7561～7562載：「雲南王異牟尋遣其弟湊羅棟獻地圖、
土貢及吐蕃所給金印，請復號南詔。癸丑，以祠部郎中袁滋爲冊南詔使，賜
銀窠金印，文曰「貞元冊南詔印」。滋至其國，異牟尋北面跪受冊印，稽首再
拜，因與使者宴，出玄宗所賜銀平脫馬頭盤二以示滋。又指老笛工、歌女曰：
「皇帝所賜龜茲樂，惟二人在耳。」滋曰：「南詔當深思祖考，子子孫孫盡忠
於唐。」異牟尋拜曰：「敢不謹承使者之命！」」

〔註70〕　《隋書》，卷83〈西域列傳〉，頁1848：「康國者，康居之後也。遷徙無常，
不恒故地，然自漢以來相承不絕。」《舊唐書》，卷198〈西戎列傳〉，頁5310：
「康國，即漢康居之國也。」

〔註71〕　常任俠著，《絲綢之路與西域文化藝術》（上海：上海文藝出版社，1981），頁
158。原文載康國在今「蘇聯」烏茲別克共和國，因1991年蘇聯解體，成立
獨立國家國協，故文中隨時局之變增修。

〔註72〕　《新唐書》，卷221下〈西域傳下〉，頁6243載：「康者，一曰薩末鞬，亦曰
颯秣建，元魏所謂悉萬斤者。……在那密水南，大城三十，小堡三百。君姓

的九姓政權。「康國樂」自北周傳入到長安，〔註73〕隋代列爲「九部伎」，據
《隋書·音樂志》記載康國樂內容：

> 歌曲有戢殿農和正，舞曲有賀蘭鉢鼻始、末奚波地、農惠鉢鼻始、
> 前拔地惠地等四曲。樂器有笛、正鼓、加鼓、銅拔等四種，爲一部。
> 工七人。〔註74〕

唐初沿襲隋制，在《舊唐書·音樂志二》記載的樂舞內容：

> 康國樂，工人皁絲布頭巾，緋絲布袍，錦領。舞二人，緋襖，錦領袖，
> 綠綾渾襠袴，赤皮靴，白袴帑。舞急轉如風，俗謂之胡旋。〔註75〕

另在《新唐書·禮樂志十一》記載：

> 康國伎，有正鼓、和鼓，皆一；笛、銅鈸，皆二。舞者二人。工人
> 之服皆從其國。〔註76〕

從文中記載看出康國樂中的舞曲有四首之多，樂器配置簡單，更顯示舞蹈是
其特色，從文中還特別註明舞者服飾「皆從其國」，表明未經隋唐太常寺的編
修，呈現本國特色。

### 4. 安國樂、疏勒樂

安國即今布哈拉，與康國相比鄰，皆爲昭武九姓之國，〔註77〕並歸附於
康國。〔註78〕《新唐書》記載：「安者，一曰布豁，又曰捕喝，元魏謂忸蜜者。」
「西瀕烏滸河，治阿濫謐城，即康居小君長罽王故地。」〔註79〕

疏勒，「一曰佉沙」，〔註80〕在唐代爲安西節度使所撫寧西域四國之一。

---

温，本月氏人。始居祁連北昭武城，爲突厥所破，稍南依蔥嶺，即有其地。
枝庶分王，曰安，曰曹，曰石，曰米，曰何，曰火尋，曰戊地，曰史，世謂
「九姓」，皆氏昭武。土沃宜禾，出善馬，兵彊諸國。人嗜酒，好歌舞于道。
王帽氈，飾金雜寶。女子盤髻，幪黑巾，綴金蘤。」

〔註73〕《隋書》，卷15〈音樂志下〉，頁379～380載：「康國，起自周武帝（宇文邕）
娉北狄爲后，得其所獲西戎伎，因其聲。歌曲有《戢殿農和正》，舞曲有《賀
蘭鉢鼻始》、《末奚波地》、《農惠鉢鼻始》、《前拔地惠地》等四曲。樂器有笛、
正鼓、加鼓、銅拔等四種，爲一部。工七人。」

〔註74〕《隋書》，卷15〈音樂志下〉，頁379～380。

〔註75〕《舊唐書》，卷29〈音樂志二〉，頁1071。

〔註76〕《新唐書》，卷21〈禮樂志十一〉，頁470。

〔註77〕常任俠，《絲綢之路與西域文化藝術》，頁158。

〔註78〕（北齊）魏收，《魏書》（臺北：鼎文書局，1980），卷102〈西域列傳〉，頁
2281。

〔註79〕《新唐書》，卷221〈西域列傳下〉，頁6244。

〔註80〕《新唐書》，卷221〈西域列傳上〉，頁6233。

〔註81〕隋大業中，「遣使貢方物」。〔註82〕至唐初仍朝貢不絕。〔註83〕《隋書・音樂志下》記載兩樂舞內容：

> 疎勒，歌曲有亢利死讓樂，舞曲有遠服，解曲有鹽曲。樂器有豎箜篌、琵琶、五弦、笛、簫、篳篥、答臘鼓、腰鼓、羯鼓、雞婁鼓等十種，爲一部，工十二人。

> 安國，歌曲有附薩單時，舞曲有末奚，解曲有居和祇。樂器有箜篌、琵琶、五弦、笛、簫、篳篥、雙篳篥、正鼓、和鼓、銅拔等十種，爲一部。工十二人。〔註84〕

另外《舊唐書・音樂志二》記載：

> 疏勒樂，工人皁絲布頭巾，白絲布袴，錦襟褾。舞二人，白襖，錦袖，赤皮靴，赤皮帶。樂用豎箜篌、琵琶、五絃琵琶、橫笛、簫、篳篥、答臘鼓、腰鼓、羯鼓、雞婁鼓。

> 安國樂，工人皁絲布頭巾，錦褾領，紫袖袴。舞二人，紫襖，白袴帑，赤皮靴。樂用琵琶、五絃琵琶、豎箜篌、簫、橫笛、篳篥、正鼓、和鼓、銅拔、箜篌。五絃琵琶今亡。〔註85〕

《新唐書・禮樂志十一》記載：

> 安國伎，有豎箜篌、琵琶、五絃、橫笛、簫、觱篥、正鼓、和鼓、銅鈸，皆一；舞者二人。疏勒伎，有豎箜篌、琵琶、五絃、簫、橫笛、觱篥、答臘鼓、羯鼓、侯提鼓、腰鼓、雞婁鼓，皆一；舞者二人。〔註86〕

從各書所載記這兩樂舞的樂器或多或少有所出入，但差異不大。不過，兩國的旋律樂器則幾乎相同，可能與兩國同爲西域國家之故，在膜鳴樂器方面，則呈現出各自不同的樂曲風格。在《舊唐書》記載的舞者衣著顏色也有差異。兩國樂舞曲名在《隋書》記錄的歌曲名，與前述的康國，顯然皆是直接以中文譯音名之。

---

〔註81〕《舊唐書》，卷38〈地理志一〉，頁1385。
〔註82〕《隋書》，卷83〈西域列傳〉，頁1852。
〔註83〕《舊唐書》，卷198〈西戎列傳〉，頁1385。
〔註84〕《隋書》，卷15〈音樂志下〉，頁380。
〔註85〕《舊唐書》，卷29〈音樂志二〉，頁1071。
〔註86〕《新唐書》，卷21〈禮樂志十一〉，頁470。

### 5. 高昌樂

高昌（今新疆省吐魯番縣境）在西魏時期歸附，是高昌樂舞第一次傳入中原，與康國樂、龜茲樂「被于鐘石，取周官制以陳之」，北魏朝廷採用於雅樂、燕樂場合之中。〔註87〕至隋代，《隋書・音樂志下》載：

> 六年，高昌獻聖明樂曲，帝令知音者于館所聽之，歸而肄習，及客方獻，先於前奏之，胡夷皆驚焉。〔註88〕

隋煬帝大業六年（610 年），高昌國進獻「聖明樂曲」，煬帝令懂得音樂的人在客館裡，聽他們演習，回去學著演奏。到來客正要獻技的時候，先在他們前面演奏，少數民族的來賓都感到驚奇。從這情況可以看出，中原宮廷樂工對於吸收、掌握外來音樂的技能是有相當程度的水準。如果在過去沒有一定程度上的熟悉和瞭解，這也是做不到的。甚至可說是受到以前王朝（北朝）的重視，所以（大司樂）樂工熟悉高昌樂的音樂曲調及演奏方式，才能在短時間內即能熟習，進而在眾所矚目的獻樂典禮上有精湛的演出，甚至有「胡夷皆驚焉」的效果。至唐代，據《新唐書・禮樂志十一》記載：

> 及平高昌，收其樂。有豎箜篌、銅角，一；琵琶、五絃、橫笛、簫、觱篥、答臘鼓、腰鼓、雞婁鼓、羯鼓，皆二人。工人布巾，袷袍，錦襟，金銅帶，畫綺。舞者二人，黃袍袖，練襦，五色絛帶，金銅耳璫，赤鞾。自是初有十部樂。〔註89〕

說明唐太宗大軍平定高昌，「高昌樂」經由戰爭傳播途徑，再度傳入中原，並列為唐代「十部伎」之一。《舊唐書・音樂志二》記有樂舞內容：

> 高昌樂，舞二人，白襖錦袖，赤皮靴，赤皮帶，紅抹額。樂用答臘鼓腰鼓一，雞婁鼓一，羯鼓一，簫二，橫笛二，觱篥二，琵琶二，五絃琵琶二，銅角一，箜篌一。箜篌今亡。〔註90〕

兩唐書所載樂器幾乎相同，所用樂器共有十一種之多，可說相當豐富。但兩唐書對於舞者服飾的記載有所出入，如「黃袍袖，練襦」與「白襖錦袖」，「五色絛帶」與「赤皮帶」，兩書描述臉部重點也有所不同，如「金銅耳璫」、「紅抹額」，或許是記載者所聽所聞不一，記載重點不同，也有可能其樂舞者的裝

---

〔註87〕見本文第二章第二節〈魏晉南北朝外來樂舞的傳入〉。
〔註88〕《隋書》，卷 15〈音樂志下〉，頁 379。
〔註89〕《新唐書》，卷 21〈禮樂志十一〉，頁 470。《舊唐書》，卷 29〈音樂志二〉，頁 1069 記載：「我太宗平高昌，盡收其樂，……今著令者，惟此十部。」。
〔註90〕《舊唐書》，卷 29〈音樂志二〉，頁 1070～1071。

扮曾經過太常寺的修飾，並非每次演出皆著一成不變的服飾，爲增加樂舞的變化性，故有所差異。

### 6. 高麗樂、百濟樂

隋代列「高麗樂」爲九部之一，「歌曲有芝栖，舞曲有歌芝栖」，〔註91〕唐代亦列爲十部樂之一。〔註92〕至於「百濟樂」，據《舊唐書・音樂志二》記載：

> （南朝）宋世有高麗、百濟伎樂。魏平馮跋，亦得之而未具。（北）
> 周師滅齊，二國獻其樂。隋文帝平陳，得清樂及文康禮畢曲，列九
> 部伎，百濟伎不預焉。〔註93〕

從記載可知，在南朝宋時有高麗、百濟樂舞，但在北朝時期「得之而未具」，顯示樂舞未受到青睞，繼而兩國皆在北周時獻樂。但隋代時，未將百濟樂列於九部樂，史料中未明原因，或許因「百濟之先，出自高麗國」，〔註94〕與高麗樂特色雷同，相較之下，百濟樂舞較不足爲觀，無特獨出特色，因而未列樂部。詩人李白〈高句驪〉描繪其舞貌：「金花折風帽，白馬小遲回。翩翩舞廣袖，似鳥海東來。」〔註95〕在吉林省集安縣分別有兩幅墓室壁畫，圖3-1-1，是舞俑墓墓室東壁右側的部份壁畫，舞者一行五人。服色相同，均是土黃帶黑點衣著，唯式樣有異，舞衣皆爲「廣袖」。另一壁畫，圖3-1-2，是五盔墳四號墓藻井北面第二重頂石上，有一幅高句麗的伎樂壁畫，圖中三樂伎人物，人披帛飛舞，與李白詩中所描述「似鳥海東來」的舞姿相當類似。《北史・高句麗傳》：

> 人皆頭著折風，形如弁，士人加插二鳥羽。貴者其冠曰蘇骨，多用
> 紫羅爲之飾以金銀。服大袖衫，大口袴，素皮帶，黃革履。〔註96〕

---

〔註91〕 《隋書》，卷15〈音樂志下〉，頁380。

〔註92〕 《舊唐書》，卷29〈音樂志二〉，頁1069～1070載：「工人紫羅帽，飾以鳥羽，黃大袖，紫羅帶，大口袴，赤皮靴，五色縚繩。舞者四人，椎髻於後，以絳抹額，飾以金璫。二人黃裙襦，赤黃袴，極長其袖，烏皮靴，雙雙並立而舞。……武太后時尚二十五曲，今惟習一曲，衣服亦寢衰敗，失其本風。」

〔註93〕 《舊唐書》，卷29〈音樂志二〉，頁1069。

〔註94〕 《隋書》，卷81〈東夷列傳〉，頁1817、1818。

〔註95〕 《李白集校注》（上海：上海古籍出版社，1980），卷六，頁443。

〔註96〕 （唐）李延壽，《北史》（臺北市：鼎文書局，1980），卷94〈高句麗傳〉，頁3115。

文中描繪世人的穿著，插有鳥羽，與圖 3-1-2 畫面中樂舞人服飾似鳥羽，可相互為證。

　　百濟樂在唐代經過百餘年歲，時至唐中宗，「（樂）工人死散」，即使岐王範為太常卿，認為百濟樂有特出之處，有「復奏置之」的動作，但終究因為「音伎多闕」，無以為繼。而當時尚存有「舞二人，紫大袖裙襦，章甫冠，皮履。樂之存者，箏、笛、桃皮篳篥、箜篌、歌」的樂舞編制。〔註97〕

## 圖 3-1-1　吉林省集安縣舞俑墓墓室東壁右側
### ——歌舞（部分）高句麗（四世紀）

資料來源：中國美術全集編輯委員會，《中國美術全集 繪畫編 12 墓室壁畫》，頁 64，
　　　　　圖 70。

---

〔註97〕《舊唐書》，卷 29〈音樂志二〉，頁 1070。

圖 3-1-2　吉林省集安縣五盔墳四號墓藻井北面第二重頂石上
　　　　　——高句麗伎樂

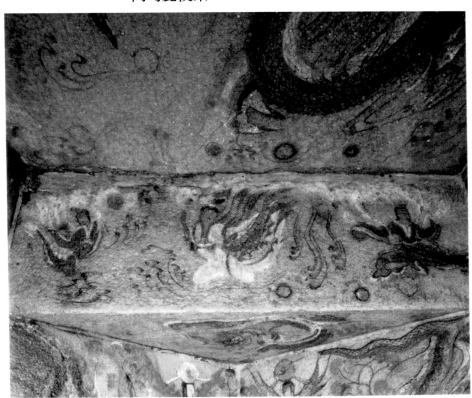

資料來源：中國美術全集編輯委員會，《中國美術全集　繪畫編 12 墓室壁畫》，頁 80，
　　　　　圖 86。

### 7. 天竺樂

「天竺」今稱印度，「漢身毒國也，或曰摩伽陀，曰婆羅門」，分「東、西、
南、北、中五天竺，皆城邑數百」。〔註98〕地處於中國西南，其國崇信佛教，隨
著佛教的傳播，樂舞及其他文化藝術傳入西域，並有所發展，〔註99〕因而在西
涼樂中有「于闐佛曲」，〔註100〕《唐會要》亦載有「龜茲佛曲」。〔註101〕據《隋
書·音樂志下》記載天竺樂舞內容：

〔註98〕　《新唐書》，卷 221〈西域列傳上〉，頁 6236。
〔註99〕　常任俠著，《絲綢之路與西域文化藝術》，頁 153。《舊唐書》，卷 198〈西戎列
　　　　傳·龜茲國〉，頁 5303：「龜茲國，……學胡書及婆羅門書、算計之事，尤重
　　　　佛法。」
〔註100〕　《隋書》卷 15，〈音樂志下〉，頁 378。
〔註101〕　（宋）王溥撰，《唐會要》，卷 33〈諸樂〉，頁 615、616。

> 天竺者…歌曲有沙石疆，舞曲有天曲。樂器有鳳首箜篌、琵琶、五
> 弦、笛、銅鼓、毛員鼓、都曇鼓、銅拔、貝等九種，爲一部。工十
> 二人。〔註102〕

另有《舊唐書‧音樂志二》記載：

> 天竺樂，工人皂絲布頭巾，白練襦，紫綾袴，緋帔。舞二人，辮髮，
> 朝霞袈裟，行纏，碧麻鞋。袈裟，今僧衣是也。樂用銅鼓、羯鼓、
> 毛員鼓、都曇鼓、篳篥、橫笛、鳳首箜篌、琵琶、銅拔、貝。
> *毛員鼓、都曇鼓今亡。〔註103〕

從《舊唐書》的記載可知天竺樂舞完全表現佛教之特色，舞者之裝扮就如僧
侶一般。《舊唐書》無記載五絃，但多有羯鼓與篳篥，顯然在唐代時，樂器演
奏的配置經過編修。此外，據《舊唐書‧音樂志二》記載：

> 大抵散樂雜戲多幻術，幻術皆出西域，天竺尤甚。漢武帝通西域，
> 始以善幻人至中國。安帝時，天竺獻伎，能自斷手足，刳剔腸胃，
> 自是歷代有之。我高宗惡其驚俗，敕西域關令不令入中國。〔註104〕

天竺國特有的雜技幻術，自漢代以來，歷代皆有傳入。而「散樂者，歷代有
之，非部伍之聲，俳優歌舞雜奏」，〔註105〕只是，天竺國的散樂雜戲中的幻術，
以傷害身體的演出方式，太過於殘忍血腥，令唐高宗驚惡，直接下令不可再
傳入。

### 8. 扶南樂

隋煬帝平林邑國，「獲扶南工人，及其匏琴，樸陋不可用，但以天竺樂轉
寫其聲」，所以隋代全用天竺樂。〔註106〕在隋代七、九部樂中屬南蠻樂者，僅
有天竺，而無扶南樂，在《隋書‧音樂志下》也無扶南樂舞內容的記載。唐
初沿襲隋制，單然也未列入唐九部樂。關於樂舞內容在《舊唐書‧音樂志二》
中有較完整的記載：

---

〔註102〕《隋書》，卷15〈音樂志下〉，頁378～379。
〔註103〕《舊唐書》，卷29〈音樂志二〉，頁1070。
〔註104〕《舊唐書》，卷29〈音樂志二〉，頁1073。《新唐書》，卷22〈禮樂志十二〉，
　　　　頁479載：「天竺伎能自斷手足，刺腸胃，高宗惡其驚俗，詔不令入中國。」
　　　　記載略同。
〔註105〕《舊唐書》，卷29〈音樂志二〉，頁1072。
〔註106〕（宋）王溥，《唐會要》（北京市：中華書局，1955），卷33〈四夷樂‧南蠻
　　　　諸國樂〉，頁620。

扶南樂，舞二人，朝霞行纏，赤皮靴。隋世全用天竺樂，今其存者，

有羯鼓、都曇鼓、毛員鼓、簫、笛、篳篥、銅拔、貝。〔註107〕

文中也提到「隋世全用天竺樂」，而天竺樂還配有銅鼓、橫笛、鳳首箜篌、琵琶等樂器，音樂內容明顯較扶南樂豐富許多。《新唐書・禮樂志十二》略記其舞者衣著：「扶南樂，舞者二人，以朝霞爲衣，赤皮鞋」，〔註108〕兩唐書對於扶南樂舞的衣著記載，幾乎與天竺樂的舞者穿著相同，由此更可了解，隋代以天竺樂轉寫其聲的理由。

## （二）「外來樂部」樂器配置之分析

以下根據《舊唐書・音樂志二》〔註109〕有關唐十部樂中，除讌樂、清商樂以外的「外來樂部」所使用的樂器，整理制成表 3-1-2。

古代樂器的分類方法，是根據樂器製作的材料，分爲八類，金、石、絲、竹、匏、土、革、木，即所謂八音分類法。《周禮注疏・春官宗伯下》：

大師掌六律六同⋯⋯皆播之以八音，金、石、土、革、絲、木、匏、

竹。〔註110〕

隋唐以來，由於外族樂舞的不斷傳入，樂舞內容繁盛，樂器種類亦隨之增加，十部伎所使用的樂器，據統計共達七十一種之多。而現今所謂「中國國樂」樂器的分類方式，是以演奏方式爲依據，分爲吹管、拉弦、彈撥、打擊等四類。〔註111〕因唐代十部伎中的樂器尚無以拉弦方式演奏，茲將拉弦與彈撥兩類合併爲「撥弦」類，吹奏樂器並非皆爲「管」形，故將「吹管」改爲「吹鳴」樂器，以下將依「吹鳴樂器」、「撥弦樂器」、「打擊樂器」等分類方式，將十部伎中的「外來樂部」所用樂器，歸類制成表 3-1-2。

此外，史籍中尚有未列十部伎的東夷樂之百濟樂、南蠻樂之扶南樂的記載，一併列於表 3-1-2。以便做完整檢視。

〔註107〕《舊唐書》，卷 29〈音樂志二〉，頁 1070。

〔註108〕《新唐書》，卷 22〈禮樂志十二〉，頁 479～480。

〔註109〕《舊唐書》，卷 29，〈音樂志二〉，頁 1068～1071。

〔註110〕（漢）鄭玄注，（唐）賈公彥疏，《周禮注疏》（《重刊宋本十三經注疏附校勘記》），卷 23〈春官宗伯下〉，頁 353-2。

〔註111〕劉怡慧，《唐代燕樂十部伎、二部伎之樂舞研究》（文化大學中國文學系碩士論文，2000），頁 140。

## 表 3-1-2：唐代「外來樂部」樂器分類表

| 外來樂屬 | 樂舞名稱 | 吹鳴樂器（種類數） | 撥弦樂器（種類數） | 打擊樂器（種類數） | 備註。 |
|---|---|---|---|---|---|
| 西戎樂 | 西涼樂 | 笙、蕭＊篳篥、＊小篳篥、＊笛、＊橫笛、＊貝。（7） | 彈箏，搊箏，琵琶，＊臥箜篌，＊豎箜篌＊五弦琵琶。（6） | 鐘、磬，＊腰鼓、齊鼓、檐鼓。（5） | 編鐘今亡 |
| | 龜茲樂 | 笙、蕭＊橫笛＊篳篥、＊貝。（5） | 琵琶、＊豎箜篌＊五弦琵琶。（3） | 毛員鼓、都曇鼓、＊答臘鼓、＊腰鼓，＊羯鼓、雞婁鼓、＊銅拔。（7） | 毛員鼓今亡。所用打擊樂器最多。 |
| | 疏勒樂 | 蕭＊橫笛、＊篳篥。 | 琵琶、＊豎箜篌＊五絃琵琶。 | ＊答臘鼓、＊腰鼓、＊羯鼓、雞婁鼓。 | |
| | 康國樂 | 笛二。（1） | （0） | ＊正鼓、＊和鼓、＊銅拔。（3） | |
| | 安國樂 | 蕭＊橫笛、＊篳篥。（3） | 琵琶、箜篌＊五絃琵琶＊豎箜篌、。（4） | ＊正鼓、＊和鼓、＊銅拔。（3） | 五絃琵琶今亡。 |
| | 高昌樂 | 蕭二＊橫笛二、＊篳篥二、銅角。（4） | 琵琶二、箜篌、＊五絃琵琶二。（3） | ＊答臘鼓、＊腰鼓、雞婁鼓、＊羯鼓。（4） | 箜篌今亡。 |
| 東夷樂 | 高麗樂 | 笙、蕭＊義觜笛、＊小篳篥、＊大篳篥，＊桃皮篳篥、＊貝。（7） | 彈箏、搊箏、＊臥箜篌、琵琶。（4） | ＊腰鼓、齊鼓、檐鼓。（3） | |
| 南蠻樂 | 天竺樂 | ＊篳篥、＊橫笛、＊貝。（3） | 琵琶、＊鳳首箜篌、（2） | ＊羯鼓、毛員鼓、都曇鼓、＊銅鼓、＊銅拔。（5） | 毛員鼓、都曇鼓今亡。 |

| 未列十部伎之東夷樂 | 百濟樂 | 笛、桃皮篳篥 | 箜篌、箏 | 無 | 中宗之代，工人死散。岐王範爲太常卿，復奏置之，是以音伎多缺。 |
|---|---|---|---|---|---|
| 未列十部伎之南蠻樂 | 扶南樂 | 簫、＊篳篥、＊笛、＊貝。（4） | 無 | ＊羯鼓、毛員鼓、都曇鼓＊銅拔。（4） | 隋世全用天竺樂。 |

樂器前加註「＊」爲《舊唐書》、《通典》中明確指出爲胡樂器者。

　　關於此八部「外來樂部」所用樂器，本文參閱其他前輩學者相關著作的詳細考證，將樂器之屬爲胡樂器，或爲漢族所有樂器作區分整理，以利做後續論述〔註112〕。以下將《舊唐書・音樂志二》及《樂書》等史料分類列出，首先在吹鳴樂器方面，《舊唐書・音樂志二》：

　　笛，漢武帝工丘仲所造也。其元出於羌中。短笛，脩尺有咫。長笛、短笛之間，謂之中管。

　　篪，吹孔有觜如酸棗。橫笛，小篪也。漢靈帝好胡笛。五胡亂華，石遵玩之不絕音。《宋書》云：有胡篪出於胡吹，則謂此。梁胡吹歌雲：「快馬不須鞭，反插楊柳枝。下馬吹橫笛，愁殺路傍兒。」此歌辭元出北國。之橫笛皆去觜，其加觜者謂之義觜笛。

　　篳篥，本名悲篥，出於胡中，其聲悲。亦云：胡人吹之以驚中國馬雲。〔註113〕

　　今東夷有管木者，桃皮是也。……桃皮，卷之以爲篳篥。西戎有吹金者，銅角是也。〔註114〕

《通典・樂四》〈八音之外又有三〉：

　　一、桃皮。東夷有卷，似篳篥也。二、貝。大蠡也，容可數升。並吹之以節樂。亦出南蠻。〔註115〕

---

〔註112〕參閱趙廣暉，《唐代樂志十部伎之研究》（中國文化大學史學研究所碩士論文，1995.6）。
　　　　劉怡慧，《唐代燕樂十部伎、二部伎之樂舞研究》（中國文化大學中國文學研究所碩士論文，2000.6）
〔註113〕《舊唐書》，卷29〈音樂志二〉，頁1075。
〔註114〕《舊唐書》，卷29〈音樂志二〉，頁1079。
〔註115〕《通典》，卷144〈樂四〉，頁3683。

另有《宋書‧樂志》關於「笛」、「角」之記載：

> 笛，案馬融《長笛賦》，此器起近世，出於羌中，京房備其五音。又
> 稱丘仲工其事，不言仲所造。《風俗通》則曰：「丘仲造笛，武帝時
> 人。」其後更有羌笛爾。三說不同，未詳孰實。〔註116〕

> 角，書記所不載。或云出羌胡，以驚中國馬；或云出吳越。〔註117〕

以上史書所載之吹鳴胡樂器有笛、橫笛、篳篥、桃皮篳篥、貝、銅角，以橫
笛、篳篥使用最多，銅角只有高昌伎使用。其中屬於漢族樂器——簫、笙，
也出現其中，「笙」見於西涼伎、龜茲伎、高麗伎使用；「簫」見於西涼伎、
龜茲伎、疏勒伎、安國伎、高昌伎、高麗伎、扶南伎。

撥弦樂器方面在《舊唐書‧音樂志二》的相關記載：

> 箏，本秦聲也。相傳云蒙恬所造，非也。制與瑟同而絃少。案京房
> 造五音準，如瑟，十三絃，此乃箏也。……………

> 琵琶，四弦，漢樂也。初，秦長城之役，有鞀而鼓之者。及漢武帝
> 嫁宗女於烏孫，乃裁箏、築爲馬上樂，以慰其鄉國之思。……………
> 曲項者，本出胡中。五弦琵琶，稍小，蓋北國所出。……………

> 箜篌，漢武帝使樂人侯調所作，以祠太一。或云侯輝所作，其聲坎
> 坎應節，謂之坎侯，聲訛爲箜篌。………………

> 豎箜篌，胡樂也，漢靈帝好之。體曲而長，二十有二弦，豎抱於懷，
> 用兩手齊奏，俗謂之擘箜篌。鳳首箜篌，有項如軫。〔註118〕

《隋書‧音樂志下》：

> 今曲項琵琶、豎頭箜篌之徒，並出自西域，非華夏舊器。〔註119〕

另有《新唐書‧禮樂志十一》關於五弦琵琶記載：

> 五弦，如琵琶而小，北國所出，舊以木撥彈，樂工裴神符初以手彈，
> 太宗悅甚，後人習爲撥琵琶。〔註120〕

《樂書‧樂圖論》胡部：

> 鳳首箜篌出于天竺伎也，其制作曲頸鳳形焉，扶婁、高昌等國鳳首

---

〔註116〕（梁）沈約，《宋書》（臺北市：鼎文書局，1980），卷19〈樂志一〉，頁558。
〔註117〕《宋書》，卷19〈樂志一〉，頁559。
〔註118〕《舊唐書》，卷29〈音樂志二〉，頁1076～1077。
〔註119〕《隋書》，卷15〈音樂志下〉，頁378。列於「西涼樂」段中。
〔註120〕《新唐書》，卷21〈禮樂志十一〉，頁471。

箜篌，其上頗奇巧也。〔註121〕

據以上史書記載，屬於撥弦胡樂器的有五弦琵琶、豎臥箜篌、鳳首箜篌。依《樂書》之附圖，如圖 3-1-3、圖 3-1-4〔註122〕，豎、臥箜篌形制上並無差異，可能是彈奏方式不同，本文且將「臥箜篌」歸於胡樂器。鳳首箜篌則僅見於天竺伎。琵琶、箜篌、（搊、彈、掐）箏則爲漢族樂器。除康國伎以外，其他部伎皆有「琵琶」；「箜篌」見於安國伎、高昌伎及百濟伎；「箏」見於西涼伎、高麗伎及百濟伎。

圖 3-1-3　豎箜篌　　　　　　　　圖 3-1-4　臥箜篌

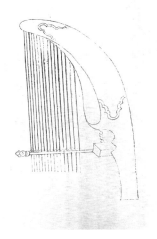
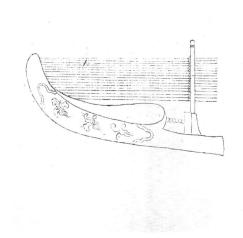

（宋）陳暘，《樂書》，卷 128，頁 6。　（宋）陳暘，《樂書》，卷 128，頁 7。

打擊樂器方面在《舊唐書・音樂志二》的相關記載：

腰鼓，大者瓦，小者木，皆廣首而纖腹，本胡鼓也。齊鼓，如漆桶，大一頭，設齊於鼓面如麝臍，故曰齊鼓。檐鼓，如小甕，先冒以革而漆之。

羯鼓，正如漆桶，兩手具擊，以其出羯中，故號羯鼓，亦謂之兩杖鼓。

都曇鼓，似腰鼓而小，以槌擊之。毛員鼓，似都曇鼓而稍大。答臘鼓，制廣羯鼓而短，以指揩之，其聲甚震，俗謂之揩鼓。雞婁鼓，

〔註121〕（宋）陳暘，《樂書》，卷 128〈樂圖論〉胡部，頁 9。
〔註122〕《樂書》，卷 128〈樂圖論〉胡部，頁 6、7。

正圓，兩手所擊之處，平可數寸。**正鼓、和鼓者，一以正，一以和，**
**皆腰鼓也。節鼓，狀如博局，中間員孔，適容其鼓，擊之節樂也。**
**撫拍，以韋爲之，實之以糠，撫之節樂也。**〔註123〕

《樂書・樂圖論》：

**答臘，龜茲、疏勒之器也，其制如羯鼓，抑又廣而且短，以指揾之**
**其聲甚震，亦謂之楷鼓。**〔註124〕

關於齊鼓、檐鼓、都曇鼓、毛員鼓、雞婁鼓在《舊唐書》的記載並無明確指
出是否爲胡樂器，其中齊鼓、檐鼓出現在西涼伎與高麗伎中；都曇鼓、毛員
鼓出現在龜茲伎、天竺伎、扶南伎；雞婁鼓出現在龜茲伎、疏勒伎、高昌伎；
陳暘《樂書》則將這五種鼓皆列入〈胡部〉〔註125〕，其敘述與《舊唐書》略
同。關於其他打擊樂器銅拔、銅鼓的記載，《舊唐書・音樂志二》：

**銅拔，亦謂之銅盤，出西戎及南蠻。其圓數寸，隱起若浮漚，貫之**
**以韋皮，相擊以和樂也。南蠻國大者圓數尺。或謂南齊穆士素所造，**
**非也。……銅鼓，鑄銅爲之，虛其一面，覆而擊其上。南夷扶南、**
**天竺類皆如此。嶺南豪家則有之，大者廣丈餘。**〔註126〕

從以上各外來部伎所使用樂器，屬於漢族樂器在「吹鳴樂器」中有笙、簫；「撥
弦樂器」有琵琶、箏；「打擊樂器」方面雖只有西涼伎使用鐘、磬爲漢族樂器，
已明白顯示出在各胡部樂的演出當時，漢、胡樂器確有合奏或輪奏相互配合
的不爭事實。在敦煌莫高窟172窟南壁西側「觀無量壽經變」，圖3-1-5，中間
兩舞者，一擊腰鼓，一反彈琵琶，身形相對，舞姿優雅。兩旁樂器包括排簫、
拍板、笙、箏等中國樂器，以及羯鼓、雞婁鼓、琵琶、豎箜篌等胡樂器，反
映出胡漢樂交融的畫面。圖3-1-6、圖3-1-7，兩幅壁畫見於敦煌莫高窟220窟，
窟中有貞觀十六年（642年）的題記。兩圖分別爲「藥師經變」圖兩側的樂隊
圖。左側十五人，所奏樂器有羯鼓、毛員鼓、答臘鼓、靴鼓、拍板、橫笛、
尺八、篳篥、笙、貝、豎箜篌等，另有一人在搖盤歌唱。右側十三人，所奏
樂器有腰鼓、都曇鼓、毛員鼓、拍板、方響、橫笛、篳篥、排簫、阮咸、箏
等，也有一人在搖盤歌唱。這兩支樂隊共使用八種打擊樂器。在「藥師經變」
圖的中央，則有四名舞伎。

---

〔註123〕《舊唐書》，卷29〈音樂志二〉，頁1079。
〔註124〕《樂書》，卷127〈樂圖論〉胡部，頁10。
〔註125〕《樂書》，卷127〈樂圖論〉胡部，頁1～2。
〔註126〕《舊唐書》，卷29〈音樂志二〉，頁1078。

圖 3-1-5　敦煌莫高窟 172 窟南壁西側「觀無量壽經變」（盛唐）下方樂
舞部分

資料來源：敦煌文物研究所編，《中國石窟・敦煌莫高窟第四卷》（北京：
文物出版社，1987），圖 9。

圖 3-1-6　敦煌莫高窟 220 窟北壁　　圖 3-1-7　敦煌莫高窟 220 窟北壁
「藥師經變」西側樂隊（初唐）　　　「藥師經變」東側樂隊（初唐）

資料來源：敦煌文物研究所編，《中國石　　　資料來源：敦煌文物研究所編，《中國石
窟敦煌莫高窟　第三卷》（北京：文物出　　　窟敦煌莫高窟　第三卷》（北京：文物出
版社，1987），圖 28。　　　　　　　　　版社，1987），圖 29。

外來部伎的演出原本應各具地方、國家之樂舞特色，爲何有漢族樂器列於其中？

在唐初傳入的四方胡夷樂舞「凡十四國之樂」，〔註127〕是各具民族特色的民間樂舞，從中挑選「八國之伎，列於十部樂」，是攸關朝廷門面之燕樂，當然不得不愼重篩選。選入之後，對於樂舞者服飾，所用樂器，採用何種歌曲、舞曲、解曲，各部樂演出的順序等，均須有所規定，由太常寺內專業樂舞者加以修編、整制，有一定的演出制度與規範，以適於殿堂宴饗的演出，是故在原本各具特色的外來樂舞中加入少數漢族樂器，加以調和。所以，「多部樂」是兼具禮儀功能、藝術性質的大型樂舞，並且有高度的欣賞價值。

各部樂舞經過朝廷具有目的性的刻意修整，加入漢族樂舞元素，可說多部樂是胡漢樂舞融合的具體表現之一。另外，將於下段談到多部樂演出時機常爲外邦藩主、使節朝覲宴饗場合，讓外來樂舞曲在外邦蕃主、使節聆賞之餘，亦見識到大唐的樂舞水準，有能力將外族樂舞加以編修，以融有漢族樂風的方式重新呈現，亦不失顯揚德威的效果。

### （三）多部樂的「演出紀錄」

隋唐宮庭所設置多部樂，匯集當時各國、各地特殊的樂舞文化，展現不同的外來樂舞風貌。其目的，一方面是爲宮廷饗宴時的娛樂助興之用，另一方面則有爲顯耀國勢強盛的目的性，這也是宮廷燕樂自古至今重要的特質之一。任半塘先生在論述多部樂中清、胡樂的比重時，亦提及多部樂的演出「多在蕃國酋長盛集之時，天可汗用以誇耀其威德照鄰之廣」〔註128〕。《唐六典》：

　　凡大燕會則設十部之伎於庭，以備華夷。〔註129〕

《唐音癸籤》亦載：「十部伎燕，燕饗設之所以備華夷也。」〔註130〕明白點出，

---

〔註127〕《新唐書》，卷22〈禮樂志十二〉，頁478～479載：「周、隋與北齊、陳接壤，故歌舞雜有四方之樂。至唐，東夷樂有高麗、百濟，北狄有鮮卑、吐谷渾、部落稽，南蠻有扶南、天竺、南詔、驃國，西戎有高昌、龜茲、疏勒、康國、安國，凡十四國之樂，而八國之伎，列於十部樂。」

〔註128〕（唐）崔令欽，任半塘箋訂，《教坊記箋訂》（北京：中華書局，1962.7），〈弁言〉，頁7。

〔註129〕（唐）李林甫，陳仲夫點校，《唐六典》（北京：中華書局，1992），卷14，頁404。

〔註130〕（明）胡震亨，《唐音癸籤》（臺北市：木鐸出版，1982），卷12，頁591。

唐初因隋舊制，至貞觀十六年唐十部樂成立，即常爲宮廷重要宴會〔註131〕、祝宴〔註132〕，包括接待外邦進貢、使節來朝時，準備演出的樂部伎。《舊唐書·音樂志二》：

> 作先王樂，貴能包而用之。納四夷之樂者，美德廣之所及也。〔註133〕

任半塘《教坊記箋訂》：「未知九部樂、十部樂之奏，多在番國酋長盛集之時，天可汗用以誇耀其威德照臨之廣，故偏重表現裔樂，非爲華、裔聲伎作平衡展奏之時也。」〔註134〕說明其中西域樂舞在唐代十部樂中佔有七部，在形制上是構成唐代十部樂主要部份的理由。此時這些外來樂舞的存在，已經不是地方政權或地域文化的象徵，存在於宮廷之中，不僅僅顯示當時多元文化的共存與發達，也顯示大唐政治統治的繁盛與威望。

以下根據日人岸邊成雄《唐代音樂史的研究》所列唐代九部伎、十部伎演出紀錄，整理成下表 3-1-3 唐代「多部樂」演出年表。

表 3-1-3：唐代「多部樂」演出年表

| 編序 | 分期 | 時　　間 | 演出背景 | 演出樂部 | 出處 |
|---|---|---|---|---|---|
| 1 | 初唐—高祖 | 武德元年十月 | 突厥使來朝。帝宴太極殿，奏九部樂。 | 九部樂 | 《實錄》 |
| | | 武德元年 | 始畢使骨咄祿特勒來朝，帝宴太極殿，爲奏九部樂。 | 九部樂 | 《舊唐書》卷194〈突厥上〉。《新唐書》卷215上略同文。 |
| 2 | | 武德元年十一月己酉 | 降薛仁杲，帝大悅置酒高會，奏九部樂。 | 九部樂 | 《實錄》 |
| 3 | | 武德二年二月癸己 | 宴群臣。 | 九部樂 | 《實錄》 |

〔註131〕《新唐書》，卷19〈禮樂志十一〉，頁425—430。「皇帝元正、冬至、受群臣朝賀……設九部樂。則去樂縣，無警蹕。太樂令帥九部伎立於左右延明門外。群臣初唱萬歲，太樂令則引九部伎，聲作而入，各就座，以次作」。

〔註132〕《舊唐書》，卷43〈職官志二〉，頁1828～1829。「禮部尚書……凡千秋節禦樓設九部之樂，百官袴褶陪位。」

〔註133〕《舊唐書》，卷29〈音樂志二〉，頁1069。

〔註134〕任半塘，《教坊記箋訂》（北京：中華書局，1982），〈弁言〉，頁7。

| 4 | 初唐—高祖 | 武德二年閏二月甲辰 | 考群臣置酒。 | 九部樂 | 《實錄》 |
|---|---|---|---|---|---|
| 5 | | 武德二年五月丙寅 | 宴涼州使人，奏九部樂。 | 九部樂 | 《實錄》 |
| 6 | | 武德三年正月甲午 | 宴突厥。 | 九部樂 | 《實錄》 |
| 7 | | 武德三年五月庚午 | 宴突厥使。 | 九部樂 | 《實錄》 |
| 8 | | 武德三年八月庚戌 | 宴群臣奏九部於庭。 | 九部樂 | 《實錄》 |
| 9 | | 武德四年三月丁酉 | 宴西突厥使。 | 九部樂 | 《實錄》 |
| 10 | | （武德四年）六月 | （建德）凱旋…十月…賜金輅…前後部鼓吹及九部之樂。 | 九部樂 | 《舊唐書》卷2〈太宗紀〉 |
| 11 | | 武德四年七月戊辰 | 宴群臣，舉酒屬百官。 | 九部樂 | 《實錄》 |
| 12 | | 武德七年二月 | 宴突厥使。 | 九部樂 | 《實錄》 |
| 13 | | 武德七年六月癸卯 | 宴群臣，奏九部樂。 | 九部樂 | 《實錄》 |
| 14 | | 武德七年六月戊戌 | 丘和謁見，高祖奏九部樂，饗之。 | 九部樂 | 《實錄》 |
| | | | （丘）和遣司馬高士廉，奉表，請入朝，詔許之。高祖遣其子師利迎之，及謁見，高祖爲之興引入臥內，語及平生甚歡，奏九部樂，以饗之。 | | 《舊唐書》卷59〈丘和傳〉 |
| 15 | | 武德八年四月己丑 | 林邑獻方物，設九部樂饗之。 | 九部樂 | 《實錄》 |
| | | | （林邑）武德八年又遣使獻方物。高組設九部樂，以宴之。 | | 《舊唐書》卷197《南蠻傳》。《新唐書》卷222下〈南蠻傳〉。 |
| 16 | 初唐—太宗 | 貞觀二年五月丙辰 | 以麥稔，宴群臣。 | 九部樂 | 《實錄》 |
| 17 | | 貞觀二年九月壬子 | 慶有年賜酺三日，奏九部樂 | 九部樂 | 《實錄》 |
| 18 | | 貞觀十六年十一月乙亥 | 還宮，宴百寮奏十部伎。 | 十部樂 | 《實錄》 |

| | | | | |
|---|---|---|---|---|
| | 至貞觀十六年十一月宴百寮，奏十部。 | | | 《通典》卷146 坐立部伎 |
| 19 | 貞觀十七年閏六月庚申 | 於想思殿大饗百僚。盛陳寶器，奏慶善、破陣樂、立十部之樂。薛延陀，突利設再拜上壽。 | 十部樂 | 《實錄》 |
| | | …帝曰善，許以新興公主下嫁。召突利失，大饗群臣，侍陳寶器，奏慶善、破陣樂及十部伎。 | | 《新唐書》卷217下〈回鶻傳〉 |
| 20 | （貞觀十九年）初三藏自西域（回）。 | 詔太常卿江夏、王道宗，設九部樂，迎像入寺。 | | 《酉陽雜俎》續集卷六 |
| 21 | 貞觀二十一年正月己未 | 鐵勒、回紇、俟利發等諸姓朝見，御天成殿，陳十部樂，而遣之。 | 十部樂 | 《實錄》 |
| | | 帝坐祕殿，陳十部樂。 | 十部樂 | 《新唐書》卷217上〈回鶻傳〉 |
| 22 | 貞觀二十二年 | 高宗在春宮，爲文德皇后立爲寺…寺成，高宗親宰，佛像幡華竝從宮中所云。太常九部樂，送額至寺。 | 九部樂 | 長安志卷8 進昌坊條 |
| 23 | 初唐|高宗 | 顯慶六年九月壬子 | …是日，勒中書門下五品已上諸司表官，尚書省侍郎竝諸親（王）三等已上竝諸沛王宅設宴，奏九部樂。 | 九部樂 | 《舊唐書》卷4〈高宗本紀〉 |
| 24 | | 龍朔元年 | 沛王宅宴，奏九部樂。 | 九部樂 | 《實錄》 |
| 25 | | 乾封元年 | 封泰山，畢宴群臣，陳九部樂。 | 九部樂 | 《實錄》 |
| 26 | | 乾封元年四月甲辰 | 景雲閣宴，陳九部樂。 | 九部樂 | 《實錄》 |
| 27 | | 永隆二年正月十日 | 王功巳下太子初立，獻食。敕于宣政殿，會百官及命婦。太常博士袁利貞上疏曰「伏以恩旨，于宣政殿上兼設命婦坐位，奏九部伎及散樂，竝從宣政門入。散樂一色，伏望停省。若于三殿別所，自可備極恩私。」上從之，改向麟德殿。 | 九部樂 | 《唐會要》卷30〈大明宮〉 |
| | | | 袁利貞……高宗時爲太常博士。永立二年，立爲皇太子，百官上禮。高宗特命百官及命婦于宣政殿，竝設九部伎及散樂。利貞上疏諫曰「臣 | | 《舊唐書》卷190〈文苑上〉 |

| | | 以前殿正寢，非命婦宴會之地，象闕路門，非倡優進御之所。望詔命婦會於別殿，九部伎從東西門入，散樂一色，伏望停省。若于三殿別所，自可唄。極恩和微，臣庸蔽不閑典則忝預禮司輕陳狂瞽」帝納其言。即令移麟德殿，至會日，酒酣…。 | | |
|---|---|---|---|---|
| 28 | | 長安二年 | 内初等身全銅像一鋪並九部樂 | 九部樂 | 《酉陽雜俎》續集卷六 |
| 29 | 盛唐玄宗 | 天寶十四載春三月丙寅 | 宴群臣於勤政樓。 | 九部樂 | 《舊唐書》卷9〈玄宗本記〉 |
| 30 | 中唐德宗 | 貞元四年正月甲寅 | …宴群臣於麟德殿，設九部樂。内出舞馬……。 | 九部樂 | 《舊唐書》卷13〈德宗紀下〉 |
| 31 | | 貞元十四年二月戊午 | 上御麟德殿，宴文武百寮，初奏破陣樂，偏奏九部樂及宮中歌舞妓十數人列於庭。先是上制中和樂舞曲。是日奏之… | 九部樂 | 《舊唐書》卷13〈德宗紀下〉 |
| | | 貞元十四年二月 | 德宗自制中和舞，又奏九部樂及禁中歌舞伎十數人布列於庭。上御麟德殿，會百寮觀新樂。 | 九部樂 | 《唐會要》卷33諸樂 |
| 32 | 晚唐宣宗 | 大中十一年 | （封敖）還為太常卿，卿始視事，廷設九部樂。 | 九部樂 | 《新唐書》卷170〈封敖傳〉 |
| | | （大中）十二年十月 | 太常卿封敖，左授國子祭酒，舊式。太常卿上事，庭設九部樂。時敖拜命後，欲便于觀閱，移就私第視事，為御史所舉。遂有叱責。 | | 《東觀奏記》卷下 |
| 33 | 晚唐 | 昭宗時 | 帝（昭宗）遂問遊幸費。（楊復恭）對曰，聞，懿宗以來，每行無慮用錢十萬金、金帛五車、十部樂工五百……。 | 十部樂 | 《新唐書》卷208〈宦者下〉 |

參考資料：（日本）岸邊成雄著，《唐代音樂史的研究》下冊，頁489～492。

《實錄》即《玉海》卷105引之《唐實錄》，頁1979～1980。

（宋）王應麟，《玉海》（台北市：華聯出版社，1964，本書依據元後至元三年慶元路儒學刊本，國立中央圖書館藏書影印。）

　　由上表看，「多部伎」於外邦饗宴演出次數集中在高祖武德年間，且幾乎是在突厥來朝時，這應為唐建立之初，多引突厥為援，「高祖及位，前後賞賜，

不可勝記」〔註135〕。甚至於「始畢自恃其功，益驕踞，每遣使者至長安，頗多驕恣，高祖以中原未定，每優容之」〔註136〕。故於武德年間突厥多次來使，並使九部伎之盛容演出，以撫容之。其他「涼州使人」、「林邑獻物」、「鐵勒、回紇、俟利發等諸姓朝見」等外邦來朝，皆陳部伎饗宴之。

　　岸邊成雄先生《唐代音樂史的研究》整理九部伎、十部伎的演出紀錄共有三十一次（最後兩次的記載並無演出之實），除外邦使節來朝時演出，在宴群臣百寮、「麥稔」「慶有年」、「太子初立」等慶祝活動宴饗時的演出紀錄亦多達十多次。由此看來，在初唐時期，重要宮廷宴會活動中，皆少不了以外來樂舞佔大宗的多部樂的演出，朝庭上下共賞極具胡風特色之宮廷燕樂。無形中也提高外來樂舞在宮廷中的風行程度及重要性。

　　上列多部樂的演出紀錄集中在初唐高祖、太宗之時，武德年間多達十五次，貞觀年間七次，共二十二次，已佔演出次數三分之二多。每次演出都需從頭至尾演奏一遍，無形中，八部外來樂舞亦隨每次多部伎的演出，不斷在群臣百寮的眼前重現四方胡夷樂舞的特色風采，對於外來樂舞在宮廷中的演出情形與接受度，當有相當提倡的效果。

　　自唐朝中葉，武后、中宗之後，「多部伎」演出熱潮開始漸漸衰退，究其原因，「多部伎」設置目的是用於宮廷宴饗，具禮儀性質的樂舞，需有一定規模、排場，各部樂舞應是經過太常寺整體考量後的精心編制，如此一來，則各外來樂部已不能真實反映當地的樂舞特色。初期上演時，因其盛大樂容及新鮮感之故，極盛一時，但時間一久，受限於禮儀、體制的固定及僵化，雖然樂部內在仍有小幅度的演化，〔註137〕但仍無法順應當代流行之樂風，一再上演大同小異的舞碼，自然失去演出熱度，亦失上演機會。雖曾於安祿山之亂前，天寶十四載三月，以及亂後，貞元十四年，再次上演九部樂，但隨著時代音樂潮流的走向，唐玄宗時期，「坐立部伎」、「教坊」、「梨園」三大音樂中心相繼發展成熟，建立設置後，「多部伎」已盡失光芒，難逃崩解之命。

　　不過，「多部伎」在整個樂舞歷史中有著「承先啓後」的歷史意義。「承先」是對北朝外來樂舞的演進而言，唐代時，將各民族樂舞作一個總整理的工作，

---

〔註135〕《舊唐書》，卷194〈突厥上〉，頁5153。
〔註136〕《舊唐書》，卷194〈突厥上〉，頁5154。
〔註137〕沈冬，《隋唐西域樂部與樂律之研究》（臺北：國立臺灣大學中國文學研究所博士論文，1991），頁152：「諸如天竺伎中加入羯鼓與篳篥，因和西域系的新疆諸伎更加接近，又如龜茲伎加入齊鼓、檐鼓、彈箏，因和西涼伎日漸合流。……樂曲之演化，僅以『泛龍舟』一例為證。」

是外來樂舞演進的一大里程碑。「啓後」，則是對唐代後世之「胡部新聲」陸續傳入、「法曲」參染胡樂現象，以及胡樂胡舞的盛行，開啓興盛的序幕。

## 第二節　唐代宮廷燕樂「坐立部伎」中的外來樂舞

　　唐初宮廷燕樂「多部樂」至唐中葉以後逐漸消散後，取而代之的是「坐立部伎」（以下簡稱「二部伎」）。「多部樂」中個別獨立存在的各部外來樂舞，歷經百年演變，雖然「樂部」體制已因演出僵化消散，但其樂舞內容的特色已內化於燕樂部伎樂曲中，並自民間吸取樂舞養分，胡俗樂進一步的融合，進入宮廷。外來樂舞以「二部伎」的外型，在各獨立的樂舞曲中，繼續流行於宮廷，使得唐代樂舞在盛唐時期掀起另一波高潮。

### 一、二部伎之成立

　　關於二部伎最初設立的時間，史書上並無明文記載。《舊唐書・音樂志二》：

> 高祖登極之後，享宴因隋舊制，用九部之樂，其後分爲立坐二部。
> 〔註138〕

文中僅有「其後」二字，無法確定是在唐高祖李淵之時，或是後世哪位帝王在位時確立「二部伎」制度。不過，1973年，考古工作者在陝西三原縣，發掘唐李壽墓葬時，發現石椁內壁有三幅石刻線劃樂舞圖，如圖3-2-1、圖3-2-2、圖3-2-3，以及一幅樂舞壁畫，如圖3-2-4，即呈現跪坐、站立兩種演奏姿態，這應屬於高官顯貴在私宅宴樂時，樂隊自然採用的一種演奏姿態。〔註139〕李壽爲唐高祖李淵堂兄，死於貞觀四年（630年），所以從墓室壁畫可知，唐初樂舞演奏已有坐、立部的區分，〔註140〕換句話說，早在高祖時就已有坐、立部伎的演出形式出現。而樂舞制度的建立是有一個自然發展、形成的過程，根據《舊唐書・音樂志一》記載高宗儀鳳二年（677年）十一月，太常少卿韋萬石之奏章：

> 立部伎內「破陣樂」五十二遍…立部伎內「慶善樂」七遍…「上元舞」二十九遍。〔註141〕

〔註138〕《舊唐書》，卷29〈音樂志二〉，頁1059。
〔註139〕耿占軍、楊文秀，《漢唐長安的樂舞與百戲》，頁105。
〔註140〕沈冬，《唐代樂舞新論》，頁59。
〔註141〕《舊唐書》，卷28〈音樂志一〉，頁1049，（宋）王溥，《唐會要》（北京：中華書局，1955），卷32〈雅樂上〉，頁593。記載略同。

顯示立部伎應當在唐高宗時至少已初具規模，因爲已有確切的使用名稱，雖文中無提及坐部伎，但是兩者應是同時發展的樂舞型式，故「坐立部伎」在高宗時期應當已初具規模和體系，在武后、唐中宗時期，還曾「大增造坐立諸舞」。〔註142〕至唐玄宗朝，趨於完備。〔註143〕

**圖 3-2-1　陝西三原李壽墓石椁内東壁南部——線刻立部伎圖**　　**圖 3-2-2　陝西三原李壽墓石椁内北壁——線刻坐部伎圖**

資料來源：陝西省博物館編，《隋唐文化》（香港：中華書局（香港）有限公司，上海：學林出版社，1990），頁243，圖17。

資料來源：陝西省博物館編，《隋唐文化》，頁243，圖18。

〔註142〕《舊唐書》，卷29〈音樂志二〉，頁1061：「安樂等八舞，聲樂皆立奏之，樂府謂之立部伎，其餘總謂之坐部伎。則天、中宗之代，大增造坐立諸舞，尋以廢寢。」

〔註143〕《新唐書》，卷22〈禮樂志十二〉，頁475：「（唐玄宗）帝即位，作龍池樂，舞者十有二人，……又作聖壽樂，……又作小破陣樂，舞者被甲冑。又作光聖樂，……。又分樂爲二部：堂下立奏，謂之立部伎；堂上坐奏，謂之坐部伎。太常閱坐部，不可教者隸立部，又不可教者，乃習雅樂。」

圖 3-2-3　陝西三原李壽墓石椁　　　圖 3-2-4　唐李壽墓樂舞壁畫
內東壁線刻舞伎圖

資料來源：耿占軍、楊文秀著，《漢唐　　資料來源：李國珍編撰，《大唐壁畫》，
長安的樂舞與百戲》，頁 102。　　　　圖 7，頁 9。

## 二、二部伎之演出形式

　　所謂「坐部伎」、「立部伎」，是在原本「多部伎」的基礎上，根據演出時的型態需求，仿照雅樂堂上登歌與堂下樂懸形式加以劃分成坐奏與立奏，《新唐書·禮樂志十二》：

　　　（唐玄宗）帝即位…又分樂為二部：堂下立奏，謂之立部伎；堂上
　　　坐奏，謂之坐部伎，太常閱坐部，不可教者隸立部，又不可教者，
　　　乃習雅樂。〔註144〕

需在堂上坐著演奏者稱為「坐部伎」，需在堂下站立演奏者稱「立部伎」。除了因演奏需求，須分為坐、立兩部伎，兩部伎的演出水準是有優劣之分，坐

〔註144〕《新唐書》，卷22〈禮樂志十二〉，475。

部伎的伎藝高於立部伎，立部伎之伎藝水準又高於雅樂，〔註145〕除顯示宮廷對燕樂舞伎素質的重視與要求，另外，從二部伎演出人數的差異，見表3-2-1，坐部伎樂曲人數編制為三至二十人，立部伎則高達六十四至一百八十人之多。平均演出為百人的「立部伎」，應是延續「多部樂」在宮廷燕享時需有盛大排場演出的需求，而「坐部伎」則反映出當時對樂舞藝術的欣賞與發展朝向精緻化、專業化，顯示樂舞水準的提升。「二部伎」的演出與「多部伎」每次都須完整演出的方式不同，是前一日由皇帝選擇其中一或數曲，隔日才上演〔註146〕。

**表3-2-1：坐立部伎各樂曲舞者人數編制表**

| 立部伎 | | 坐部伎 | |
| --- | --- | --- | --- |
| 樂曲名 | 舞者人數 | 樂曲名 | 舞者人數 |
| 安舞 | 80 | 讌樂 | 20（分四部） |
| 太平樂 | 140（歌唱者） | 長壽樂 | 12 |
| 破陣樂 | 120 | 天授樂 | 4 |
| 慶善樂 | 140 | 鳥歌萬歲樂 | 3 |
| 大定樂 | 140 | 龍池樂 | 12 |
| 上元樂 | 180 | 小破陣樂 | 4 |
| 聖壽樂 | 140 | | |
| 光聖樂 | 80 | | |
| 《舊唐書·音樂志二》：「安樂等八舞，聲樂皆立奏之，樂府謂之立部伎，其餘總謂之坐部伎。」〔註147〕 | | | |

參考來源：（後晉）劉昫撰，《舊唐書·音樂志二》卷29，頁1059～1062。

---

〔註145〕《白居易集》（台北：漢京文化事業有限公司，1984），卷三〈諷諭三·新樂府〉，頁57，詩題〈立部伎〉注：「太常選坐部伎，無性識者退入立部伎。又選立部伎，絕無性識者退入雅樂部，則雅樂可知矣。」詩句：「立部伎，鼓笛喧。舞雙劍，跳七丸。裊巨索，掉長竿。太常部伎有等級，堂上者坐堂下立。堂上坐部笙歌清，堂下立部鼓笛鳴。笙歌一聲眾側耳，鼓笛萬曲無人聽。立部賤，坐部貴，坐部退為立部伎，擊鼓吹笙和雜戲。立部又退何所任，始就樂懸操雅音。雅音替壞一至此，長令爾輩調宮徵。」

〔註146〕《舊唐書》，卷29〈音樂志二〉，頁1081：「若常享會，先一日坐、立部樂名封上，請所奏禦注而下。及會，先奏坐部伎，次奏立部伎。」

〔註147〕《舊唐書》，卷29〈音樂志二〉，頁1061。

### 三、二部伎之樂舞內容

#### （一）立部伎中的外來樂舞

　　據《舊唐書・音樂志二》、《新唐書・禮樂志十二》記載，立部伎樂舞共有八部，即「安樂」、「太平樂」、「破陣樂」、「慶善樂」、「大定樂」、「上元樂」、「聖壽樂」、「光聖樂」。〔註148〕以下將八部樂中關於外來樂舞的部份詳細論述。

#### 1.「安樂」

　　「安樂」是北周武帝平定北齊後，為紀念其戰功所作。《舊唐書・音樂志二》：

> 安樂者，後周武帝平齊所作也。行列方正，象城郭，周世謂之城舞。舞者八十人，刻木為面，狗喙獸耳，以金飾之，垂線為髮，畫狹皮帽，舞蹈姿制，猶作羌胡狀。〔註149〕

北周為北方遊牧民族鮮卑族所建政權，從此部樂舞的服飾、面具及舞姿看來，具有濃厚的遊牧民族的風貌特色。唐代保留此樂舞節目，劃入立部伎中，將北周「城舞」改名為「安樂」，其意義將如同歌頌唐太宗的「破陣樂」，作為紀念武功的樂舞。舞蹈的姿態編制，明確說明是「羌胡狀」，故此曲當有明顯的外來樂舞成分。

#### 2.「太平樂」

　　「太平樂」，又名「五方獅子舞」，是一種模擬獅子姿態的樂舞。《舊唐書・音樂志》：

> 太平樂，亦謂之五方師子舞。師子鷙獸，出於西南夷天竺、師子等國。綴毛為之，人居其中，像其俛仰馴狎之容。二人持繩秉拂，為

---

〔註148〕《舊唐書》，卷29〈音樂志二〉，頁1060：「立部伎有安樂、太平樂、破陣樂、慶善樂、大定樂、上元樂、聖壽樂、光聖樂凡八部。……自破陣舞以下，皆雷大鼓，雜以龜茲之樂，聲震百里，動盪山谷。大定樂加金鉦，惟慶善舞獨用西涼樂，最為閒雅」。《新唐書》，22〈禮樂志十二〉，475。記載略同：「立部伎八：一「安樂」，二「太平樂」，三「破陣樂」，四「慶善樂」，五「大定樂」，六「上元樂」，七「聖壽樂」，八「光聖樂」。「安樂」、「太平樂」，周、隋遺音也。「破陣樂」以下皆用大鼓，雜以龜茲樂，其聲震厲。「大定樂」又加金鉦。「慶善舞」顓用西涼樂，聲頗閒雅。每享郊廟，則「破陣」、「上元」、「慶善」三舞皆用之。」

〔註149〕《舊唐書》，卷29〈音樂志二〉，頁1059。

習弄之狀。五師子各立其方色，百四十人歌太平樂，舞以足，持繩
者服飾作崑崙象。〔註150〕

「獅子」俗稱百獸之王，是一種猛獸，本非中原地所產，文中即明確記載出
自「西南夷天竺、師子等國」。依文中所載，此部以獅子原型爲舞的「太平樂」，
應源出於西南夷，樂舞中耍弄獅子的持繩者的服飾是「崑崙象」，「自林邑以
南，皆卷髮黑身，通號爲『崑崙』」，〔註151〕顯示「太平樂」是具有西南夷音
樂特色的樂舞。不過，據《通典》〈樂六·坐立部伎〉條記載，「太平樂」雜
有龜茲音樂的成分〔註152〕，《新唐書·禮樂志》記載：「安舞、太平樂，周、
隋遺音也。」〔註153〕，《樂府雜錄·龜茲部》更直接將「太平樂」歸入龜茲部：

戲有五方獅子，高丈餘，各衣五色，每一獅子有二十人，戴紅抹，
額衣畫，依執紅拂子，謂之獅子郎。舞太平樂曲、破陣樂曲，亦屬
此部。〔註154〕

在唐代的西域諸國也曾進貢獅子。〔註155〕對於「太平樂」、「獅子舞」究屬爲
何方樂舞問題，本文參閱史籍作如下解釋，在《漢書·禮樂志》提到「象人」，
魏人孟康曾解釋：「若今戲魚蝦獅子者也。」〔註156〕耍獅子最早應屬於百戲之
列，唐代時，由西南天竺、獅子國傳入戲耍獅子的表演，經過樂工藝術家加
以精心改編，加入當時流行之龜茲樂，將「獅子舞」搭配歌唱龜茲樂風的「太
平樂」共同演出。如此，或可解釋《舊唐書》、《新唐書》、《通典》、《樂府雜
錄·龜茲部》記載出入的原因。

---

〔註150〕《舊唐書》，卷29〈音樂志二〉，頁1059。

〔註151〕《舊唐書》，卷197〈南蠻列傳〉，頁5270。

〔註152〕《通典》，卷146〈樂六〉坐立部伎條：「自安樂以後，皆雷大鼓，雜以龜茲
　　　　樂，聲振百里，並立奏之。」

〔註153〕《新唐書》，卷22〈禮樂志十二〉，頁475。

〔註154〕（唐）段安節，《樂府雜錄》（北京：中華書局出版（叢書集成初編），1985）
　　　　〈龜茲部〉，頁14。

〔註155〕（北宋）王欽若等編，《冊府元龜》（北京：中華書局，1994），卷971〈外臣
　　　　部·朝貢三〉，頁11402-1，「（高宗永徽）二年正月庚申朔吐火羅國獻師子」。
　　　　同書，卷971〈外臣部·朝貢四〉，頁11406-1，「（開元七年）四月……吐火
　　　　羅大首領羅摩娑羅獻師子及五色鸚鵡」。
　　　　同書，卷971〈外臣部·朝貢四〉，頁11407，「（開元十年）十月乙巳…波斯
　　　　國遣使獻獅子」。頁11402-1。

〔註156〕（漢）班固，（唐）顏師古注，《漢書》（上海：上海古籍出版社，1986），卷
　　　　22〈禮樂志第二〉，頁1073。

而獅子本是百獸之王，樂舞中以假獅子擬其威風，樂舞表演者達一百多人，可見其演出聲勢浩大，雄偉壯觀，是爲大型的樂舞節目，可見藉此顯示盛唐的大國雄風之意味。

### 3.「破陣樂」

「破陣樂」一曲，被譽爲唐代「第一樂曲」，比擬之於「國歌」「國樂」。〔註157〕在此立部伎中的「破陣樂」是源於唐初太宗朝創制的「秦王破陣樂」，是爲紀念太宗李世民昔日戰功而創作的。在唐代經過長時間的流傳、演變，至唐玄宗時期，編入坐部伎、立部伎中。而在流傳變衍的各階段，「破陣樂」出現不同的名稱，包括「破陣樂」、「秦王破陣樂」、「神功破陣樂」、「皇帝破陣樂」、「七德舞」、「破陣樂舞」、「小破陣樂」……等，爲行文方便，本文以「破陣樂」爲稱。「破陣樂」最初是一首軍中兵卒順口而歌的軍歌，歌詠太宗李世民爲秦王時平劉武周的勝利事蹟，據《隋唐嘉話》載：

> 太宗之平劉武周，河東士庶歌舞於道，軍人相與爲秦王破陣樂之曲，
>
> 後編樂府云。〔註158〕

「河東」指山西。〔註159〕由「河東士庶」所傳唱的「秦王破陣樂」樂舞風格，必有當地音樂風格，即是「龜茲樂」。「龜茲樂」是在北朝北魏時期，遷都平成（今山西大同）時（439 年），隨政權地域上的移動，在此與當地中原漢族音樂逐漸融合，至太宗平劉武周時（武德二年，619 年），「龜茲樂」已在山西一帶紮根一百多年。所以「七德舞」即「破陣樂」，在創作之初系採用民間流行的軍民謠歌，已含有「龜茲樂」的樂舞風格。

貞觀元年（629 年）正月三日，太宗在飲宴群臣時，特地演奏這首早已流行於民間的「秦王破陣樂」〔註160〕，也是「破陣樂」第一次的演出。之後，

---

〔註157〕 任半塘，《教坊記箋訂》（上海：中華書局，1962），〈曲名〉，頁 68 載「破陣」
條曰：「始稱『秦王破陣樂』，乃唐代第一樂曲，猶近世國家之有國歌。」

〔註158〕 （唐）劉餗，《隋唐嘉話》中（《唐五代筆記小說大觀》，上海：上海古籍出版
社，2000），頁 100。

〔註159〕 （清）顧炎武著，黃汝成集釋，欒保羣、呂宗力點校，《日知錄集釋》（上海：
上海古籍出版社，2006），卷 31〈河東山西〉，頁 1722：「河東、山西，一地
也。唐之京師在關中，而其東則河，顧謂之河東。」

〔註160〕 《舊唐書》，卷 28〈音樂志一〉，頁 1045：「貞觀元年，宴群臣，始奏『秦王
破陣』之曲。」《唐會要》，卷 33〈破陣樂〉記載略同。「貞觀元年正月三日·
宴羣臣·奏秦王破陳樂之曲·太宗謂侍臣曰·朕昔在藩邸·屢有征伐·世間
遂有此歌·豈意今日登於雅樂·然其發揚蹈厲·雖異文容·功業由之·致有
今日·所以被於樂章·示不忘本也·」

因在宮廷演出，必須較爲典雅，所以，就令魏徵、虞世南、褚亮、李百藥等改編歌辭，更將曲名改爲「七德舞」〔註161〕。至貞觀七年（633年），由太宗主導「破陣樂」進一步擴大編制爲歌、樂、舞的燕樂大曲〔註162〕，樂舞場面十分壯觀〔註163〕。演出後，「觀者見其抑揚蹈厲，莫不扼腕踴躍，凜然震竦」，甚至外族賓客也相率起舞〔註164〕，充分顯示太宗執政初年的興盛氣象。

貞觀十四年（640年）〔註165〕唐著名音樂家張文收因當年有「景雲見，河水清」祥瑞出現，創作「景雲河清歌」，其中第三部爲「破陣樂」。其舞容雖與燕樂大曲「破陣樂」大不相同〔註166〕，所用樂器亦有差異，邱瓊孫先生以爲「所用之樂器爲玉磬、大方響、箏、（臥）箜篌等，皆龜茲所無」〔註167〕，但沈冬先生認爲其曲調或旋律應與燕樂大曲「破陣樂」有所關聯，應不可能爲張文收個人獨創新取，且私自以「破陣樂」名之。〔註168〕

高宗時，將曲子改名爲「神功破陣樂」〔註169〕，將此舞提升至雅樂地位，

〔註161〕《舊唐書》，卷28〈音樂志一〉，頁1045：「其後令魏徵、虞世南、褚亮、李百藥改制歌辭，更名曰『七德』之舞，增舞者至百二十人，，披甲執戟，以象戰陣之法焉。」

〔註162〕「燕樂」，指宮廷宴饗時所演奏樂曲。詳見第四章第一節。《舊唐書》，卷3〈太宗本紀〉，頁42：「七年春正月戊子，……是日，上制『破陣樂舞圖』」。

〔註163〕《新唐書》，卷21〈禮樂志十一〉，頁467：「…乃制舞圖，左圓右方，先偏後伍，交錯屈身，以象魚麗鵝鸛（用兵陣法名）。命呂才以圖教樂工百二十八人，被銀甲執戟而舞，凡三變，每變爲四陣，象擊刺往來，歌者和曰：『秦王破陣樂』」。

〔註164〕《舊唐書》，卷28〈音樂志一〉，頁1046：「癸巳，奏『七德』、『九功』之舞，觀者見其抑揚蹈厲，莫不扼腕踴躍，凜然震竦。武臣列將鹹上壽云：『此舞皆是陛下百戰百勝之形容。』群臣鹹稱萬歲。蠻夷十餘種自請率舞，詔許之，久乃罷。」

〔註165〕《新唐書》，卷21〈禮樂志十一〉，頁471：「高宗即位，景雲見，河水清，張文收采古誼爲『景雲河清歌』，亦名『燕樂』。……分四部：一景雲舞，二慶善舞，三破陣舞，四承天舞。……」《通典》卷146：「貞觀中，景雲見，河水清，協律郎張文收采古『朱雁』、『天馬』之義，制『景雲河清歌』，名曰『燕樂』，奏之管絃，爲諸樂之首：今元會第一奏者是。」據沈冬《唐代樂舞新論》〈破陣樂考〉，頁57，考證《舊唐書》，卷85〈張文收傳〉，則明白記載爲「十四年」，《新唐書·禮樂志十一》曰「高宗即位」是誤記。

〔註166〕《新唐書》，卷21〈禮樂志十一〉，頁471：「破陣樂，舞四人，綾袍，絳袴。」

〔註167〕丘瓊蓀，《燕樂探微》（上海：古籍出版社，1989），頁69。

〔註168〕沈冬，《唐代樂舞新論》，頁58。

〔註169〕《舊唐書》，卷28〈音樂志一〉，頁1046：「永徽二年十一月，高宗親祀南郊……上因曰：『破陣樂舞者，情不忍觀，所司更不宜設。』言畢，慘愴久之。顯慶元年，改『破陣樂舞』爲『神功破陣樂』。」

舞蹈人數由一百二十八人減爲「依八佾」編制六十四人，樂器增加蕭、笛以及歌鼓等。〔註170〕此次改變，卻將「破陣樂」另編爲一種缺乏生氣的固定儀式演出。

至玄宗時期，編入立部伎八曲之一「破陣樂」、坐部伎六曲之一「小破陣樂」，恢復太宗時的風貌，演出人數應爲一百二十人，舞容盛大。在兩部伎中是很有影響力的一部樂舞，亦是胡漢音樂融合最具代表性的樂舞之一。《舊唐書‧音樂志二》：

> 立部伎有安樂……自破陣樂以下，皆雷大鼓，雜以龜茲之樂，聲震
> 百里，動蕩山谷。〔註171〕

可明顯看出音樂上的特色是擂大鼓，雜以龜茲樂，「聲震百里、動盪山谷」。「破陣樂」採用中原傳統武舞形式編創〔註172〕，但是其伴奏樂曲部分則吸收明快、健朗的龜茲音樂成分，樂舞表演氣勢豪壯，主要用以歌頌唐太宗李世民統一國家的武功。而在晚唐成書的《樂府雜錄‧龜茲部》記載「破陣樂」的樂舞場面〔註173〕，並將「破陣樂」歸入「龜茲部」，可能就是此曲的伴奏音樂具有

〔註170〕《舊唐書》，卷28〈音樂志一〉，頁1047：「麟德二年十月，……其郊廟享宴等所奏宮懸，文舞宜用『功成慶善』之樂，……其武舞宜用『神功破陣』之樂，皆披甲執戟，其執纛之人，亦著金甲。人數並依八佾，仍量加蕭、笛、歌鼓等，並於懸南列坐……。」《舊唐書》，卷28〈音樂志一〉，頁1049：「立部伎內『破陣樂』五十二遍，修入雅樂，祇有兩遍，名曰『七德』。」對於高宗將「破陣舞」改編成雅樂緣由及後續狀況，不在本文探討範圍內，僅提及到此。

〔註171〕《舊唐書》，卷29〈音樂志二〉，頁1060。《新唐書》，卷22〈禮樂志十一〉頁475：：「立部伎八：一「安舞」，二「太平樂」，三「破陣樂」，四「慶善樂」，五「大定樂」，六「上元樂」，七「聖壽樂」，八「光聖樂」。「安舞」、「太平樂」，周、隋遺音也。「破陣樂」以下皆用大鼓，雜以龜茲樂，其聲震厲。「大定樂」又加金鉦。「慶善舞」顓用西涼樂，聲頗閑雅。每享郊廟，則「破陣」、「上元」、「慶善」三舞皆用之。」記載略同

〔註172〕「破陣樂」的舞蹈主要來源於戰爭中十二種不同的陣勢。（唐）杜佑，《通典》，卷146〈樂六〉，頁3718～3719：「破陣樂，大唐所造也。太宗爲秦王時，征伐四方，人間歌謠有秦王破陣樂之曲。及即位，貞觀七年制破陣樂圖：左回右方，先偏後伍，魚麗鵝鸛，箕張翼舒，錯錯屈伸，首尾回互，以象戰陣之形。令起居郎呂才依圖教樂工百二十人，被甲執戟而習之。凡爲三變，每變爲四陣，有來往疾徐擊刺之象，以應歌節。數日而就。發揚蹈厲，聲韻慷慨。歌和雲『秦王破陣樂』」。《唐會要》、《新唐書》等，對「破陣樂」樂舞圖都有相同記載。

〔註173〕（唐）段安節，《樂府雜錄‧龜茲部》，頁14：「樂有篳篥、笛、拍板、四色鼓、揩（kai）羯鼓、雞樓鼓。戲有五方獅子。高丈餘，各衣五色，每一獅子有十二人，戴紅抹額衣畫衣，執紅拂子，謂之獅子郎。舞《太平樂曲》、《破

龜茲風味，對龜茲樂的吸收與創用成分極多。這是著重從音樂風格的角度所作的類屬劃分，這也說明在唐人眼中破陣樂中的龜茲樂因素是相當突出的。

「破陣樂」的表演形式經歷初唐太宗創制、高宗改編成雅樂、至玄宗時的再創新，其樂舞內容的衍變與豐富的歷程，亦使胡樂胡舞不斷地與其他樂舞形式（漢族樂舞、雅樂）融合與同化，胡樂胡舞也因而得到更廣泛、更深入的盛行契機。

### 4.「慶善樂」

貞觀六年（632 年），太宗率群臣來到他誕生之地「武功慶善宮」，在渭水濱大擺宴席，賞賜周圍的鄰裏鄉親。席間太宗感慶良深，特地賦詩十韶，由起居郎呂才配上樂譜，稱「功成慶善樂」曲。由童兒六十四人頭戴進德冠，身穿紫色的大袖衣裙和褲子，頭疏黑鬘，腳穿皮鞋，作「九功舞」〔註 174〕。其舞蹈安徐嫻雅，《舊唐書‧音樂志二》：

> 立部伎有安樂……惟慶善舞獨用西涼樂，最爲閒雅。

「西涼樂」從南北朝時期傳入後，「至魏、周之際，遂謂之國伎」〔註 175〕、「魏世共隋咸重之」〔註 176〕，其樂傳中國舊樂並融雜羌胡之聲，在隋代、唐初時爲「多部伎」之一，可見「西涼樂」的樂舞內容受到宮廷帝王的重視及喜愛，或許應該說其樂舞融有胡漢樂舞風格，嫻雅有度，適用於宮廷中的演出場合，並一直存在宮廷樂舞中。由此，筆者推測，起居郎呂才在宮廷燕饗中欣賞「多部樂」多次的演出，應對「西涼樂」樂舞印象深刻，編寫樂譜時，覺得其樂曲風格合於「功成慶善樂」所欲表現的風貌，而採用編寫，並且是「獨用」西涼樂。

---

　　陣樂曲》亦屬此部，秦王所制。舞人皆衣畫甲，執旗飾。外藩鎭春冬犒軍，
　　以舞此曲，兼馬軍引入場，尤甚壯觀也。」

〔註 174〕《舊唐書》，卷 28〈音樂志一〉，頁 1046：「六年，太宗行幸慶善宮，宴從臣
　　於渭水之濱，賦詩十韻。其宮即太宗降誕之所。車駕臨幸，每特感慶，賞賜
　　閭裏，有同漢之宛、沛焉。於是起居郎呂才以禦製詩等於樂府，被之管絃，
　　名爲功成慶善樂之曲，令童兒八佾，皆進德冠、紫袴褶，爲九功舞。」《舊唐
　　書》，卷 29〈音樂志二〉，頁 1060：「『慶善樂』太宗所造也。太宗生於武功之
　　慶善宮，既貴，宴宮中，賦詩，被以管絃。舞者六十四人，衣紫大袖裙襦，
　　漆髻皮履。舞蹈安徐，以象文德洽而天下安樂也。」

〔註 175〕《隋書》，卷 15〈音樂志〉下，頁 378。詳見本文第二章第二節。

〔註 176〕《舊唐書》，卷 29〈音樂志二〉，頁 1068：「西涼樂者，其樂具有鐘磬，蓋涼
　　人所傳中國舊樂，而雜以羌胡之聲也。魏世共隋咸重之。」詳見本文第二章
　　第二節。

另外，「慶善樂」與「破陣樂」表現的主題不同。「破陣樂」所表現的是戰陣英勇破敵的浩大聲勢，紀念以武功取得天下的主題。「慶善樂」則是爲表明要用文德治理天下，舞蹈安徐嫻雅。這兩部樂舞，一武一文，各有其重用，在冬至宴享和國家慶典等重大節日時，都可見其演出。〔註 177〕

### 5.「大定樂」

「大定樂」又稱「一戎大定樂」，是唐高宗於龍朔元年（661 年）三月所作。當時，高宗欲伐遼，爲鼓舞士氣、頌揚武功，在屯兵軍營教練樂舞，即是「一戎大定樂」。〔註 178〕此曲乃模仿「破陣樂」所作，舞者增爲一百四十人，身披五彩盔甲、持槊，「大定樂加金鉦」，更顯氣勢雄壯，象徵平定遼東，邊疆得以安定。〔註 179〕內容主題皆與「破陣樂」相似，樂曲風格亦有龜茲胡樂胡舞之風貌。另外，參與觀舞者有阿史那忠〔註 180〕、于闐王伏闍〔註 181〕等具有西北民族背景之唐朝軍人、外族王者，樂舞內容表現應有相當的胡樂胡舞風貌，易引發觀舞者同仇敵愾之情。

### 6.「上元樂」、「聖壽樂」、「光聖樂」

「上元樂」是唐高宗所作。舞者有一百八十人，身穿五彩畫雲衣，象徵「元氣」，所以稱「上元」。從樂舞名稱及舞者服飾來看，富有道教色彩，可能是高宗爲歌頌自己而創作的。〔註 182〕

---

〔註 177〕《舊唐書》，卷 28〈音樂志一〉，頁 1046：「…名爲功成慶善樂之曲……爲九功舞。冬至享醼，及國有大慶，與七德之舞皆奏於庭」。頁 1049：「立部伎內『慶善樂』七便，修入雅樂，祇有一辯，名曰『九功舞』。」

〔註 178〕《舊唐書》，卷 28〈音樂志一〉，頁 1047：「六年三月，上欲伐遼，於屯營教舞，召李益府、任雅相、許敬宗、許圉師、張延師、蘇定方、阿史那忠、于闐王伏闍（信）、上官儀等，赴洛城門觀樂。樂名『一戎大定樂』。賜觀樂者雜綵有差。」按「六年三月」，《唐會要》卷 33、《冊府元龜》卷 569 均作「龍朔元年」。《舊唐書》卷 4〈高宗紀〉、《通鑑》卷 200，顯慶六年二月，改元「龍朔」，則此處應作「龍朔元年」。

〔註 179〕《舊唐書》，卷 29〈音樂志二〉，頁 1060：「『大定樂』，出自『破陣樂』。舞者百四十人，被五彩文甲，持槊。歌和雲，『八紘同軌樂』，以象平遼東而邊隅大定也。……自『破陣舞』以下，皆雷大鼓……『大定樂』加金鉦。」

〔註 180〕《新唐書》，卷 110〈阿史那忠列傳〉，頁 4116。爲突厥蘇尼失（阿史那蘇、懷德元王）之子。隨父親入唐爲官，貞觀初年，被太宗提拔爲左屯衛將軍。父親死後，繼承薛國公的爵位。

〔註 181〕《舊唐書》，卷 4〈高宗本紀〉，頁 67：「…己酉，于闐王伏闍信來朝。…」

〔註 182〕《舊唐書》，卷 29〈音樂志二〉，頁 1060：「『上元樂』，高宗所造。舞者百八十人，畫雲衣，備五色，以象元氣，故曰『上元』。」

　　「聖壽樂」由高宗武后武則天所創作。由一百四十人來表演，頭戴金銅冠，身穿五色彩畫衣，用舞蹈變換一次隊形，及擺成一個字，共變換十六次，即十六字，顯然是用來歌頌皇帝功德的字舞舞蹈，較具儀式性。〔註183〕玄宗時，除「做字如畫」，增加「回身換衣」的舞節，使樂舞更具有觀賞性和娛樂性。

　　「光聖樂」是立部伎的最後一部，由唐玄宗所創作。舞者有八十人，頭戴鳥冠，穿五彩畫衣。樂舞結構及動作姿態皆參考「上元樂」和「聖壽樂」，主要是歌頌唐玄宗誅殺韋後，復興唐室之舉。〔註184〕

　　在以上八部樂舞當中，《舊唐書‧音樂志二》：

> 立部伎有安樂、太平樂、破陣樂、慶善樂、大定樂、上元樂、聖壽樂、光聖樂凡八部。……自破陣舞以下，皆雷大鼓，雜以龜茲之樂，聲震百里，動盪山谷。大定樂加金鉦，惟慶善舞獨用西涼樂，最為閒雅。〔註185〕

從「破陣樂」以下，除「慶善樂」表現嫻雅風貌外，「大定樂」、「上元樂」、「聖壽樂」、「光聖樂」，都擂大鼓，並明顯夾雜有龜茲樂的音調，聲音宏大、振動百里，激盪得山谷都迴響，能充分表現盛唐氣象。

　　唐玄宗時，曾訓練數百名宮女擊雷鼓習練「破陣樂」、「太平樂」、「上元樂」。每當在勤政樓舉行宴會時，就讓這數百名宮女自帷幕走出，在樓前演出，表演非常出色，「雖太常積習，皆不如其妙也」〔註186〕，連太常寺管理訓練的專業人員也不如玄宗調教的宮女表演精妙。另外，據《舊唐書‧音樂志二》記載：

---

〔註183〕《舊唐書》，卷29〈音樂志二〉，頁1060：「『聖壽樂』，高宗武后所作也。舞者百四十人，金銅冠，五色畫衣。舞之行列必成字，十六變而畢。有『聖超千古，道泰百王，皇帝萬年，寶祚彌昌』字。」

〔註184〕《舊唐書》，卷29〈音樂志二〉，頁1060：「『光聖樂』，玄宗所造也。舞者八十人，鳥冠，五綵畫衣，兼以『上元』、『聖壽』之容，以歌王跡所興。」

〔註185〕《舊唐書》，卷29〈音樂志二〉，頁1059～1060。《新唐書》，卷二十二〈禮樂志〉記載略同：「立部伎八：一『安舞』，二『太平樂』，三『破陣樂』，四『慶善樂』，五『大定樂』，六『上元樂』，七『聖壽樂』，八『光聖樂』。『安舞』、『太平樂』，周、隋遺音也。『破陣樂』以下皆用大鼓，雜以龜茲樂，其聲震厲。『大定樂』又加金鉦。『慶善舞』顓用西涼樂，聲頗閒雅。每享郊廟，則『破陣』、『上元』、『慶善』三舞皆用之。」頁475。

〔註186〕《舊唐書》，卷28〈音樂志一〉，頁1051：「玄宗在位多年，善音樂，若讌設酺會，即御勤政樓……又令宮女數百人自帷出擊雷鼓，為破陣樂、太平樂、上元樂，雖太常積習，皆不如其妙也。」

　　破陣、上元、慶善三舞，皆易其衣冠，合之鐘磬，以享郊廟。〔註187〕

在已雜有龜茲、西涼胡樂風的同時，「破陣樂」、「上元樂」、「慶善樂」仍能「合於鐘磬，以享郊廟」，其中「破陣樂」可能與高宗時一度改編成雅樂有所關聯，「慶善樂」採用之西涼樂本為嫻雅，「上元樂」富道教色彩，皆有適於郊廟禮儀之樂舞風貌。據此，亦反映胡漢樂舞在唐代不斷相互影響、融合的現象與過程。

## （二）坐部伎與外來樂舞

　　據《舊唐書‧音樂志二》中記載，坐部伎樂舞共有六部，即「燕樂」、「長壽樂」、「天授樂」、「鳥歌萬壽樂」、「龍池樂」、「小破陣樂」。〔註188〕

### 1.「燕樂」

　　坐部伎的「燕樂」源於唐初「十部樂」的第一部「燕樂」，由張文收仿漢武帝之例而創作，主要採用漢族傳統音樂。經過百年來的發展，成為四部小型樂舞，共有二十人表演舞蹈，如下表 3-2-2 所列。

表 3-2-2：坐部伎「燕樂」中的四部小型樂舞表：

| 樂舞名稱 | 演出人數 | 舞者穿著 | 樂工穿著 | 使用樂器 |
|---|---|---|---|---|
| 景雲樂 | 八人 | 身穿花錦袍、五色綾袴、雲冠、烏皮靴 | 緋綾袍、絲布袴。<br><br>另有歌者二人。 | 玉磬、大方響各一架，搊箏、臥箜篌、小箜篌、大琵琶、大五絃琵琶、小五絃琵琶、大笙、小笙、大篳篥、小篳篥、大簫、小簫、正銅鈸、和銅鈸、長笛、短笛、楷鼓、連鼓、鞀鼓、桴鼓等各一。 |
| 慶善樂 | 四人 | 紫綾袍、大袖、絲布袴、假髻 | | |
| 破陣樂 | 四人 | 緋綾袍、錦衿褾、緋綾褲 | | |
| 承天樂 | 四人 | 紫袍、進德冠、並銅帶 | | |

參考資料：（後晉）劉昫撰，《舊唐書》，卷 29〈音樂志二〉，頁 1061。

〔註187〕《舊唐書》，卷 29〈音樂志二〉，頁 1060。

〔註188〕《舊唐書》，卷 29〈音樂志二〉，頁 1061：「坐部伎有燕樂、長壽樂、天授樂、鳥歌萬壽樂、龍池樂、破陣樂凡六部。」按「破陣樂」據《通典》卷 146、《唐會要》卷 33、《冊府元龜》卷 569、《文獻通考》卷 145，皆作「小破陣樂」。加「小」字，以區別唐太宗時所制之「破陣樂」。《新唐書》，卷 22〈禮樂志十二〉，頁 475。記載略同：「坐部伎六：一「燕樂」，二「長壽樂」，三「天授樂」，四「鳥歌萬歲樂」，五「龍池樂」，六「小破陣樂」。「天授」、「鳥歌」，皆武后作也。天授，年名。鳥歌者，有鳥能人言萬歲，因以制樂。自「長壽樂」以下，用龜茲舞，唯「龍池樂」則否。」

　　此四部小型樂舞，人數上明顯較少，服裝色彩華麗明亮，應是針對適合小型演出所搭配設計。因爲人數少，在個人的表演技巧上要求更高。「燕樂」曲創作之初以漢族傳統音樂爲主，其中「慶善樂」、「破陣樂」在「立部伎」論述中，詳述其曲源之初即分別融有西涼樂、龜茲樂，隨長時間胡漢樂舞交相影響的樂舞潮流，此改編之舉，或可視爲以漢樂爲主，將胡樂胡舞加以編修後，成爲藝術性更高、更加細緻的樂舞。至唐朝末年，僅存「景雲樂」，其他三部樂舞已相繼失傳。

　　2.「長壽樂」、「天授樂」、「鳥歌萬歲樂」

　　「長壽樂」、「天授樂」、「鳥歌萬歲樂」這三部樂舞皆在武后則天時期所創作，如下表 3-2-3 之整理。

表 3-2-3：坐部伎之「長壽樂」、「天授樂」、「鳥歌萬歲樂」樂曲表：

| 樂舞名稱 | 創作時間 | 舞者人數 | 舞者穿著 | 創作背景 [註189] |
|---|---|---|---|---|
| 長壽樂 | 長壽年間（692～694 年） | 十二人 | 畫衣冠 | 祈保帝王長壽無疆 |
| 天授樂 | 天授年間（690～692） | 四人 | 畫衣五朵、鳳冠 | 表明則天革唐之命是天命所授。 |
| 鳥歌萬歲樂 | 武太后時，無載明確時間。 | 三人 | 緋大袖，畫鸚鴿，冠做鳥像。 | 宮中鳥會喊「萬歲」音，視爲吉兆。藉以歌頌皇帝功德。 |

參考資料：（後晉）劉昫撰，《舊唐書》，卷 29〈音樂志二〉，頁 1061～1062。

　　「鳥歌萬歲樂」的舞蹈動作及姿態，應類似或取材於前代、當時民間流傳的鳥舞（俗樂舞）之類的範疇。[註190]

　　3.「小破陣樂」

　　「小破陣樂」是唐玄宗根據立部伎中太宗所作的「破陣樂」改編而成的。

〔註189〕耿占軍、楊文秀，《漢唐長安的樂舞與百戲》，頁 114～115。
〔註190〕《舊唐書》，卷 29〈音樂志二〉，頁 1061：「鳥歌萬歲樂，武太后所造也。武太后時，宮中養鳥能人言，又常稱萬歲，爲樂以象之。舞三人，緋大袖，並畫鸚鴿，冠作鳥像。今領南有鳥，似鸚鴿而稍大，乍視之，不相分辨，籠養久，則能言，無不通，南人謂之吉了，亦雲料。開元初，廣州獻之，言音雄重如丈夫，委曲識人情，慧於鸚鵡遠矣，疑即此鳥也。《漢書》〈武帝本紀〉書南越獻馴象、能言鳥。」

舞者四人，身穿金色甲冑〔註191〕。由於表演人數少，雖內容主題和最初太宗創制的「破陣樂」應都是表現戰鬥情況，但此部演出應更著重在藝術的表現上，而無往日演出時的宏偉氣勢。《舊唐書·音樂志二》：

> 自長壽樂以下皆用龜茲樂，舞人皆著靴，惟龍池備用雅樂，而無鐘磬，舞人躡履。〔註192〕

在坐部伎的六部樂舞中，「龍池樂」採用的是中原漢民族傳統的雅樂，舞者腳穿「履」，顯現安徐嫻雅的飄逸感。〔註193〕「長壽樂」、「天授樂」、「鳥歌萬歲樂」和「小破陣樂」都使用龜茲音樂，舞者腳皆穿「靴」，明顯為西域民族的打扮，說明樂曲音樂受龜茲樂的影響，連舞蹈表演人員的服飾也表現出西域樂舞服飾的風貌。而穿著「靴」鞋，樂舞動作也顯得較為活潑、明快。

總括來說，坐部伎六部樂舞之中，除「燕樂」、「龍池樂」外，其餘四部都有龜茲樂的音樂成分。「燕樂」曲中「慶善樂」、「破陣樂」兩部原分別融有西涼樂、龜茲樂，以漢族傳統音樂加以編修，呈現出更加精緻的樂舞。以下將坐立部伎各部樂舞用樂情況列表 3-2-4 作一審視。

**表 3-2-4：坐立部伎用樂情況表**

| 部屬 | 樂舞名稱 | 用樂情況及特色 | 融雜胡樂胡舞 |
|---|---|---|---|
| 立部伎 | 安樂 | 具濃厚遊牧民族風貌。 | ✓ |
| | 太平樂 | 具西域獅子舞風貌。 | ✓ |
| | 破陣樂 | 皆雷大鼓，雜以龜茲樂。採用中原傳統武舞形式 | ✓ |
| | 慶善樂 | 頗用西涼樂。 | ✓ |
| | 大定樂 | 皆雷大鼓，雜以龜茲樂，加金鉦。仿「破陣樂」。 | ✓ |
| | 上元樂 | 皆雷大鼓，雜以龜茲樂。富有道教色彩。 | ✓ |
| | 聖壽樂 | 皆雷大鼓，雜以龜茲樂。大型字舞。 | ✓ |
| | 光聖樂 | 皆雷大鼓，雜以龜茲樂。似「上元樂」、「聖壽樂」 | ✓ |

〔註191〕《舊唐書》，卷29〈音樂志二〉，頁1062：「破陣樂，玄宗所造也。生於立部伎破陣樂。舞四人，金甲冑。」

〔註192〕《舊唐書》，卷29〈音樂志二〉，頁1062。

〔註193〕《舊唐書》，卷29〈音樂志二〉，頁1062：「龍池樂，玄宗所作也。玄宗龍潛之時，宅在隆慶坊，宅南坊人所居，變為池，望氣者亦異焉。故中宗季年，泛舟池中。玄宗正位，以坊為宮，池水逾大，瀰漫數裏，為此樂以歌其祥也。舞十有二人，人冠飾以芙蓉。」

| 坐部伎 | 燕樂 | 以漢族傳統音樂爲主。「慶善樂」、「破陣樂」有西涼樂、龜茲樂。 | ✓ |
|---|---|---|---|
| | 長壽樂 | 皆用龜茲樂。 | ✓ |
| | 天授樂 | 皆用龜茲樂。 | ✓ |
| | 鳥歌萬歲樂 | 皆用龜茲樂。仿民間俗樂鳥舞。 | ✓ |
| | 龍池樂 | 雅樂（無鐘磬） | |
| | 小破陣樂 | 皆用龜茲樂。源於民間流行的軍民謠歌。 | ✓ |

參考來源：（後晉）劉昫撰，《舊唐書》，卷 29〈音樂志二〉。〔註 194〕
　　　　　（宋）歐陽修、宋祁撰，《新唐書》，卷 22〈禮樂志十二〉。〔註 195〕

　　從表 3-2-4 看來，「二部伎」共十四部樂舞曲，除「龍池樂」以外，其餘各樂曲的內容源流或創作背景看來，皆雜有或直接源於胡樂胡舞。「坐部伎」的六部之中有五部用到「龜茲樂」，立部伎八部之中有六部都用到「龜茲樂」，「慶善樂顯用西涼樂」，而西涼樂亦融有龜茲樂，可見龜茲音樂文化的水準程度之高，對中原樂舞影響之深廣。唐名僧玄奘《大唐西域記》明白點出龜茲樂在西域諸國中，「管弦伎樂，特善諸國」〔註 196〕。

　　「二部伎」可說是將胡樂胡舞元素和中原傳統樂舞形式融合創制出的新的樂舞形式，確實破除「多部樂」以國名或地名區分樂部、樂種之燕樂制度。若說唐朝初期「多部樂」採用周邊民族及外國胡樂胡舞爲主要內容，皆以國名或以地名作爲樂部的名稱，仍明白保有胡樂胡舞各自的樂舞風貌，是屬於外來胡樂胡舞的引進階段。此後，在長安宮廷服務的樂舞藝術家、樂工以展現最出色的樂舞爲主要目的的前提下，對各種外來樂舞的習練、內化後，並

〔註 194〕《舊唐書》，卷 29〈音樂志二〉，頁 1062。「坐部伎……自長壽樂已下皆用龜茲樂，舞人皆著靴，惟龍池備用雅樂，而無鐘磬，舞人躡履。」

〔註 195〕《新唐書》，卷 22〈禮樂志十二〉，頁 475。「立部伎八：一安舞，二太平樂，三破陣樂，四慶善樂，五大定樂，六上元樂，七聖壽樂，八光聖樂。安舞、太平樂，周、隋遺音也。破陣樂以下皆用大鼓，雜以龜茲樂，其聲震厲。大定樂又加金鉦。慶善舞顯用西涼樂，聲頗閒雅。每享郊廟，則破陣、上元、慶善三舞皆用之。」、「坐部伎六：一燕樂，二長壽樂，三天授樂，四鳥歌萬歲樂，五龍池樂，六小破陣樂。天授、鳥歌，皆武后作也。天授，年名。鳥歌者，有鳥能人言萬歲，因以制樂。自長壽樂以下，用龜茲舞，唯龍池樂則否。」

〔註 196〕（唐）玄奘、辯機，《大唐西域記校注》（北京，中華書局，1985），卷第一，頁 54。頁 55，注釋（一）：屈支國：即今我國新疆維吾爾自治區阿克蘇專區庫車縣。現代維吾爾語稱 Kuca（r），我國古代稱龜茲或丘玆、丘慈、屈茨等，均爲古代龜茲語 Kutsi 的譯法。

自民間汲取流行樂舞的養分，加以重新創作、改編。因此，在唐代中期，漸趨於完備「二部伎」中的各部樂舞，已逐漸將胡樂胡舞融入因事而立樂的各部樂舞當中。對於外來胡樂胡舞則不再僅僅只是引進或演出階段，而是逐漸進入吸收、融合的階段，亦是樂舞藝術發展的自然規律。

所以，在經由宮庭樂舞藝術家們（帝王及樂舞工們）重新創作出來的樂舞，已經很難明確某部樂舞是純粹的龜茲樂、西涼樂或是漢族傳統音樂，「二部伎」中的各部樂舞已經成為以某種音樂為主，吸收其他樂舞成分，融合出新形的樂舞型態。以立部伎中的「安樂」來說，具有龜茲音樂的特點，同時又有濃厚的遊牧民族舞蹈風格。「上元樂」雖有大量龜茲音樂成分，卻又同時富有道教色彩。

二部伎成立當時，正值唐朝胡樂、俗樂蓬勃發展，而傳統雅樂因墨守古樂形式，樂舞藝術內容更顯落後，無法適應時代需求的情況，故據岸邊成雄《唐代音樂史的研究》論「二部伎之本質」所述，二部伎可謂「仿照雅樂堂上登歌與堂下樂懸形式……內容卻充滿胡俗樂，成為所謂新型之燕饗雅樂。……融合雅、胡、俗三樂所產生之一種儀禮樂。」〔註197〕所以二部伎的樂舞內容、形式，充分反映當時胡樂胡舞影響唐代樂舞的情形，如《舊唐書·音樂志二》記載：

> 自周、隋以來，管弦雜曲將數百曲，多用西涼樂，鼓舞曲多用龜茲
> 樂，其曲度皆時俗所知也。〔註198〕

在百年來周邊少數民族和外國樂舞盛行的情況下，唐代樂舞不免受到外來胡樂舞的影響。

## 第三節　唐代梨園「法曲」中的外來樂舞

唐代宮廷樂舞於唐中葉時，隨著整體樂舞藝術朝向更專業化的發展，如坐部伎堂上小規模的演出，逐漸形成精緻樂舞演出方式，演出特色具有柔和、纖雅的音樂風格，並引領潮流。加上帝王（唐玄宗）對音樂舞蹈的愛好，使樂舞活動發展之盛達到頂點。

---

〔註197〕岸邊成雄，《唐代音樂史的研究》，頁42。
〔註198〕《舊唐書》，卷29〈音樂志二〉，頁1068。《新唐書》，卷22〈禮樂志十二〉，頁474。「周、隋管弦雜曲數百，皆西涼樂也，鼓舞曲，皆龜茲樂也。」

在宮廷樂舞制度方面，在專管禮儀祭祀、燕享樂舞的太常寺轄內，除繼「多部樂」後，成立「坐、立二部伎」，並另外設置「教坊」與「梨園」。岸邊成雄先生指出，在唐朝中期業已形成的新俗樂過程中，引人注目的是「坐部伎」轉爲法曲化的優勢。﹝註199﹞尤其唐玄宗個人對於樂舞藝術的喜愛與專精，並且大力發展，原本在宮廷中設立的音樂機構太常寺以外，另設置（內、左右）「教坊」傳習俗樂、「梨園」供奉法曲，三者通常被視爲唐代三大音樂中心。

唐玄宗開元、天寶年間是唐代音樂最盛的時期，其中「法曲」的盛行，更是唐代當時極爲重要的音樂內涵及表現。﹝註200﹞，《新唐書·禮樂志十二》：

> 玄宗既知音律，又酷愛法曲，選坐部伎子弟三百教於梨園，聲有誤者，帝必覺而正之，號「皇帝梨園弟子」。宮女數百，亦爲梨園弟子，居宜春北院。﹝註201﹞

唐玄宗酷愛「法曲」，特地從「坐部伎」中挑選、培養子弟來演奏，無怪乎梨園「法曲」向來被學界視爲唐代音樂藝術的精華。在胡風盛行的當時，外來樂舞的持續傳播，對「法曲」發展應當有所影響。所以本節將從梨園法曲的性質、道調法曲與胡部新聲合作、天寶年間諸樂曲改名等事件，探略胡樂（胡部新聲）在其中的影響脈絡。

## 一、梨園法曲中的外來樂舞

### （一）何謂「法曲」

唐代梨園演奏的曲目，稱爲法曲，是供奉內廷的唐代音樂精華。《樂府雜錄·雅樂部》記載，盛唐宮庭內宴，「有登歌皆奏法曲」﹝註202﹞。據《新唐書·禮樂志》：

> 初，隋有法曲，其音清而近雅。其器有鐃、鈸、鍾、磬、幢簫、琵琶。…其聲金、石、絲、竹以次作。隋煬帝厭其聲澹，曲終復加解音。玄宗既知音律，又酷愛法曲……。﹝註203﹞

---

﹝註199﹞（日人）岸邊成雄，《唐代音樂史的研究》，頁67、68。
﹝註200﹞丘瓊蓀，《燕樂探微》（上海：古籍出版社，1989），頁49。
﹝註201﹞《新唐書》，卷22〈禮樂志十二〉，頁476。
﹝註202﹞（唐）段安節，《樂府雜錄》，〈雅樂部〉，頁7。
﹝註203﹞《新唐書》，卷22〈禮樂志十二〉，頁476。

依此記載，隋代已有「法曲」，樂曲風格清雅澹遠，不合隋煬帝的喜愛。不過，《樂府詩集‧新樂府辭七》白居易〈法曲〉詩小序云：「按法曲起於唐，謂之法部」。〔註204〕可能是白居易對隋代法曲的性質認定有別。任半塘先生曾指出「自隋以後，漢、魏、六朝所存之音樂，統稱曰「清商樂」，簡稱「清樂」〔註205〕，隋文帝認為是「華夏正聲」〔註206〕。玄宗變之，略滲胡音，而盛稱「法曲」。〔註207〕所以法曲一開始是從前代所存之「清樂」演變而來，隋代之「法曲」應就是煬帝「厭其聲澹」的「清樂」。現代學者耿占軍、楊文秀先生認為法曲原為含有外來音樂成分的西域各族音樂，傳至中原地區後，與漢族清商樂相結合，最遲從南朝梁代（502～557年）起，以清商樂為主的法樂已出現，後發展為隋代的法曲。唐代法曲又摻雜道曲而發展至極盛。〔註208〕在白居易〈法曲歌〉詩句內注也明白指出：「法曲雖似失雅音，蓋諸夏之聲也，故歷朝行焉。」〔註209〕

　　丘瓊蓀先生對唐代法曲逐曲進行考證之後，認為法曲是以清商為基本再融合部分道曲佛曲以及若干外族樂而成的一種新樂。〔註210〕岸邊成雄《唐代音樂史的研究》所考，法曲係玄宗在梨園親自教授之音樂，也是正樂之意（但非佛教法樂之意）。其主要內容為漢朝清商三樂之遺聲（清樂）〔註211〕。楊蔭

〔註204〕（宋）郭茂倩編撰，《樂府詩集》（台北：里仁書局，1999），卷96〈新樂府辭七〉，頁1352。

〔註205〕《舊唐書》，卷29〈音樂志二〉，頁1062：「清樂者，南朝舊樂也。永嘉之亂，五都淪覆，遺聲舊制，散落江左。宋、梁之間，南朝文物，號為最盛；人謠國俗，亦世有新聲。後魏孝文、宣武，用師淮、漢，收其所獲南音，謂之清商樂。隋平陳，因置清商署，總謂之清樂，遭梁、陳亡亂，所存蓋鮮。隋室已來，日益淪缺」。

〔註206〕《隋書》，卷15〈音樂志下〉，頁377：「清樂其始即清商三調是也，並漢來舊曲。樂器形制，並歌章古辭，與魏三祖所作者，皆被於史籍。屬晉朝遷播，夷羯竊據，其音分散。苻永固平張氏，始於涼州得之。宋武平關中，因而入南，不復存於內地。及平陳後獲之。高祖聽之，善其節奏，曰：『此華夏正聲也』…」。

〔註207〕任半塘，《教坊記箋訂》〈曲名〉，頁60。

〔註208〕耿占軍、楊文秀，《漢唐長安的樂舞與百戲》，頁139。

〔註209〕《白居易集》，卷三〈諷諭三‧新樂府〉，頁55。

〔註210〕丘瓊蓀，《燕樂探微》，頁99。

〔註211〕（日人）岸邊成雄，《唐代音樂史的研究》，頁46。「漢朝清商三樂之遺聲（清樂），其中有名者計有『堂堂』、『大白紵』、『十二時』、『泛龍舟』等曲。惟玄宗所教之法曲，則係以玄宗帝所作之景雲、九真、紫極、承天、順天等諸曲為主體，並吸收一部分破陣樂、慶善樂等二部伎曲；其中，以霓裳羽衣和赤白桃李花較著名。…因其道教思想背景極濃，故有法曲之名。」

瀏先生認為法曲的主要特點是在曲調和所用樂器方面，接近漢族的「清樂」系統，是較為幽雅的曲風〔註212〕。現代學者秦序先生也認為唐代法曲的曲調、樂器更接近漢族傳統的清商樂，並且廣泛吸收胡俗樂成分〔註213〕，道調法曲是漢魏之漢族音樂（所謂諸夏之聲）所延續下來之俗樂（清樂），與初唐俗樂化之胡樂融合而成的音樂〔註214〕。李昌集先生認為法曲是以「古樂」為本，法曲之「法」乃「楷模」、「典範」之意，是道地的華樂。〔註215〕

　　歸納以上史書記載及諸位學者說法，可以確定的是「法曲」起自唐初沿承隋代諸夏正聲之清商樂，已與外來胡樂有所融會、雜染。傳至唐代，則含有道曲、佛曲。因唐代皇帝姓李，為將統治權予以神聖化，便以老子李耳的後裔自稱，對道教自是推崇備至。宮室因應道教法會活動或為推崇道教而創作道曲，如「紫清上聖道曲」、「景雲」、「九真」〔註216〕等，富有道調神仙色彩的道家樂曲名。據丘瓊蓀先生考證，道曲有模仿佛曲之處，因李耳道家本非宗教，唐室將道教宗教儀式一部分取法佛門，神仙常混雜在佛菩薩中間，頂禮道家的時候，便仿效佛教儀式，且仿佛曲而制新詞，以讚頌神化道化之流，這便成道曲〔註217〕，而唐代佛曲本為外來印度佛家樂曲，是故唐代之道曲亦是含有相當高的外來樂曲成分。至此，可以認為唐代梨園法曲的性質，可說是包含清樂、胡樂、俗樂、雅樂、道曲和佛曲等多種音樂形式的集合體。〔註218〕

---

〔註212〕楊蔭瀏，《中國古代音樂史稿》（臺北市：丹青圖書有限公司，1985），頁 2～32。

〔註213〕秦序，《中國音樂史》（北京：文化藝術出版社，1998），頁 83。

〔註214〕秦序，〈唐玄宗是霓裳羽衣曲的作者嗎？〉，《中國音樂學》，第 4 期（1987年）頁 99～107。

〔註215〕李昌集，〈唐代宮廷樂人考略〉，（收入鍾振振等主編，《第三屆唐宋詩詞國際學術研討會論文集》，北京：中國社會科學院出版社，2004），頁 21。

〔註216〕《新唐書》，卷 21〈禮樂志十一〉頁 472：「高宗自以老子之後也，於是命樂工製道調」。《新唐書》，卷 22〈禮樂志十二〉，頁 476：「帝（唐玄宗）方浸喜神仙之事，詔道士司馬承禎製『玄真道曲』，茅山道士李元會製『大羅天曲』，工部侍郎賀知章製『紫清上聖道曲』。太清宮成，太常卿韋紹製『景雲』、『九真』、『紫極』、『小長壽』、『承天』、『順天樂』六曲，又製商調『君臣相遇樂』曲。」可知「道曲」受到玄宗的重視，並為道曲創作的繁盛時期。在安史亂後，隨著唐王朝的衰落，道調（道曲）的演奏與創作，也隨道教由盛轉衰，其盛況不再。

〔註217〕丘瓊蓀，《燕樂探微》，頁 61。

〔註218〕左漢林，〈唐代梨園法曲性質考論〉（中央音樂學院學報，2007 年第 3 期）。

## （二）《唐會要》、《樂府詩集》記載之法曲

唐代梨園所傳曲目主要集中在《唐會要・諸樂》所記錄的太常梨園別教院所教法曲樂章中，其他的法曲曲目則散見於宋人郭茂倩《樂府詩集》等文獻。太常梨園別教院法曲樂章共有十二章，據《唐會要・諸樂》所記：

> 「王昭君樂」一章、「思歸樂」一章、「傾杯樂」一章，「破陣樂」一章、「聖明樂」一章、「五更轉樂」一章、「玉樹後庭花樂」一章、「泛龍舟樂」一章、「萬歲長生樂」一章、「飲酒樂」一章、「鬬百草樂」一章、「雲韶樂」一章，十二章。〔註219〕

《樂府詩集・新樂府辭七》，〈法曲〉詩小序云：

> 按法曲起于唐，謂之法部。其曲之妙者，有「破陣樂」、「一戎大定樂」、「長生樂」、「赤白桃李花」，餘曲有「堂堂」、「望瀛」、「霓裳羽衣」、「獻仙音」、「獻天花」之類，總名法曲。〔註220〕

其中「破陣樂」、「長生樂」已見於太常梨園別教院法曲樂章，另增加七首法曲。宋人陳暘《樂書》所記略同，唯增加「聽龍吟」、「碧天雁」兩曲。〔註221〕元稹〈法曲〉詩中另提到法曲為「火鳳」、「春鶯囀」。〔註222〕唐人鄭處誨《明皇雜錄》謂玄宗帝授「雨淋（霖）鈴」曲於梨園子弟張野狐，「其曲今傳於法部」，法部即是按習法曲的樂部〔註223〕，故「雨淋鈴」應也為法曲。〔註224〕《新唐書・禮樂志十二》記載「法曲」中提到梨園小部奏新曲「荔

---

〔註219〕《唐會要》，卷33〈諸樂〉，頁614。
〔註220〕《樂府詩集》，卷96〈新樂府辭七〉，頁1352。
〔註221〕（宋）陳暘，《樂書》，卷188〈俗部・雜樂〉，頁7。
〔註222〕《元稹集》（北京：中華書局出版，1982），卷二十四，頁282。〈和李校書新題樂府十二首・法曲〉：「吾聞黃帝鼓清角，弭伏熊羆舞玄鶴。舜持幹羽苗革心，堯用咸池鳳巢閣。大夏濩武皆象功，功多已訝玄功薄。漢祖過沛亦有歌，秦王破陣非無作。作之宗廟見艱難，作之軍旅傳糟粕。明皇度曲多新態，宛轉侵淫易沉著。赤白桃李取花名，霓裳羽衣號天落。雅弄雖云已變亂，夷音未得相參錯。自從胡騎起煙塵，毛毳腥膻滿鹹洛。女為胡婦學胡妝，伎進胡音務胡樂。火鳳聲沉多咽絕，春鶯囀罷長蕭索。胡音胡騎與胡妝，五十年來競紛泊。」
〔註223〕《樂府詩集》，卷96〈法曲〉序：「法曲起于唐，謂之法部」。丘瓊蓀，《燕樂探微》，頁56～57：「從《新唐書》卷22，可知梨園弟子，宜春院女弟子及小部音聲人等，凡按習法曲的概謂之法部。王建〈霓裳詞〉：『傳呼法部按霓裳』，便是法部。法部是按習法曲的特種樂部。」
〔註224〕（唐）鄭處誨，《明皇雜錄》（丁如明等校點，《唐五代筆記小說大觀》，上海：上海古籍出版社，2000），頁973。

枝香」，〔註225〕應也爲法曲。綜合以上文獻記載，總計法曲有二十五曲。

### （三）二十五首「法曲」曲源性質分析

　　丘瓊蓀先生（以下簡稱丘先生）曾對法曲逐曲進行過考證〔註226〕，近代學者左漢林先生（以下簡稱左先生）並針對丘瓊孫先生未判定部份法曲性質，或有不明白者，以唐代史料爲據，逐曲重新進行溯源考證。以下筆者將據左先生考證梨園法曲的相關情形之列表〔註227〕，並參酌丘先生之考證，加以修整、補充其表，如表3-3-1。

### 表3-3-1：唐「梨園」二十五首「法曲」曲源性質表

| 序號 | 曲　名 | 產生年代 | 性　質 | 備　註 |
|---|---|---|---|---|
| 1 | 王昭君樂 | 漢曲 | 清樂 | 用吳聲演唱 |
| 2 | 思歸樂 | 古曲 | 清樂 | |
| 3 | 傾杯樂 | 唐代 | 俗樂 | （或有胡樂成分。） |
| 4 | 破陣樂 | 唐代 | 雅樂 | （曲源含龜茲樂） |
| 5 | 聖明樂 | 隋代 | 胡樂 | （隋代時，高昌所獻曲變化而來。） |
| 6 | 五更轉樂 | 唐代 | 俗樂 | |
| 7 | 玉樹後庭花樂 | 南朝陳 | 清樂 | （吳聲歌曲類。《教坊記》中大曲類有此曲。） |
| 8 | 泛龍舟樂 | 隋代 | 清樂 | （或疑屬龜茲樂） |
| 9 | 萬歲長生樂 | 唐代 | 俗樂或胡樂 | |
| 10 | 飲酒樂 | 唐代 | 俗樂或胡樂 | |
| 11 | 鬥百草樂 | 隋代 | 俗樂 | （或有胡樂） |
| 12 | 雲韶樂 | 唐代 | 雅樂 | |
| 13 | 一戎大定樂 | 唐代 | 雅樂 | （應有胡樂成分） |
| 14 | 赤白桃李花 | 唐代 | 雅樂 | |
| 15 | 堂堂 | 南朝陳 | 清樂 | |
| 16 | 望瀛 | 唐代 | 道曲 | |

〔註225〕《新唐書》，卷22〈禮樂志十二〉，頁476：「帝幸驪山，楊貴妃生日，命小部張樂長生殿，因奏新曲，未有名，會南方進荔枝，因名曰荔枝香」。
〔註226〕丘瓊蓀，《燕樂探微》，頁62～88。
〔註227〕左漢林，〈唐代梨園法曲性質考論〉，頁52。唐代梨園法曲情況表。

| 17 | 霓裳羽衣 | 唐代 | 胡樂或道曲 | （由印度舞曲「婆羅門」曲改名。）或兼具佛曲特色 |
|----|---------|------|-----------|---------------------------------------------|
| 18 | 獻仙音 | 唐代 | 道曲 | （疑含印度佛曲樂風） |
| 19 | 獻天花 | 唐代 | 道曲 | （疑含印度佛曲樂風） |
| 20 | 聽龍吟 | 唐代 | 不詳 | |
| 21 | 碧天雁 | 唐代 | 不詳 | |
| 22 | 火鳳 | 唐代 | 不詳 | （或含胡樂） |
| 23 | 春鶯囀 | 唐代 | 不詳 | （或有胡樂風，爲軟舞曲。） |
| 24 | 雨淋鈴 | 唐代 | 不詳 | |
| 25 | 茘枝香 | 唐代 | 不詳 | |

表中備註欄中括號內的文字，爲筆者增補之文。

以下將表中於備註有補述部份，以及與胡樂有關的樂曲，加以說明。

### 1. 傾杯樂

根據《隋書・音樂志下》的記載：

> 先是（隋文帝）高祖遣內史侍郎李元操、直內史省盧思道等，列清廟歌辭十二曲。令齊樂人曹妙達，於太樂教習，以代周歌。其初迎神七言，象「元基曲」，獻奠登歌六言，象「傾杯曲」，送神禮畢五言，象「行天曲」〔註228〕

從文意可知，其中「獻奠登歌」是似北周的「傾杯樂」，是故北周已有此曲，隋用於清廟，從舊曲改作新詞，推測「傾杯樂」最初曲源性質應爲胡樂曲。至唐代有琵琶曲、勸酒曲、馬舞曲。〔註229〕《唐會要・讌樂》：

> 貞觀末，有裴神符者，妙解琵琶，作勝蠻奴、火鳳、傾盃樂三曲，聲度清美。太宗深愛之。〔註230〕

「裴神符」爲唐太宗時知名的疏勒琵琶名手，所作「傾盃樂」琵琶曲聲度清美，傳至玄宗朝，亦可能即爲法曲「傾杯樂」。《敦煌歌辭總編》中有兩篇曲辭，歌詞副題爲「求名宦」、「五陵堪娉」，〔註231〕從歌詞內容文意可知應在宴

〔註228〕（唐）魏徵，《隋書》，卷15〈音樂志下〉，頁359～360。

〔註229〕丘瓊蓀，《燕樂探微》，頁65。《舊唐書》，卷28〈音樂志一〉，頁1058載：「日旰，即內閑廄引躒馬三十四，爲傾杯樂曲，奮首鼓尾，縱橫應節。」

〔註230〕（宋）王溥，《唐會要》，卷33〈讌樂〉，頁610。

〔註231〕任半塘，《敦煌歌辭總編》（上海：上海古籍出版社，1987），卷1〈雜曲・雲謠集雜曲子〉，頁199載：「傾杯樂求名宦　憶昔笄年。未省離合。生長深閨院。閒凭著繡牀。時拈金針。擬貌舞鳳飛鸞。對妝臺重整嬌姿面。知身貌

飲場合演出，可判爲俗樂。《教坊記》中有此曲，亦爲教坊曲。

### 2.「破陣樂」

此曲應源自坐部伎中唐初張文收所造「燕樂」之第三部「破陣樂」，從舞者服裝「緋綾袍、錦衿襷、緋綾褲」及坐部伎音樂水準較高看來，較符合法曲清雅優美的風格。〔註232〕而唐初太宗時「破陣樂」曲源、曲風含有龜茲樂。且「破陣樂」曾於高宗時入於雅樂演奏，「破陣樂」亦可爲雅樂，〔註233〕。

### 3.「聖明樂」

「聖明樂」是由高昌國所進獻的樂曲，《隋書・音樂志下》：

> （隋煬帝大業）六年，高昌獻「聖明樂」曲，帝令知音者於館所聽之，歸而肄習。及客方獻，先於前奏之，胡夷皆驚焉。其歌曲有「善善摩尼」，解曲有「婆伽兒」，舞曲有「小天」，又有「疎勒鹽」。〔註234〕

《樂府詩集》引《樂苑》曰：

> 聖明樂，開元中太常樂工馬順兒造，又有「大聖明樂」，並商調曲也。
> 〔註235〕

依《隋書》所載歷歷，法曲「聖明樂」應是樂工馬順兒將原曲加以大幅度的改造，應非原創者。〔註236〕

---

算料。□□豈教人見。又被良媒。苦出言詞相誘衒。　每道説水際鴛鴦。惟指梁間雙燕。被父母將兒匹配。便認多生宿姻眷。一旦娉得狂夫。攻書業抛妾求名宦。縱然選得。一時朝要。榮華爭穩便。」同書卷，頁210～211載：「傾杯樂五陵堪娉　窈窕逶迤。體貌超羣。傾國應難比。渾身掛綺羅。裝束□□。未省從天得至。臉如花自然多嬌媚。翠柳畫蛾眉。橫波如同秋水。裙生石榴。血染羅衫子。　觀豔質語軟言輕。玉釵綴素綰烏雲髻。年二八久鎖香閨。愛引猧兒鸚鵡戲。十指如玉如葱。凝酥體雪透羅裳裏。堪娉與公子王孫。五陵年少風流壻。」

〔註232〕《舊唐書》，卷29〈音樂志二〉，頁1061。並參見本章第二節，丘瓊蓀，《燕樂探微》，頁68。

〔註233〕《舊唐書》，卷28〈音樂志一〉，頁1049，記載高宗儀鳳二年（677年）十一月，太常少卿韋萬石奏章中提到：「奉麟德二年十月敕文舞改用功成慶善樂，武舞改用神功破陣樂，并改器服等。」「其雅樂內破陣樂、慶善樂及上元舞三曲，並望修改通融，令長短與禮相稱，冀望久長安穩。」並請參見本章第二節「立部伎之破陣樂」。

〔註234〕《隋書》，卷15〈音樂志下〉，頁379。

〔註235〕《樂府詩集》，卷80〈近代曲辭二〉，頁1134。

〔註236〕《燕樂探微》，頁69。丘瓊蓀先生認爲依唐末皇甫松《醉鄉日月》所載，認爲此曲爲馬順兒所造，絕非高昌樂。本文認爲可能唐人皇甫松對於樂曲來源記載過於簡略，易引後人解讀之誤。

## 4.「泛龍舟樂」、「萬歲長生樂」、「闘百草樂」、「春鶯囀」

二十五首法曲中，由龜茲人白明達在隋代所作十四曲中相關者〔註237〕，有「泛龍舟樂」、「萬歲長生樂」、「闘百草樂」，則三曲可能融合「清商樂」和「龜茲樂」。〔註238〕且造曲背景在隋代，其時龜茲樂大盛於朝野間〔註239〕，隋高祖「聞公等皆好新變，所奏無復正聲，此不祥之大也」，而煬帝「不解音律」，對於父親有感而發之勸言，則「略不關懷」，甚至要樂正白明達造「新聲」，所造新聲應受到時所流行的龜茲樂影響，曲風「掩抑摧藏，哀音斷絕」，煬帝「悅之無已」。〔註240〕依此推論，「泛龍舟樂」、「萬歲長生樂」、「闘百草樂」此三曲推測應具有相當的龜茲樂曲風格。至唐武后時，「泛龍舟」為「猶有六十三曲」清樂之一。〔註241〕

「萬歲長生樂」一曲，可能是白明達所造「萬歲樂」與《樂府詩集》元稹〈法曲〉詩序文之「長生樂」〔註242〕的合稱。亦可能為武后時所作「鳥歌

〔註237〕《隋書》，卷15〈音樂志〉，頁378。記載「龜茲樂」段中，除明列曹妙達、王長通、李士衡、郭金樂、安進貴等龜茲樂人外，亦列白明達新聲十四曲之事蹟。「令樂正 白明達造新聲，創萬歲樂、藏鈎樂、七夕相逢樂、投壺樂、舞席同心髻、玉女行觴、神仙留客、擲磚續命、闘雞子、闘百草、汎龍舟、還舊宮、長樂花及十二時等曲，掩抑摧藏，哀音斷絕。帝悅之無已，」據邱瓊蓀先生《燕樂探微》，頁85，說明白明達「自煬帝大業末至唐高宗永徽初，凡三十五年，于年代上可無問題」。

〔註238〕《燕樂探微》，頁 71。丘瓊蓀先生認為此十四曲「疑自『清商樂』和『龜茲樂』中造成的」。

〔註239〕《隋書》，卷15〈音樂志下〉，頁378：「龜茲者，…至隋有西國龜茲、齊朝龜茲、土龜茲等，凡三部。開皇中，其器大盛閭閈。時有…皆妙絕弦管，新聲奇變，朝改暮易，持其音技，估衒公王之間，舉時爭相慕尚。」

〔註240〕《隋書》，卷15〈音樂志下〉，頁378～379：「高祖病之，謂羣臣曰：『聞公等皆好新聲，所奏無復正聲，此不祥之大野。自家形國，化成人風，勿謂天下方然。公家家自有風俗矣。存亡善惡，莫不繫之。樂感人深，事資和雅，公等對親賓宴飲，宜奏正聲，聲不正，何可使兒女聞也！』帝雖有此勅，而竟不能救焉。煬帝不解音律，略不關懷。…另月正白明達造新聲，創萬歲樂、…闘百草、泛龍舟…等曲，掩抑摧藏，哀音斷絕，帝悅之無已。」

〔註241〕《舊唐書》，卷29〈音樂志二〉，頁 1062～1063：「清樂者……隋室已來，日益淪缺。武太后之時，猶有六十三曲，今其辭存者，惟有…『玉樹後庭花』、『泛龍舟』等三十二曲。…」《通典》卷 146，頁 3716～3717。所記略同。

〔註242〕《樂府詩集》，卷96〈新樂府辭七〉，頁 1352。即元稹〈法曲〉詩序文所列之「長生樂」曲。

萬歲樂」之省稱爲「萬歲樂」或「長生樂」。〔註 243〕故其樂曲內容應有胡樂及俗樂的音樂元素。

「春鶯囀」爲白明達在高宗時所創作，《教坊記》：

> 高宗曉聲律，晨坐聞鶯聲，命樂工白明達寫之，遂有此曲。〔註 244〕

若依白氏爲龜茲人，認爲所造曲子有胡樂成分〔註 245〕，是有其可能性，但應不如前述三曲。元稹〈和李校書新題樂府十二首・法曲〉詩：

> 自從胡騎起烟塵，毛毳腥羶滿咸洛。女爲胡婦學胡妝，伎進胡音務胡樂。火鳳聲沉多咽絕，春鶯囀罷長蕭索。胡音胡騎與胡妝，五十年來竟紛泊。〔註 246〕

從詩句描述胡樂盛行於長安、洛陽，其中提及「火鳳」、「春鶯」兩曲，「火鳳」爲疏勒人裴神符所作，〔註 247〕故兩首曲子應屬含胡樂之曲。張祜〈春鶯囀〉詩云：「內人已唱『春鶯囀』，花下偓偓軟舞來」，從詩句可知「春鶯囀」亦爲唐軟舞曲。

### 5.「飲酒樂」

唐人宴會飲酒風氣極盛，飲酒作樂，當爲人之常情。唐人聶夷中之雜曲歌辭《飲酒樂》，由此判斷「飲酒樂」可能爲俗樂。〔註 248〕《羯鼓錄》「太簇商」調中載有此曲目〔註 249〕，則此曲演奏中有胡樂器羯鼓，有胡樂成份大。

### 6.「一戎大定樂」

「一戎大定樂」應是從立部伎「大定樂」演變而來。「大定樂」曲源出自「破陣樂」，當雜有龜茲胡樂之曲風，故表 4-3-1 備註「應有胡樂成分」。〔註 250〕不

---

〔註 243〕《燕樂探微》，頁 71～72。

〔註 244〕（唐）崔令欽，《教坊記》，頁 129。

〔註 245〕 向達，《唐代長安與西域文明》（重慶：重慶出版社，2009），頁 47。

〔註 246〕《全唐詩》，卷 419-7，頁 4616～4617。

〔註 247〕《唐會要》，卷 33，〈讌樂〉，頁 610。「貞觀末，有裴神符者，妙解琵琶，作勝蠻奴、火鳳、傾盃樂三曲，聲度清美。太宗深愛之。」

〔註 248〕《全唐詩》，卷 26〈雜曲歌辭〉，頁 362。聶夷中〈飲酒樂〉：「日月似有事，一夜行一周。草木猶須老，人生得無愁。一飲解百結，再飲破百憂。白髮欺貧賤，不入醉人頭。我願東海水，盡向杯中流。安得阮步兵，同入醉鄉遊」。《燕樂探微》，頁 72，引陸機有〈飲酒樂〉詩，認爲是「晉以前曲，爲清商無疑」，至唐代，應與當時飲酒風氣、俗樂較有密切關係。

〔註 249〕（唐）南卓，《羯鼓錄》，（北京：中華書局出版，1985），頁 23。

〔註 250〕 參見本文第四章第二節「立部伎之大定樂」。

過此樂舞是在宴饗群臣外夷時的宴會場合中演出，〔註251〕是故也有雅樂（燕樂）性質。

### 7.「霓裳羽衣」

在唐代冠絕一時的「霓裳羽衣曲」，是唐代大曲中的名作〔註252〕，簡稱「霓裳」。包括器樂、歌曲和舞蹈的樂舞表演形式，是結構複雜龐大的歌舞音樂作品。〔註253〕「霓裳羽衣曲」即是「大曲」中的「法曲」。〔註254〕「霓裳羽衣曲」有時又被稱作「霓裳羽衣舞」，常在宮廷和貴族士大夫的宴會中表演。是一部藝術性強，藝術水準亦高的作品。楊貴妃表演的「霓裳羽衣舞」當時最爲著稱。唐代詩人的詩作中，有不少對「霓裳羽衣舞」的舞姿、歌聲、樂聲的描寫，可見受到歡迎及喜愛的程度，白居易〈霓裳羽衣歌和微之〉詩這樣述說著：「千歌百舞不可數，就中最愛霓裳舞」〔註255〕。「霓裳」可謂法曲代表之作，白居易〈法曲〉詩云：

> 永徽之人舞而詠，法曲法曲舞霓裳，政和世理音洋洋，開元之人樂
> 且康。〔註256〕

關於此曲創作由來，說法不一。根據史料情況大致歸納有外來進獻、創作和改編三種說法〔註257〕。《樂府詩集・霓裳辭十首》題解引《樂苑》曰：

> 「霓裳羽衣曲」，開元中，西涼府節度使楊敬述進。鄭愚（嵎）曰：
> 「玄宗至月宮，聞仙樂，及歸，但記其半。會敬述進『婆羅門曲』，
> 聲調相符，遂以月中所聞爲散序，敬述所進爲曲，而名『霓裳羽衣

---

〔註251〕（宋）司馬光編著，《資治通鑑》，卷200〈唐紀〉，頁6323，唐高宗龍朔元年（661年）三月：「丙申朔，上與群臣及外夷宴於洛城門，觀屯營新教之舞，謂之『一戎大定樂』。時上欲親征高麗，以象用武之勢也。」《舊唐書》，卷28〈音樂志一〉，頁1047。記載略同。

〔註252〕《教坊記》，頁128。所記大曲名共四十六首，第11首爲「霓裳」。

〔註253〕參閱本文第五章第一節。

〔註254〕楊蔭瀏，《中國音樂史稿》，頁2～32。
劉慧芬，〈碧雲仙曲舞霓裳〉，《故宮文物月刊》，五卷六期（台北：國立故宮博物院出版，1986年9月），頁126。

〔註255〕《白居易集》（台北：漢京文化事業有限公司，1984），卷二十一〈格詩歌行雜體〉，頁458。

〔註256〕《白居易集》，卷三〈諷諭三・新樂府〉，頁55。

〔註257〕三種來源說法考證詳見：（一）劉慧芬〈碧雲仙曲舞霓裳〉（54），頁124。（二）曾愛玲，〈唐「霓裳羽衣」之傳播與影響〉，逢甲大學中國文學系・唐代研究中心：《第三屆唐代文化、文學研究及教學國際學術研討會》，2010。本文中摘簡要說明。

也』。」白居易曰：「『霓裳』法曲也。其曲十二遍，起於開元，盛於
天寶。」凡曲將終，聲拍皆促，唯「霓裳」之末，長引一聲。故其
歌云「繁音急節十二遍，跳鶴曲終長引聲」是也。按王建辭云：「弟
子部中留一色，聽風聽水作霓裳。」劉禹錫詩云：「三鄉陌上望仙山，
歸作霓裳羽衣曲」。然則非月中所聞矣。〔註258〕

《新唐書・禮樂志十二》：

河西節度使楊敬述獻霓裳羽衣曲十二遍。凡曲終必遽，唯霓裳羽衣
曲將畢，引聲益緩。〔註259〕

《唐會要・諸樂》所錄天寶供奉曲改名記載：

天寶十三載七月十日，太常署供奉曲名，及改諸樂名。…「婆羅門」
改爲「霓裳羽衣」、…。〔註260〕

白居易〈霓裳羽衣歌　和元微之〉詩句「由來能事皆有主，楊氏創聲君造譜」
中自注：「開元中西涼節度使楊敬述造」。〔註261〕

　　據以上史料記載，「外來進獻」說法是指「霓裳」爲河西節度使楊敬述於
開元年間進獻的「婆羅門」曲，並於天寶十三年改名「霓裳羽衣曲」。「霓裳」
原爲西涼都督楊敬述所進獻之「婆羅門曲」，此點與《唐會要》所錄供奉曲名，
出之太常石刻，實屬可信。不過，在進獻之前，也許曾經楊敬述修改過，故
白居易詩自注中說爲「楊敬述造」。〔註262〕開元中，獻給喜好音樂的唐玄宗，
玄宗極爲欣賞並爲之深深陶醉，於是親制曲譜，改名爲「霓裳羽衣曲」，且歌
且舞，教習梨園弟子演練，因而有「楊氏創聲君造譜」的說法。

　　關於「創作」說，是指「霓裳羽衣曲」爲唐玄宗所作，劉禹錫詩作〈三
鄉驛樓伏睹玄宗望女幾山詩，小臣斐然有感〉說明創作由來：

開元天子萬事足，惟惜當年光景促。三鄉陌上望仙山，歸作霓裳羽
衣曲。〔註263〕

〔註258〕《樂府詩集》，卷56〈霓裳辭十首〉，頁816。
〔註259〕《新唐書》，卷22〈禮樂志十二〉，頁476。
〔註260〕《唐會要》，卷33〈諸樂〉，頁615～617。
〔註261〕《白居易集》，卷二十一〈格詩歌行雜體〉，頁458。另外，樂史撰，《楊太眞
外傳》，（臺北市：藝文印書館，1966），頁2～3。「霓裳羽衣曲者，是玄宗登
三鄉驛，望女几山所作也。故劉禹錫詩云，……。」，另記遊月宮「密記其聲
調」等兩種不同說法。
〔註262〕《燕樂探微》，頁78。
〔註263〕《全唐詩》，卷356，頁3999。

另一創作說法則與「唐明皇遊月宮」傳說有關。鄭嵎〈津陽門〉詩自注中提到月宮聞仙樂的說法，在其他詩人的詩作及當代筆記小說中也有提到。〔註264〕唐玄宗精於音律，「霓裳」中有可能出自他的創意、靈感，但附會於「樂宮聞樂」，可能與當時玄宗信仰道教有關，難免涉及無稽，但卻也賦予詩人創作時的靈感來源。

宋人王灼《碧雞漫志》卷三，列舉《異人錄》、《逸史》、《鹿革事類》、《開天傳信記》、《幽怪錄》等有關遊月宮的傳說〔註265〕。加以綜合諸說後論斷：

「霓裳羽衣曲」說者多異，予斷之曰：「西涼創作，明皇潤色，又爲易美名。其他飾以神怪者，皆不足信也。」〔註266〕

王灼此說法即爲「改編」之意。楊蔭瀏《中國古代音樂史稿》提出的折中見解，亦相當中肯，認爲「霓裳」採用「婆羅門」曲部分素材經過長期演出後，「婆羅門」曲仍以其原來型式獨立存在，直到天寶十三載更改曲名爲「霓裳羽衣曲」。〔註267〕綜合上以觀點，以一部份來自於唐玄宗的靈感創作，一半來自「婆羅門曲」的改編說法，應是較爲可信的。

---

〔註264〕 唐人鄭嵎，〈津陽門詩〉自注，《全唐詩》卷567，頁6563：「葉法善引上（唐玄宗）入月宮，時秋已深，上苦淒冷，不能久留，歸。於天半尚聞仙樂。及上歸，且記憶其半，遂於笛中寫之。會西涼都督楊敬述進「婆羅門曲」，與其聲調相符。遂以月中所聞爲之散序，用敬述所進曲作其腔，而名『霓裳羽衣』法曲。」（唐）鄭綮撰，《開天傳信記》，頁1226。（唐）張讀撰，《宣室志》（丁如明等校點，《唐五代筆記小說大觀》，上海：上海古籍出版社，2000），卷1，頁995。另記載有關玄宗曾夢遊月宮的傳說，玄宗將群仙演奏之樂記錄下來，曲名「紫雲回」，或名「紫雲曲」，究其實，應爲玄宗自己的創作，爲了神化曲子才有此傳說。

《全唐詩》卷521，頁5950，杜牧〈華清宮三十韻〉：「…月聞仙曲調，霓作舞衣裳…」

《全唐詩》卷559，頁6488，薛能〈華清宮和杜舍人〉：「…月鎖千門靜，天吹一笛涼。細音搖羽佩，清布宛霓裳。…」詩作中可見受到月宮神話的影響。

〔註265〕 （宋）王灼，《碧雞漫志》（北京市：中華書局，1991），頁20。

〔註266〕 （宋）王灼，《碧雞漫志》，頁19。

〔註267〕 楊蔭瀏，《中國古代音樂史稿》，頁 2～34。「本曲是唐玄宗在開元年間（713～741）的作品。他創作的情形大概是如此：他登三鄉驛，望女几山的時候，他對著山景，心中忽然興起了往月宮去聽音樂的美妙的幻想，他遊山回來，就想用音樂把這幻想描寫出來。最初他寫了一半，沒有寫完，就擱了下來。後來碰巧西涼府都督楊敬述進一個印度的『婆羅門』曲，唐玄宗覺得它和他所正在寫作的作品的要求，有可以適合之處，就又加用了『婆羅門』曲作爲素材而寫完了全曲。」

　　從「霓裳」的命名看來，其舞蹈樂伎，上衣用鳥羽製成，裙裳以霓虹妝點。採取這種外在形式，即符合表現羽化飛升的道教思想，應與唐玄宗崇奉道教有關〔註268〕。玄宗靈感的創作「仙曲」，當富含道教風味之曲。而「婆羅門」（Brohma）一詞，原係梵語之音譯，是來自印度的佛曲。〔註269〕後來隨佛教傳到河西走廊。兩者皆為宗教曲，其樂風、聲調應能相符應，於是玄宗將「仙曲」作為「散序」，「婆羅門曲」改編作為後段，創編成「霓裳羽衣曲」。

　　丘先生認為「霓裳」原本是印度樂曲，經過楊敬述的「造」及唐明皇的潤飾，以月中所聞為散序，是大量攙進「華聲」的成分，樂曲「華化」了一部份。但是，仍有部分的精神面貌未能脫盡印度樂舞之舊，這也是必然的。一如旋律、節奏、組織、舞法等。〔註270〕故由「霓裳」曲改編成曲的過程中，顯而易見，「霓裳」大曲是將胡樂曲直接編入曲中，是胡、漢樂舞融合的代表作，亦是域外胡樂胡舞漢化、華化的一個例子。

　　8.「獻仙音」、「獻天花」

　　「獻仙音」是唐代所造曲子，但不詳所起〔註271〕。可能由「霓裳羽衣曲」變化而來，或與道教音樂有關。〔註272〕「霓裳」曲含印度佛教及道教音樂之風格，以及丘先生曾認為唐道曲有模仿佛曲之說，是否「獻仙音」亦含有印度胡樂之風？僅存疑於此。

　　「獻天花」一曲，任半塘《教坊記箋訂》把此曲歸為「釋」類，〔註273〕可能表現佛教內容，並與佛教音樂有關，不過有學者認為是道曲性質〔註274〕，是否如丘瓊蓀先生之觀點「道曲模仿佛曲」，僅註闕疑於此。又若此曲表現佛教思想，則與印度佛樂曲應有其關連或類似之處。

　　9.「火鳳」

　　此曲在《洛陽伽藍記校注》有記載：

---

〔註268〕馮文慈，《中外音樂交流史》（長沙：湖南教育出版社，1998），頁80。

〔註269〕劉慧芬，〈碧雲仙曲舞霓裳〉，《故宮文物月刊》，五卷六期（台北：國立故宮博物院出版，1986年9月），頁125。

〔註270〕《燕樂探微》，頁79。

〔註271〕《燕樂探微》，頁83。

〔註272〕左漢林，〈唐代梨園法曲性質考論〉，頁51。

〔註273〕《教坊記箋訂》，附錄三〈曲名事類〉，頁260。

〔註274〕左漢林，〈唐代梨園法曲性質考論〉，頁52，文中表1「性質」欄中註為「道曲」性質。

（北魏高陽王雍）王有二美姬，一名脩容，二名豔姿，並蛾眉皓齒，
潔貌傾城。脩容亦能爲綠水歌，豔姿善火鳳舞，並愛傾後室，寵冠
諸姬。〔註275〕

此曲應起於北魏，大約在宣武、孝明帝時，早於貞觀一百二十年左右〔註276〕。
唐貞觀末，樂工裴神符作「火鳳」曲〔註277〕，其中裴神符之「作」應是改作
之意，將此曲改作成琵琶曲，非全新創作。故推測「火鳳」一曲應當亦含有
北魏當時胡樂之風格。

綜合以上法曲的分析，丘瓊蓀先生〈爲法曲下一結論〉說道：

法曲出自清商，以清商爲基本再融合部分道曲佛曲以及若干外族樂
而成的一種新樂。其中有純粹的清商曲，有道曲佛曲或胡部化的中
國樂曲，也有華化的外來樂曲：清樂約爲十之七八，胡化約爲十之
二三。〔註278〕

丘先生並認爲白居易〈法曲〉詩序「法曲雖似失雅音，蓋諸夏之聲也」，其「似
失雅音」即是部分胡化的關係。〔註279〕依筆者從以上史料的推敲，以上二十
五首法曲中疑似含有胡樂共有十一首，也許此說法，似乎擴大了外來樂舞的影
響範圍。不過，就丘先生所說的「清樂約爲十之七八，胡化約爲十之二三」，
更明確的解釋，是指在疑似含有胡樂的法曲中，其胡化成分爲十之二三，即曲
子的曲調、風格含有十分之二三的外來樂舞元素。所以，雖然疑似含外來音樂
或胡化的法曲幾近二分之一，樂曲中應仍多以傳統清樂爲主要內容。不過，其
中有明顯爲「華化的外來樂曲」，即原本曲子就是外來樂舞，如高昌所獻「聖
明樂」、西涼樂改編之「霓裳羽衣曲」，則其胡樂成分或許應就佔十之七八。

此外，丘先生提出「清樂之日益淪缺，法曲之日就張皇」，是符合「推陳
出新」的文化發展規律，也是文化發展必尋的途徑〔註280〕。將胡樂的傳入與
影響唐代樂舞的角色，提出最佳的詮釋與註解。以下將延續此一論點，探論
法曲在天寶年間與「胡部新聲」之合作，以及諸樂曲改名兩事件之意涵。

---

〔註275〕（北魏）楊衒之，范祥雍校注，《洛陽伽藍記校注》（上海：上海古籍出版社，
1978），卷3，〈城南・高陽王寺〉，頁177。
〔註276〕《燕樂探微》，頁84。
〔註277〕《唐會要》，卷33〈讌樂〉條，頁610：「裴神符者，妙解琵琶，作『勝蠻奴』、
『火鳳』、『傾杯樂』三曲，聲度清美，太宗深愛之。」
〔註278〕《燕樂探微》頁99。
〔註279〕《燕樂探微》頁99。
〔註280〕《燕樂探微》頁47。

## 二、「道調、法曲」與「胡部新聲」的合作：

唐代樂舞文化的發展至唐玄宗朝，可說是達到鼎盛時期，在持續傳入的外來樂舞當中，自西域而來的樂舞影響是最為深遠，在《新唐書・禮樂志十二》中記載：

> 開元二十四年，升胡部於堂上。而天寶樂曲，皆以邊地名，若「涼州」、「伊州」、「甘州」之類。後又詔道調、法曲與胡部新聲合作。
> 〔註281〕

文中有兩點值得注意，第一是「升胡部於堂上」，開元二十四年（736年），把「胡部」提升為堂上的坐部伎。第二是「詔道調、法曲與胡部新聲合作」。

「升胡部於堂上」，所謂「胡部」，據《樂府雜錄》記載：「太宗朝，三百般樂器內挑絲、竹為胡部」、「初製胡部無方響，只有絲竹。」〔註282〕說明在唐初就有「胡部」之名。岸邊成雄先生認為「胡部」是含有胡樂之意，並非太常四部樂中之胡部。顯示胡樂胡舞在宮廷樂舞中地位的提高。唐代胡部（胡樂）與傳統的道調法曲同在宮廷演奏，意味著胡樂與唐代統治者所特別重視的道調法曲同台演出，使胡樂在宮廷樂舞的重要性大為提高。所以在觀念、態度上也表現出胡樂與道調法曲有同等重視的地位。

唐代對胡樂胡舞文化價值的認同，就好比今天美聲與通俗、高雅古典音樂與流行音樂同台演出，反映出在開放的時代，多元文化互相影響、融合、發展的繁盛現象。

在論述「詔道調、法曲與胡部新聲合作」的涵義前，須了解「道調」一詞，在唐代有兩種涵義，一是指樂律上的宮調名。《唐會要》：「天寶十三載七月十日，改諸樂名……林鐘宮時號道調。道曲、垂拱樂、萬國歡、……。」〔註283〕《新唐書・禮樂志十二》：「凡所謂俗樂者，二十有八調：正宮、高宮、中呂宮、道調宮……」，〔註284〕《樂府雜錄》所說的俗樂或者燕樂二十八調中，七宮調的第四調即稱「道調宮」。〔註285〕陳暘《樂書・諸胡曲調》：「樂有歌，

---

〔註281〕《新唐書》，卷22〈禮樂志十二〉，頁476～477。

〔註282〕（唐）段安節，《樂府雜錄》，頁41、43。

〔註283〕《唐會要》，卷33〈諸樂〉，頁616。

〔註284〕《新唐書》，卷22〈禮樂志十二〉，頁473。

〔註285〕（唐）段安節，《樂府雜錄》，頁42。「去聲宮七調：第一運正宮調，第二運高宮調，第三運中呂宮，第四運道調宮，第五運南呂宮，第六運仙呂宮，第七運黃鍾宮。」

歌有曲，曲有調。故宮調胡名婆陁力調，又名道調。」〔註286〕岸邊成雄《唐
代音樂史的研究》所謂「道調係指唐代俗樂二十八調之一，與仙呂調均爲具
有道教意義之調名。」〔註287〕。以上記載所指之道調爲宮調名，是第一種涵
義。

　　第二種涵義，則是丘瓊蓀先生考證崔令欽《教坊記・序》：「我國家玄元
之胤，未聞頌德，高宗乃命樂工白明達造道曲、道調」〔註288〕、《新唐書・禮
樂志十一》：「高宗自以李氏老子之後也，於是命樂工製道調」，〔註289〕《樂府
雜錄》：「懿皇命樂工史敬約吹觱篥，初弄道調，上謂是曲誤拍，敬伯乃隨拍
而撰此曲」〔註290〕、及上文《唐會要》等記載，認爲「道曲」、「道調」都是
樂曲名，這些樂曲是特別爲祀老子而創製的。因此玄宗把道調和法曲並稱，
命樂工與胡部新聲合奏。〔註291〕因此「道調」是指宮調名或是曲名，應是要
看文中語意所指爲何而定。

　　何謂「胡部新聲」？據《舊唐書・音樂志二》記載：

　　　　又有新聲自河西至者，號胡音聲，與龜茲樂、散樂俱爲時重，諸樂
　　　　咸爲之少寢。〔註292〕

文中「河西」，指黃河以西，涼州、伊州、甘州等中國甘肅西北地區，唐代安
西督護府統領西域十六府之諸胡地，其中涼州是位居中國與西域地區的邊境
要衝之地。〔註293〕「新聲」兩字，應是有別於北朝傳入胡樂，指在唐代傳入

〔註286〕（宋）陳暘，王雲五主編，《樂書》（臺北市：台灣商務），卷159，頁10。
〔註287〕（日本）岸邊成雄，《唐代音樂史的研究》頁46。
〔註288〕（唐）崔令欽，《教坊記》，頁122。
〔註289〕《新唐書》，卷21〈禮樂志十一〉，頁472。
〔註290〕（唐）段安節，《樂府雜錄》，頁40。
〔註291〕丘瓊蓀，《燕樂探微》，頁51～52。
〔註292〕《舊唐書》，卷29〈音樂志二〉，頁1071。《新唐書》，卷22〈禮樂志十二〉，
　　　　頁479：「有新聲自河西至者，號胡音，龜茲散樂皆爲之少息。」《通典》，卷
　　　　146〈樂六〉，四方樂條文末：「又有新聲自河西至者，號胡音聲，與龜茲樂、
　　　　散樂俱爲時重，諸樂咸爲之少寢。」
〔註293〕（日本）岸邊成雄，《唐代音樂史的研究》頁46。另據《新唐書》，卷43下
　　　　〈地理志七下・羈縻州〉，頁1119載：「突厥、回紇、党項、吐谷渾之別部及
　　　　龜茲、于闐、焉耆、疏勒、河西內屬諸胡、西域十六國隸隴右者，爲府五十
　　　　一，州百九十八。」《新唐書》，卷43下〈地理志七下・羈縻州・隴右道・河
　　　　西內屬諸胡・安西督護府〉，頁1135載：「河西內屬諸胡，州十二，府二。烏
　　　　壘州　和墨州　溫府州　蔚頭州　遍城州　耀建州　寅度州　豬拔州　達滿
　　　　州蒲順州　郫及滿州　乞乍州」

的西域系音樂，或者特別指玄宗皇帝在位期間再度傳入的西域樂舞。所以自
河西的新聲，即「胡部新聲」。另有學者解釋「胡部新聲」是指玄宗朝前後自
河西輸入的印度音樂、波斯音樂及中亞音樂〔註 294〕。而自河西傳入內地後的
「胡部新聲」，附以邊地之名，與龜茲樂、散樂盛行於開元（713～741 年）、
天寶（742～756 年）前後，在開元二十四年（736 年）即升於堂上演奏。

　　至天寶十三載，由皇帝的詔令，使胡部新聲和道調法曲「合作」〔註 295〕，
何謂「合作」？如何進行「合作」？此「合作」有何影響？依任半塘先生釋
意，「合作者，先後遞奏，同時同場之謂，事實上單位有別，仍各自為樂，並
非將法曲與胡樂揉合於同一曲調中也，不可誤解。」〔註 296〕筆者認為，任先
生所提「不可誤解」為曲調融合之意，在史料中並無確切記載「合作」的實
際作為為何，是指演奏次序的改變，或是曲調融合，是無法定論的。沈冬先
生《唐代樂舞新論》探討「樂部」一詞含意時，根據法曲演出場合、背景的
記載，提到法曲的演出並不重儀式，是深宮小宴，隨興而作。〔註 297〕既然如
此，則何必特別詔令進行先後遞奏，同時同場的「合作」。日人學者岸邊成雄
認為：

> 以天寶十三年，利用胡俗兩樂融合之契機，敕詔「胡部新聲」與「道
> 調法曲」之合作。⋯此種趨勢，延續至唐末，胡俗兩樂完全融合成
> 為新俗樂。〔註 298〕

從岸邊成雄先生的說法中，隱含「合作」為樂曲內容的融合之意。若將「道
調」以宮調名涵義來看「合作」，則必定是指曲調內容的合作。或者可將胡漢

---

〔註 294〕姜伯勤，〈敦煌悉磨遮為蘇摩遮樂舞考〉，《敦煌研究》，第 3 期（蘭州：1996
　　　　年 3 月），頁 10。

〔註 295〕《元稹集》，卷 24，頁 284，〈和李校書新題樂府十二首・立部伎〉詩句：「宋
　　　　沇嘗傳天寶季，法曲胡音忽相合。」詩句中註解：「太常丞宋沇傳漢中王舊說
　　　　云：『明皇雖雅好度曲，然而未嘗使蕃漢雜奏。天寶十三載，使詔道調法曲與
　　　　胡部新聲合作，識者異之。明年安祿山叛。』」《白居易集》（台北：漢京文化
　　　　事業有限公司，1984），卷三〈諷諭三・新樂府〉，頁 55，〈法曲歌〉詩句：「法
　　　　曲法曲合夷歌，夷聲邪亂華聲和。以亂幹和天寶末，明年胡塵犯宮闕。」句
　　　　中註解：「法曲雖似失雅音，蓋諸夏之聲也，故歷朝行焉。玄宗雖雅好曲度，
　　　　然未嘗使蕃漢雜奏。天寶十三載，使詔道調法曲與胡部新聲合作，識者深異
　　　　之。明年冬，而安祿山反也。」

〔註 296〕（唐）崔令欽，《教坊記箋訂》〈大曲名〉，頁 147。

〔註 297〕沈冬，《唐代樂舞新論》，頁 33，註 ①。

〔註 298〕（日本）岸邊成雄，《唐代音樂史的研究》，頁 36。

樂曲同場演出時的先後次序，視爲是形式上的合作。另一方面，回歸樂舞藝術文化傳播的特點來看，音樂曲調的融合則是無形中的合作，是爲潛在性的相互影響、融合。

然而，曲調內容融合的合作，其實是無法避免的可能性，甚至是時勢所趨使然。以現今音樂潮流爲例，在流行樂的創作中可見中西樂合壁的音樂作品，亦有古典樂與流行樂的元素交織在樂曲中呈現，是昭然事實，亦如丘瓊蓀先生所提「推陳出新」的文化發展規律。在所謂的主流樂潮中，不斷加入新的音樂、舞蹈元素的刺激，激起新的合作火花，舊有、原有的樂舞吸收新的養分，使能有嶄新的面目呈現，這應該也是大唐樂舞能夠枝繁葉茂的重要緣由之一。

由於今日無法取得當時曲譜來做曲調內容的分析，故筆者認爲不能主觀認定胡部新聲與道調法曲的合作僅指於演出順序之意，而無曲調中的融合、合作，在此僅以樂舞文化的傳播特點來看，提出「合作」之意的說明。

再從白居易〈法曲歌〉詩曰：「乃知法曲本華風，苟能審音與政通。一從胡曲相參錯，不辨興衰與哀樂。願求牙曠正華音，不令夷夏相交侵。」〔註299〕，據此推意，胡曲與本爲華風的法曲的曲調有所「相參錯」，意即爲曲調有融合之處，以致詩人認爲曲風「不辨興衰」，若僅是演出順序的合作，則不至於不辨興衰。故應爲曲調內容合作之意。

在不排除胡部新聲和道調法曲的合作之意，是含有曲調融合之意的前提下，對於玄宗此詔舉，筆者再舉兩項事實加以推論、佐證。首先，胡樂胡舞在唐初持續傳入，於朝野間傳播，至玄宗朝時，胡樂之盛已「升胡部於堂上」，此舉顯然已是胡樂與清商法曲同台先後演出的事實，而後天寶十三載的「合作」即不必再重申是演出順序合作的必要，故其「合作」應該是含有更進一步漢胡樂曲調方面融合的意涵。再者，前文對二十五首法曲的性質分析中，亦可發現法曲的「胡化」現象，是指曲調內容的融合。

第二項事實，是「天寶十三載七月十日，太常署供奉曲名，及改諸樂名」一事。〔註300〕依文化藝術事物發展的歷程，以及按照一般認識事物的經驗，對一新生或外來事物的認識，是在對其內容有充分的瞭解與接受後，並與自身的文化產生融合或共鳴，才會對此事物冠以自己喜愛和熟悉的名稱。故「詔

〔註299〕《白居易集》，卷三〈諷諭三·新樂府〉，頁55。
〔註300〕參閱本文第二章第三節「天寶十三載諸樂曲的改名」。

道調、法曲與胡部新聲合作」，應當是漢魏傳統清商樂舞曲、胡樂胡舞曲在內容上、曲調上相互擷取、融合後，才接著進行「改諸樂名」的舉動。據史書上的記載，並無明確指出「詔道調、法曲與胡部新聲合作」此舉是在「改諸樂名」之前或之後，依上段對於漢胡樂曲「合作」之意的論述，筆者認為樂舞曲在內容上、曲調上相互有所擷取、編整、融合後，根據樂曲的曲風、表現，接著進行「改諸樂名」，在文化藝術的傳播融合過程中，是較為合理的發展邏輯。

這項諸樂名稱的變更事件，不僅映證胡漢樂舞內容、曲調有所融合的事實，在這融合的過程，唐朝以中原王朝為主觀者的角度來說，亦可視為域外胡樂胡舞傳入中原地區後的漢化歷程，或者可以說是胡樂歌舞的漢化、唐化。〔註301〕所以，「諸樂曲的改名」不是一個單獨的事件，不能獨立來看，是與整個中唐時期的樂舞發展形勢，有極其密切相關。

此時的胡樂胡舞不僅是登堂入室，進入大雅之堂，且廣受喜愛，已經通過「文化融合」的過程，轉化成為主體文化之一。以著名的「霓裳羽衣」曲為例，天寶十三載，由「婆羅門」曲改名而來。不僅是胡樂胡舞與傳統樂舞融合的典範，其流傳之久、傳播之廣，也顯示胡漢樂融合所產生的新形式樂舞曲，能為當時朝野上下所接受、認同，其藝術價值更獲得普世認同。

由以上所舉事實，以及以現今樂舞藝術的發展現況來看，筆者認為樂舞藝術是屬於人類精神文化的範疇，是情意表達的直接媒介。創作者於當時樂舞曲中，或多、或少，擷取並融合不同（漢、胡）樂舞元素，形成新的樂舞曲風來表達本事意，應是極為自然之事。唐玄宗「詔道調、法曲與胡部新聲合作」此舉，應可說是順應胡樂胡舞在唐代樂舞發展中帶起的發展潮流，彰顯胡樂與當代樂風的交流事實。對於中唐後期，胡俗兩樂的融合發展，形成唐末「新俗樂」風潮，有推波助瀾的效果。〔註302〕

# 第四節　小　結

外來樂舞經由魏晉南北朝時期的大量傳入與傳播，在北周、北齊的宮廷中，已呈現雅胡俗樂已隱然合流的現象，為隋唐燕樂的形成，鋪陳出醞釀的

---

〔註301〕劉慧芬，《唐代宮廷舞蹈之研究》（文化大學藝術研究所碩士論文，1986），頁191。

〔註302〕岸邊成雄，《唐代音樂史的研究》，頁64。

背景。隨著北朝時期外來樂舞在中原的傳播,隋唐時期持續傳播與發展,與與中原漢族傳統樂舞漸漸有交流與融合情形,進而相互吸收、融合,催化出新的樂舞風格,並已達到集大成的局面,反映外來樂舞在中原傳播的影響與效應。

在宮廷樂舞的組織形式方面,承繼北周根源於《周禮》「建六官」的「四夷樂」體系,形成完整系統的「多部樂」制度,同時保有各民族樂舞風格的多元特色。

「燕樂」一詞,在本文是意指於宮廷娛樂、宴饗賓客之時,融合胡俗二樂的宴饗之樂舞,朝廷中供作國事用,具有宮廷禮儀性質。在唐代則包含多部樂、坐立部伎以及法曲。

唐初繼承隋代大型宮廷燕樂樂舞「多部樂」,包含各民族音樂、舞蹈特色的完整曲目,首先隋文帝編制「七部樂」,成爲樂舞文化的主流。至隋煬帝第一次擴編,在原來外來樂舞四部之外(龜茲伎、高麗伎、天竺伎、安國伎),再增加「疏勒」與「康國」兩部樂,是爲「九部樂」。其中將「國伎」還原以「西涼」稱之,顯示隋煬帝時增加的「清樂」一部,代表正統皇朝之華夏正音,不必再借用傳有中國舊樂的西涼樂爲「國伎」,各部樂舞、器樂已然完備。

發展至唐太宗時,廢「禮畢伎」,設「燕樂伎」,平定高昌,增列「高昌伎」於部伎,正式擴編爲「十部樂」。此時加入部份仍是西域國家的樂舞,從「七部樂」中的四部外來樂舞,再加上疏勒、康國、高昌等三個西域國家的樂舞,皆以「國別」爲區別樂部的單位,尤其「高昌樂」是唐太宗時以武力征服後編入,突顯出多部樂在宮廷中誇耀國威的政治用意,這點從「多部樂」的演出時機多在外族來朝時,可加以佐証。

雖「多部樂」的設置有其明確的政治功能,在此前提下,「多部樂」內的外來樂舞文化之豐富、多元,不僅開啓唐世輝煌之樂舞新頁,從各胡部樂舞的樂器配置來看,漢、胡樂器確有合奏或輪奏相互配合的不爭事實,顯示唐人樂舞素養之高,能將外族胡樂加以編修,融合漢族樂風的方式重新呈現,亦不失顯揚德威的效果。

經百年來樂舞風潮的演變,時至唐中葉,「多部樂」受限於禮儀、體制的固定及僵化,無法順應當代流行之樂風,漸失樂舞光芒,取而代之的是依演出型態需求區分的宮廷燕樂「坐立部伎」,從其十四部樂曲的曲源及創作背景看來,除「龍池樂」以外,其餘各樂曲皆雜有或直接源於外來樂舞。可以說

大部分樂曲都是外來樂舞元素與中原傳統樂舞在不同程度上的融合，創制出的新樂舞形式，也確實破除唐初「多部樂」以國名或地名區分樂部的樂舞制度，不特別以各部胡樂胡舞源出地區、國家名之。「外來樂部」已逐漸進一步融入宮庭燕樂「坐立部伎」的各部樂舞曲目中繼續演出。但「多部伎」在中國舞蹈史中，對於胡漢樂舞文化相容並蓄的過程而言，居有承先啓後的地位與價值，是永遠存在的。

再者，「二部伎」的演出，是前一日由皇帝選擇其中一或數曲，隔日才上演，與「多部樂」每次皆從頭至尾的完整成套演出不同，反映出不再以個別胡樂、樂部爲概念，而是直接欣賞樂曲本身所蘊含的樂舞藝術。隨著整體樂舞藝術朝向更專業化的發展，如坐部伎堂上小規模的演出，逐漸形成精緻樂舞演出方式，加上唐玄宗個人對於樂舞藝術的喜愛與專精，並且大力發展，除中央樂舞機構「太常寺」外，另設置（內、左右）「教坊」傳習俗樂、「梨園」供奉法曲，三者通常被視爲唐代三大音樂中心。尤其梨園「法曲」向來被學界視爲唐代音樂藝術的精華。

從本文依《唐會要》、《樂府詩集》所載共二十五首法曲，參酌丘瓊蓀先生與左漢林先生兩位學者對樂曲曲源、演變的考證，對於「法曲」胡化有更深一層的體認。在丘先生認爲法曲中「清樂約爲十之七八，胡化約爲十之二三」之論外，其所謂「胡化約爲十之二三」，明確的解釋，即是指在疑似含有胡樂的十一首法曲中，其胡化成分爲十之二三，曲子的曲調、風格有十分之二三的胡樂胡舞元素。從上述「多部樂」至「二部伎」樂舞形式的演變過程中，了解胡樂胡舞元素與中原樂舞漸已融合，創制出的新樂舞形式。故「法曲」之中應已難區別何首樂曲爲純粹漢族傳統「清商樂」之性質，何爲純粹「胡樂」之類。

此外，「清樂之日益淪缺，法曲之日就張皇」，是符合推陳出新的文化發展規律，也是文化發展經歷的途徑。將胡樂的傳入與影響唐代樂舞的情形，提出最佳的詮釋與註解。依此文化發展脈絡，「道調、法曲」在天寶年間與「胡部新聲」之合作，充分顯現出胡樂胡舞與道調法曲的合作，不僅僅只是任半塘先生認爲演出順序「先後遞奏，同時同場之謂」，「曲調內容融合」之合作，其實是無法避免的，甚至是時勢所趨使然。在唐代冠絕一時的「霓裳羽衣曲」，即是融合胡漢樂風爲一曲的最佳例證。再者，「天寶十三載諸樂曲改名」事件中，依任半塘先生之見，胡歌名改爲漢名至少六十曲，意味著在盛唐後期，

胡樂胡舞的發展進入另一個新的階段，亦即域外胡樂胡舞傳入中原地區後的漢化歷程，或者可以說是胡樂歌舞的漢化、唐化。

因此，可以認為，天寶年間諸外來樂曲的改名，從文化意義上來看，是外來樂舞文化與漢族傳統樂舞文化經過百年來的認同、融合歷程後，水到渠成的藝術結晶，反映出大唐多元樂舞文化的進化與整合風貌。在此泱泱大樂風貌中，不可忽略的是外來樂舞所扮演的文化刺激的角色，如一股源源不絕的新流，持續注入唐代樂舞這條絢爛奪目的大河，讓有唐一代創造出輝煌的樂舞藝術成就。

# 第四章　唐代「教坊」曲中的外來樂舞

　　樂、舞本是相連一體的藝術，隋唐以來的樂舞，亦幾乎是樂與舞不相離。唐段安節《樂府雜錄・舞工》：

　　　舞者，樂之容也。有大垂手小垂手：或如驚鴻，或如飛燕。婆娑舞

　　　態也，蔓延舞綴也。〔註1〕

　　凡是古代比較完整的音樂，都是包含舞蹈在內的，而舞蹈的演出，是需要音樂的伴奏，隨著樂曲、音樂的不斷發展，舞蹈內容自然也隨之更加多樣、豐富。唐代樂舞活動流轉於社會的各階層中，上至宮中宴享、下至庶民百姓，在節慶和宴飲活動中，樂舞表演都是不可或缺的。而在一般權貴、士大夫私家宴會中表演的樂舞，是屬於小型娛樂的舞蹈表演，通常爲「教坊」演出的樂舞曲。「教坊」〔註2〕是唐玄宗開元年間確立的三大音樂中心之一，當時是唐代樂舞最興盛時期，「教坊」所傳習的樂舞曲是以當時民間流行的新聲樂舞、散樂雜伎爲主要內容。依據唐人崔令欽《教坊記》記錄當時教坊演出的曲名，分記爲大曲、健舞和軟舞三類的樂舞曲目。〔註3〕並加上唐末段安節《樂府雜錄》補著錄的教坊樂曲。

　　「大曲」是綜合器樂、聲樂和舞蹈三者連續、多段式的表演。「健舞」、「軟舞」的名稱是從唐代開始出現，據相關樂舞史料的記載分析，是依照舞蹈的風格和型態來分類。〔註4〕

---

〔註1〕（唐）段安節著，《樂府雜錄》〈舞工〉（北京：中華書局出版，1985）頁19。

〔註2〕唐代「教坊」有「內教坊」及「左右教坊」等設置，本文在此統稱爲「教坊」。

〔註3〕（唐）崔令欽著，《教坊記》（丁如明等點校，《唐五代筆記小說大觀》，上海：上海古籍出版社，2000），頁124～128。

〔註4〕歐陽予倩，《中國舞蹈史二編兩種　唐代舞蹈》（台北：蘭亭書局，1985），頁22。

## 一、《教坊記》、《樂府雜錄》之價值

### （一）完整紀錄教坊樂曲名

唐人崔令欽《教坊記》和段安節《樂府雜錄》均有記載「教坊」傳習曲名，本章節將以這兩本書中所載曲目爲範圍。關於崔氏的生平，據《教坊記箋訂》崔令欽自序：

> 開元中，余爲左金吾倉曹，武官十二三是坊中人，每請俸祿，每加
> 訪問，盡爲予說之。今中原有事，漂寓江南，追思舊遊，不可復得，
> 粗有所識，即復疏之，作「教坊記」。〔註5〕

在開元年間，崔氏曾爲左金吾倉曹，掌管京師戒備防務官。「中原有事」，是指天寶安祿山之亂，崔氏避難流寓江南潤洲，追思教坊故事，作《教坊記》。〔註6〕書中記載教坊零星片段的資料，雖數量有限，但對當代盛行樂舞的紀錄來說，史料參考價值實屬可貴。尤其值得重視的是卷末所載的三百二十四首曲目，可說是研究盛唐樂舞、詩歌戲劇等，藝術活動的第一手資料。近年任半塘先生所著《教坊記箋訂》一書，將《教坊記》所錄曲目，詳細考證，並對此書所具有的時代意義，曲調與歌舞、百戲、敦煌曲、聲詩、長短句、大曲等關係，以及在曲調體制方面，分大曲、小曲及雜曲三大類，作極深入的探究，反映《教坊記》在歷史研究上的價值。故《教坊記箋訂》對於本章探討的主題，有相當高的參考價值。

《樂府雜錄》成書在《教坊記》之後，段安節在《樂府雜錄》自序中即明白點出著書緣由：

> 安節以幼少及好音律，故得粗曉宮商。亦以聞見數多，稍能記憶。
> 嘗見《教坊記》，亦未周詳，以耳目所接，編成《樂府雜錄》一卷。
>
> 〔註7〕

---

〔註5〕（唐）崔令欽，《教坊記》（《唐五代筆記小說大觀》，上海：上海古籍出版社，2000），頁122。
（清）董誥等編，《全唐文》（北京：中華書局，1987），卷396，頁4041載：「令欽。開元時官著作佐郎。歷左金吾衛倉曹參軍。肅宗朝遷倉部郎中。」。

〔註6〕《唐五代筆記小說大觀》之《教坊記》點校說明，頁119。《全唐文》，卷320〈潤洲鶴林寺故徑山大師碑銘〉，頁3247-2～3248-2載：「天寶十一載十一月十一日。中夜坐滅。嗚呼。……禮部員外郎崔令欽。道流人望。莫盛於此。弟子嘗聞道於徑山。猶樂正子春之於夫子也。」

〔註7〕（唐）段安節，《樂府雜錄》（北京：中華書局出版，1985），原序，頁3。

明白點出《樂府雜錄》一書旨在彌補《教坊記》紀錄之不足，而所謂的「不足」，應不完全指崔氏未記錄或漏記的部分，應該是崔氏之後，唐末樂舞新的風行曲目。據《全唐文》：

> 安節。太常少卿成式子。乾寧中爲國子司業。〔註8〕

「乾寧」爲唐末昭宗皇帝年號（894～898年）。段安節父親段成式擔任中央最高音樂中心「太常少卿」一職，位職僅次於太常卿，〔註9〕因此，可知父子倆對當時宮廷樂舞情形當屬相當明白。段安節與崔氏成書時間，相距至少百餘年，段安節爲崔氏後世晚輩。而從兩書所記曲目的差異，則可明白是爲崔氏與段氏一前一後，依生平在朝爲官的經歷，從盛唐至唐末，將自身見聞流行於朝廷、民間的樂舞曲，大致上完整的紀錄下來。除《唐會要》記有太常所司二百餘曲之外，其餘朝野中外的雜曲名，大概都在此《教坊記》與《樂府雜錄的記載中。對於後世研究唐代樂舞文化有不可忽視的史料價值，亦爲本章節首要參考的重要史籍。

## （二）教坊樂曲創產自民間

音樂、舞蹈是人們表情達意最直接的媒介，在《教坊記》著錄三百多首樂曲中，從曲名來看，除了有關帝王歌功頌德者以外，〔註10〕任半塘先生加以說明：

> 若爲社會實際生活之寫照者，則爲數甚多。其中如牧羊、採桑、拾麥、採蓮、撥棹、得篷、刈碓等，俱聯繫田野或室外之勞動，望而可知者。…即一般抒情之曲，如念家、歸國、想夫、思友、送行、望遠、相逼、懷媒等。亦皆先發於民間里巷，傳之既廣，始被採入教坊，原爲大眾喜怒哀樂之所關。……在教坊籍內，正是當時政治、武功之忠實反映，絕非等閒。〔註11〕

---

〔註8〕（清）董誥等編，《全唐文》，卷820，頁8634。

〔註9〕（後晉）劉昫，《舊唐書》（臺北市：鼎文書局，1981），卷44〈職官志三〉太常寺條，頁1872。「卿一員，正三品。……少卿二人。正四品。……太常卿之職，掌邦國禮樂、郊廟、社稷之事，……總其官屬，行其政令。少卿爲之貳。」

〔註10〕《教坊記》，頁125記載曲名中，如獻天花、美唐風、大定樂、龍飛樂、慶雲樂、繞殿樂、泛舟樂、清平樂、夜半樂、天下樂、賀聖樂、奉聖樂等。

〔註11〕任半塘，《教坊記箋訂》（北京：中華書局出版，1962），〈弁言〉，頁5。

所以唐教坊曲有絕大部分是屬於田野間勞動活動之類的吟詠，以及抒發一般
人民生活情感之曲。在抒情曲中，有一部份明顯爲抒發當時人民因常年征戍
邊疆的怨苦之情，《新唐書‧五行志二》：

> 天寶後，詩人多爲憂苦流寓之思，及寄興于江湖僧寺。而樂曲亦多
> 以邊地爲名，有伊州、甘州、涼州等，至其曲遍繁聲，皆謂之「入
> 破」。〔註12〕

從曲名可明顯看出「憂苦流寓之思」的樂曲原意，如「嘆疆場」、「退方怨」、
「怨黃沙」、「怨胡天」、「羌心怨」、「靜戎烟」、「送征衣」等，既然是寄寓邊
地憂苦之情，其曲調、歌辭創作內容當多與邊地人情風物有所關聯，或與邊
地胡俗樂舞有所融會。始從邊地高歌詠唱，繼而傳唱中原民間，其中廣爲流
行之曲即採入教坊。

　　從當時邊地胡樂與俗樂或有融合傳唱的情形，加上唐代尚胡之風的社會
背景來看，外來樂曲的傳入、傳唱，自然有其流行的舞台。岸邊成雄先生亦
認爲唐代中葉梨園與教坊之設置，是爲胡、俗樂融合的時期。〔註13〕而不同
類型的樂曲、曲調在融合之前，必定有段相當長的流行時間，才能進而融合、
改編，或再創作成新的樂曲。所以，從《教坊記》共有三百二十五首之多的
曲名記載，〔註14〕顯示因外來樂舞傳入流行，胡、俗樂舞的漸趨融合、發展，
樂曲的創作數量展現令人驚艷的盛況，不僅反映樂舞繁盛之景況，也是唐代
的音樂趨勢與樂舞藝術的高度成就的表現。

　　在「健舞」、「軟舞」代表盛唐舞蹈高度發達藝術成就的中，外來樂舞佔
有一定的數量，以其特有熱烈奔放的民族風情、活潑的舞蹈風貌，吸引唐代
朝野上下。這些胡樂胡舞的深受喜愛，從側面反映當時熱情開放、色彩濃烈、
昂揚向上的時代精神。〔註15〕

---

〔註12〕 （宋）歐陽修、宋祁，《新唐書》（北京：中華書局，1975），卷35〈五行志二〉
　　　　頁921。
〔註13〕 （日人）岸邊成雄，《唐代音樂史的研究》（臺北：臺灣中華書局，1973），頁
　　　　36。
〔註14〕 （唐）崔令欽，《教坊記》，頁125～128。
〔註15〕 王松濤，〈從胡舞的流行看盛唐氣象的多元性與延續性〉，《中華文化論壇》，
　　　　第1期，（2008年），頁136。

## 二、對外來樂舞曲之判定

　　唐人崔令欽《教坊記》記錄當時教坊內所習的樂舞曲共有三百二十四首，對於外來樂曲的判定，任半塘先生《教坊記箋訂‧曲名》說明：

> 本書（教坊記）曲名、大曲名內，可以肯定為外國樂者，不過三十
> 五調……凡不注『清』字之曲名，除此三十餘調外，餘乃或清、或
> 胡，時難判而已，並非皆為胡歌或外國樂也，不當誤會。〔註16〕

任先生考證書中諸曲，確為清商曲者六十八，為外國樂者三十五調，其餘二百二十餘首，則為一時難判之清、胡曲。另外，有學者以望名而知原為胡曲之論，似太過粗略，〔註17〕。但由於諸曲古樂譜多為遺散，取得困難，並難為辨識，全面考證孰是孰非，有待新史料出現，及經專業學者之研究，予以確判樂舞曲的性質、風格，所以關於外來樂曲之判定，依任半塘先生對《教坊記》所記三百二十四首曲名進行孰為清商曲，孰為胡曲之考証，肯定為外國樂為：

> 菩薩蠻、八拍蠻、女王國、南天竺、望月婆羅門、西河獅子，西河
> 劍器、蘇幕遮、胡渭州、楊下採桑、合羅縫、蘇合香、胡相問、醉
> 胡子、甘州子、穆護子、贊普子、蕃將子、毗沙子、胡攢子、西國
> 朝天、伊州、甘州、胡僧破、突厥三臺、穿心蠻、回波樂、龜茲樂、
> 醉渾脫、春鶯囀、達摩之、五天、阿遼、拂菻、大渭州〔註18〕

已上共有三十五調（曲），另有劉慧芬《唐代宮庭樂舞之研究》對外來樂舞曲的認定如下：

> 「龜茲樂」、「醉渾脫」、「菩薩蠻」、「南天竺」、「望月婆羅門」、「蘇
> 幕遮」、「柘枝引」、「穆護子」、「西國朝天」等為西域傳入的胡樂舞。

〔註16〕任半塘，《教坊記箋訂》，〈曲名〉，頁61。
〔註17〕任半塘，《教坊記箋訂》〈曲名〉，頁144，鄭振鐸先生《詞的起源》中認為胡
　　　　樂之入侵，乃長短句之所由興，列舉《教坊記》內軟、健舞曲名十六首，即
　　　　「望名而知原為胡曲」者有二十四首胡曲名：「獻天花、歸國謠、憶漢月、八
　　　　拍蠻、臥沙堆、怨黃沙、遐方怨、怨胡天、牧羊怨、阿也黃、羌心怨、女王
　　　　國、南天竺、定西蕃、望月婆羅門、穆護子、贊普子、蕃將子、胡攢子、西
　　　　國朝天、胡僧破、突厥三臺、穿心蠻、龜茲樂，皆望名而知其原為胡曲，或
　　　　至少是受有胡曲的很深的影響的。」
〔註18〕任半塘，《教坊記箋訂》，〈大曲名〉，頁168～169。同此書，〈曲名〉頁143，
　　　　另外考判為清商曲者六十八首，「示諸調均可信其為華聲，非外國樂曲也」。
　　　　其餘二百二十餘首，為一時難判清、胡之曲。

「甘州子」、「酒泉子」、「沙磧子」、「鎮西樂」、「西河劍器」、「北庭子」、「贊普子」、「蕃將子」、「胡渭州」、「定西蕃」、「伊州」、「涼州」等，是中國西部傳入的樂舞。〔註19〕

文中「中國西部傳入」的樂舞曲中，「甘州子」、「西河劍器」、「贊普子」、「蕃將子」、「胡渭州」、「伊州」等，是任先生肯定爲外國樂曲者，可見兩位學者對是否爲外來樂舞的認定仍是有所出入，囿於文獻史料撰述有限，判考結果難定，難免仍有不同的認定角度與見解。由於任先生對於外來樂舞曲的考訂甚詳，本文將以任半塘先生肯定爲外國樂者三十五調〔註20〕，及部分與胡樂相關者但「一時難判清、胡」之樂曲，爲本章節探究的外來樂舞曲之範圍，以《教坊記》記載之「大曲」、「健軟舞」之名各分爲前兩節標題，第三節則爲「曲名」中的其他外來樂舞曲。本文也將《樂府雜錄》所補列之軟健舞曲目加入探究內容。以唐代詩作、筆記小說等有關外來樂舞的描述記載，以及相關壁畫圖像的相互映證，對外來樂舞之曲源演變、樂舞風貌、傳播等進行論述，以期對於流傳各階層的外來樂舞有更完整的認識，並了解外來樂舞所反映出的唐代精神風貌。

# 第一節　大曲中的外來樂舞

## 一、何謂唐大曲

「大曲」的名稱、體例早在漢代已經出現，指的是在各歷史時期重要樂種中的大型樂曲，像漢魏時期的「相和歌」、六朝的「清商樂」。唐宋時期的「燕樂大曲」等等。凡是聲樂兼有器樂的大型歌舞曲，通稱爲「大曲」，如唐代最著名的《霓裳羽衣舞》。

「大曲」指含有多段的大型歌舞曲，在表演的過程中綜合器樂、聲樂和舞蹈三者的連續表演，是依奏、歌、舞一定演出順序的藝術形式，並分爲散序、歌、破三大部分，每一個部分中間又包括若干個樂段。（1）散序，即散板的引起部。一般由器樂演奏的若干遍樂曲構成，不歌不舞。（2）歌，又稱

---

〔註19〕劉慧芬，《唐代宮庭樂舞之研究》（文化大學藝術研究所，1986），頁173。「望月婆羅門」在原文誤記爲「望日婆羅門」，本文引用已改正。

〔註20〕依任半塘先生《教坊記箋訂》書中敘述內容，其「調」也可意指爲「曲」之意。

中序、拍序或排遍，有拍板的樂曲主體。此部分重點爲若干遍舒緩的歌唱構成，亦稱「歌頭」，有時也有舞蹈。各遍之間有明顯的節奏變化。（3）破，又稱「舞遍」、「舞追」，是繁音急節的結束部分。一般由若干遍組成。以舞蹈爲主，有時有歌，節奏速度變化極爲複雜。〔註21〕白居易曾說：「凡曲將畢，皆聲拍促速，唯「雲裳」之末，長引一聲也。」任半塘先生說明唐大曲之結構，分爲無拍、慢拍、快拍三段。無拍有散序，慢拍有歌與排遍，快拍有破與徹。〔註22〕茲錄下表 4-1-1，以作爲下文中提及大曲結構名稱之用。

### 表 4-1-1：唐大曲組織結構表

| | 大曲 | | | | | | | | | | | |
|---|---|---|---|---|---|---|---|---|---|---|---|---|
| | 大遍 | | | | | | | | | | | |
| 鄭嵎〈津陽門詩注〉 | 散序 | 腔 | | | | | | | | | | |
| 白居易〈霓裳羽衣歌〉 | 散序 | 中序（拍序） | | | | 破 | | | | | | |
| 《樂府詩集》水調歌 | | 歌 | | | | 入破 | | | | | | 徹 |
| 《碧雞漫志》涼州條 | 1 散序 | 2 靸 | 3 排遍 | 4 攧 | 5 正攧 | 6 入破 | 7 虛催 | 8 | 9 實催 | 10 衰遍 | 11 歇拍 | 12 殺衰 |
| 《碧雞漫志》王平霓裳譜 | | | | | 4 正攧 | 5 入破 | 6 虛催 | 7 衰 | 8 實催 | 9 衰 | 10 歇拍 | 11 殺衰 |
| 陳暘《樂書》卷158〈宋大曲〉 | | | | | | 入破 | | 催拍 | | 歇拍 | | |

註：阿拉伯數字 1、2、3……12，僅表順序，不是遍數。
資料來源：王維眞，《漢唐大曲研究》，頁 141。

　　唐代大曲的歌詞大多由五言成七言詩相間組合而成，如「伊州」大曲歌五遍，前兩遍各有一首七言詩，後三遍各用一首五言古詩，這些詩大多出自當時名家之手。使用的宮調稱燕樂二十八調，普遍使用移調和犯調的轉調手法，使音樂富於變化。

---

〔註21〕本文參閱以下三位學者對「大曲」說法。楊隱，《中國音樂史》（臺北：學藝出版社，1977），頁 131～133。王維眞，《漢唐大曲研究》（臺北：學藝出版社，1988）頁 140。楊蔭瀏《中國音樂史稿》，頁 2～32。另外楊蔭瀏《中國音樂史稿》，頁 2～32。說明：「大曲」中間有一部分，稱爲「法曲」。「法曲」主要特點是在曲調和所用樂器方面，接近漢族的「清樂」系統，較爲幽雅。「大曲」指含有多段的大型歌舞曲，綜合器樂、聲樂和舞蹈的大型藝術形式。

〔註22〕任半塘，《教坊記箋訂》，〈大曲名〉，頁 147。

　　唐代是「大曲」藝術發展的頂盛時期，唐代「大曲」不僅數量多，來源廣，而且藝術水準高，在歷史上頗負盛名。唐代大曲之所以能達到這樣的高度，是因爲它在歷代大曲流傳的基礎上，經過再發展和不斷衍變而定型的。

　　《教坊記》中所記載「大曲」名有四十六首，依任半塘先生《教坊記箋訂》考證，屬於外來樂舞爲「甘州」、「伊州」、「胡僧破」、「突厥三臺」、「穿心蠻」、「龜茲樂」、「醉渾脫」等七首。〔註23〕此外，依本文增列「涼州」、「柘枝」兩曲，詳細緣由請參閱兩曲論述內容。

## 二、大曲中外來樂舞曲

### （一）涼州

　　「涼州」州治在今甘肅武威一帶，是古絲綢之路上的重鎮之一。在唐代屬河西節度使管轄〔註24〕。雖然在任先生考訂爲外國樂三十五調中未列「涼州」，在曲名下註爲「清」曲，認爲西涼歌舞早入中土，渾稱西涼，涼州用西涼樂，乃以清樂爲主，而參合胡樂之聲。〔註25〕西涼地處中國西北邊陲，與西域各族自然多有接觸，與西域地區之樂舞應比較有交融吸收的機會，所以其樂舞特色應較接近西域風格。在《新唐書・禮樂志十二》的記載：

> 而天寶樂曲，皆以邊地名，若「涼州」、「伊州」、「甘州」之類。
> 〔註26〕

文中「涼州」與確爲胡樂的「伊州」、「甘州」同爲邊地曲。《通典》亦記「又有新聲自河西至者，號胡音聲」〔註27〕，「涼州」位處「河西」區域，故可能

---

〔註23〕 任半塘，《教坊記箋訂・大曲名》，頁166。將《教坊記》列名爲健舞之屬的「達摩之」、「阿遼」、「拂菻」、「大渭州」，《教坊記》列名爲軟舞之屬「回波樂」、「春鶯囀」，以及未列軟健之屬「五天」一曲，任先生皆補列於大曲名後。本文仍依《教坊記》所列，於第二節分別論述。「五天」則於本章第三節中論及。

〔註24〕 （唐）杜佑，《通典》，卷172〈州郡二〉，頁4479。「河西節度使：理武威郡，管兵七萬三千人，馬萬九千四百疋，衣賜百八十萬疋段。……」

〔註25〕 任半塘，《教坊記箋訂》，〈大曲名〉，頁153～154。所謂「早入中土」，應意指唐初「多部伎」之「西涼樂」。在魏晉南北朝時，涼州本地樂舞「變龜茲聲爲之」，並因「其樂具有鐘磬，蓋涼人所傳中國舊樂，而雜以羌胡之聲也」，「號爲秦漢伎」，是故在唐初已有列爲宮廷燕樂之「西涼樂」，是融合漢族傳統樂舞與龜茲樂，爲胡漢樂舞融合之作品。參見本文第二章第三節。

〔註26〕 《新唐書》，卷22〈禮樂志十二〉，頁476～477。

〔註27〕 （唐）杜佑，《通典》，卷146〈樂六・四方樂〉，頁3726。《舊唐書》，卷29〈音樂志二〉，頁1071。記載相同。

是「胡音聲」傳唱的範圍，所以本文將「涼州」大曲列爲外來樂舞曲的範圍。
根據《舊唐書・音樂志二》記載：

> 自周、隋已來，管弦雜曲將數百曲，多用西涼樂，鼓舞曲多用龜茲
> 樂，其曲度皆時俗所知也。〔註28〕

從周、隋以來，西涼樂引用於數百曲的管弦雜曲，是「時俗所知」的流行樂
之一，所以「西涼樂」對當時樂舞的影響已深。唐初承繼隋代「多部伎」樂
舞，雖然演出盛況的熱潮自唐朝中葉開始漸漸衰退，其中「西涼樂」的樂舞
精髓，已融入、存在繼之而起「坐立部伎」裡的「燕樂」、「慶善樂」當中，
有「舞蹈安徐」、「最爲嫻雅」的樂舞特色。〔註29〕

　　隨著唐代胡商胡客、樂舞者陸續帶入的新曲、新聲，不論仍是稱之「西涼」
或「涼州」樂舞曲名，本身的樂舞內容已有所不同，或許是因地利之便，吸收
西域各民族樂舞特色，內容更加豐富，日有新意，不斷有令人迷醉之處。在唐
玄宗朝，有新樂曲的傳入紀錄，《樂府詩集・近代曲辭》〈涼州六首〉詩序載：

> 《樂苑》曰：「『涼州』，宮調曲。開元中，西涼府都督郭知運進。」
> 《樂府雜錄》曰：「『梁州曲』，本在正宮調中，有大遍小遍。至貞元
> 初，康崑崙翻入琵琶玉宸宮調，初進曲在玉宸殿，故有此名。合諸
> 樂即黃鐘宮調也。」張同《幽閒鼓吹》曰：「段和尚善琵琶，自製『西
> 涼州』。後傳康崑崙，即『道調涼州』也，亦謂之『新涼州』雲。」
> 〔註30〕

《詩集》引《樂府雜錄》曰「梁州曲」，但查閱《雜錄》原籍，並無「梁州曲」
字。按「梁州」屬地爲西南巴蜀地區。〔註31〕從地理屬地看來，「涼州」與「梁
州」分別爲指爲西北與西南不同地區，在樂曲名上卻有通稱之處，應是記載
時，同音傳寫之誤，實應指「涼州」曲。《容齋隨筆・大曲伊涼》條：

---

〔註28〕《舊唐書》，卷29〈音樂志二〉，頁1068。

〔註29〕《舊唐書》，卷29，〈音樂志二〉，頁1060：「慶善樂，太宗所造也。……舞者
　　　　六十四人，衣紫大袖裙襦，漆髻皮履。舞蹈安徐，以象文德洽而天下安樂也。」
　　　　「大定樂加金鉦，惟慶善舞獨用西涼樂，最爲閒雅。」

〔註30〕（宋）郭茂倩，《樂府詩集》（台北：里仁書局，1999），卷79〈近代曲辭〉，
　　　　頁1117。

〔註31〕（晉）常璩，任乃強校注，《華陽國志校補圖注》（上海：上海古籍出版社，
　　　　1987）卷1〈巴志〉，頁1載：「仰稟參伐，俯壤華陽，黑水、江、漢爲梁州。……
　　　　漢興，高祖藉之成業。武帝開拓疆壤，乃改雍曰涼，革梁曰益。故巴、漢、
　　　　庸、蜀屬益州。至魏咸熙元年平蜀，始分益州。巴、漢七郡置梁州。」

「涼州」，今轉爲「梁州」，唐人已多誤用，其實從西涼府來也。
〔註32〕

在《教坊記》中亦無「梁州」曲名的紀錄，在李益〈夜上西城聽梁州曲〉詩篇中描寫「何處關山無此曲」，詩題名「梁州曲」，若此曲如此聞名，何以未見相關「梁州」曲之記載？且詩作內容多爲描寫西北邊塞景事，故應實指爲西北「涼州」曲名，誤記爲「梁州」名。

　　《詩集》記載「涼州」曲在「開元中」由西涼地方都督郭知運進獻朝廷，是以邊地名爲樂曲名的西北地方歌曲，亦表示內容當富有當地樂舞色彩。文中記有曲調性，無舞蹈紀錄。不過，在開元年間進獻的記載中，「曲終，諸王賀，舞蹈稱善」〔註33〕，即有美妙的舞蹈演出紀錄。其舞蹈屬於軟舞類別。〔註34〕另外舞蹈方面的記載，《全唐文》鄭萬鈞「代國長公主碑」：

> 則天太后（武后）禦明堂宴，聖上（指玄宗）年六歲，爲楚王，舞長命□；□□年十二，爲皇孫，作安公子；歧王年五歲，爲衛王，弄蘭陵王。……公主年四歲，與壽昌公主對舞西涼。…〔註35〕

文中年紀最小的代國長公主四歲，與年紀應相仿的壽昌公主對舞一曲「西涼」。不僅知有「涼州」之舞，且以「對舞」方式演出，與其他歌舞戲在武后（684～705）時皆相當流行，可見孩子從小耳濡目染，在幼時樂舞教育中就有學習，故在宮廷宴會上，年幼的皇子孫也能在殿上模仿獻舞藝。張祜〈悖挐兒舞〉：

> 春風南內百花時，道唱梁（涼）州急遍吹。揭手便拈金椀舞，上皇驚笑悖挐兒。〔註36〕

詩中描寫舞者在樂曲進入「急遍」時，即興隨手拿起金碗起舞，引起皇帝驚喜的情緒反應。「遍」爲大曲樂段之一，爲演唱歌曲的形式，可能此段原本無舞蹈配合，因是「急」遍，樂曲有激越之情調，使得悖挐兒有即興舞蹈的演出動機，當然引起眾人之驚訝，甚至是皇帝的驚笑語聲。

---

〔註32〕（宋）洪邁，《容齋隨筆》（上海：上海古籍出版社，1978），卷14，頁185。

〔註33〕（唐）鄭棨，《開天傳信記》（《唐五代筆記小說大觀》，上海：古籍出版社，2000），頁1224：「西涼州俗好音樂，制新曲曰「涼州」，開元中列上獻。上召諸王便殿同觀。曲終，諸王賀，舞蹈稱善。」

〔註34〕（唐）段安節，《樂府雜錄・舞工》，頁19：「軟舞曲有涼州、綠腰、蘇合香、屈柘、團圓旋、甘州等。」

〔註35〕（清）董誥等編，《全唐文》，卷279，鄭萬鈞〈代國長公主碑〉，頁2826。

〔註36〕《全唐詩》，卷511，頁5840。

曲調方面，「涼州」曲在唐玄宗進獻演出之時，有「諸王賀」，但同時，寧王卻認為：

> 此曲雖嘉，臣有聞焉：夫音者，始於宮，散于商，成於角、徵、羽，莫不根柢囊橐于宮、商也。斯曲也，宮離而少徵，商亂而加暴。臣聞宮，君也；商，臣也。宮不勝則君勢卑，商有餘則臣事僭，卑則逼下，僭則犯上。〔註37〕

從寧王分析涼州曲調的看法，雖然藉此示玄宗「恐一日有播越之禍，悖逼之患，莫不兆于斯曲也」，〔註38〕但可見「涼州」曲是首具奇特之調的曲子，不同於一般編製樂曲的調性，富有新奇之感。從唐玄宗「開元中」（約728年左右）新曲進獻傳入，流傳約五十多年後，至唐德宗貞元初年（約785年），受到知名樂工康崑崙的青睞，「翻入琵琶玉宸宮調」來演奏。琵琶是當代重要的演奏樂器，許多盛行的樂舞曲，皆有琵琶演奏的蹤影，可見「涼州」曲所受到的重視與喜愛，且翻成琵琶曲之後，更增加「涼州」的傳播與風行程度。從唐人詩篇有不少描寫「涼州」樂曲之讚譽佳句，可見一般。《容齋隨筆・大曲伊涼》條：

> 今樂府所傳大曲，皆出於唐，而以州名者五，伊、涼、熙、石、渭也。涼州今轉為梁州，唐人已多誤用，其實從西涼府來也。凡此諸曲，唯伊、涼最著，唐詩詞稱之極多，聊紀十數聯，以資談助。如：……「胡部笙歌西部頭，梨園弟子和涼州」，「唱得涼州意外聲，舊人空數米嘉榮」，「霓裳奏罷唱梁州，紅袖斜翻翠黛愁」，「行人夜上西城宿，聽唱涼州雙管逐」，「丞相新裁別離曲，聲聲飛出舊梁州」，「只愁拍盡涼州杖，畫出風雷是撥聲」，「一曲涼州今不清，邊風蕭颯動江城」，「滿眼由來是舊人，那堪更奏梁州曲」，「昨夜蕃軍報國仇，沙州都護破梁州」，「邊將皆承主恩澤，無人解道取涼州」。皆王建、張祜、劉禹錫、王昌齡、高駢、溫庭筠、張籍諸人詩也。〔註39〕

以上提及詩句，是對於「涼州」曲流傳盛況的真實記錄，此曲當時到處傳唱，極受世人喜愛。將以上詩句及另外再搜羅補充的部份，整理如下表4-1-2。

〔註37〕　（唐）鄭棨，《開天傳信記》，頁1224。
〔註38〕　（唐）鄭棨，《開天傳信記》，頁1224。
〔註39〕　（宋）洪邁，《容齋隨筆》，卷14，頁185～186。

表 4-1-2：唐代大曲「涼州」樂舞詩表

| 序號 | 詩人 | 詩　名 | 詩　句 | 詩中提及演出或盛行地區 |
|---|---|---|---|---|
| 1 | 王昌齡 | 〈殿前曲二首〉之二 | 胡部笙歌西殿頭，梨園弟子和涼州。新聲一段高樓月，聖主千秋樂未休。〔註40〕 | 宮廷 |
| 2 | 元稹 | 〈連昌宮詞〉 | 飛上九天歌一聲，二十五郎吹管逐。逡巡大遍涼州徹，色色龜茲轟錄續。〔註41〕 | 宮廷 |
| 3 | 李益 | 〈夜上西城聽梁（涼）州曲〉二首之一 | 行人夜上西城宿，聽唱梁（涼）州雙莞逐，此時秋月滿關山，何處關山無此曲。〔註42〕 | 西城，關山，今陝西省境內。 |
| 4 | 杜牧 | 〈河湟〉 | 牧羊驅馬雖戎服，白髮丹心盡漢臣。惟有涼州歌舞曲，流傳天下樂閒人。〔註43〕 | 流傳天下 |
| 5 | 杜牧 | 〈今皇帝陛下一詔徵兵…次第歸降臣獲睹聖功輒獻歌詠〉 | 捷書皆應睿謀期，十萬曾無一鏃遺。漢武慚誇朔方地，周宣休道太原師。威加塞外寒來，恩入河源凍合遲。聽取滿城歌舞曲，涼州聲韻喜參差。〔註44〕 | |
| 6 | 王建 | 〈行宮詞〉 | 開元歌舞古草頭，梁（涼）州樂人世嫌舊。〔註45〕 | 世間 |
| 7 | 王建 | 〈涼州行〉 | 城頭山雞鳴角角，洛陽家家學胡樂。〔註46〕 | 洛陽民間閭巷 |
| 8 | 劉禹錫 | 〈與歌者米嘉榮〉 | 唱得涼州意外聲，舊人唯數米嘉榮。近來時世輕先輩，好染髭須事後生。〔註47〕 | |

〔註40〕《全唐詩》卷143，頁1444。
〔註41〕《元稹集》（北京：中華書局出版，1982），卷二十四，頁270。
〔註42〕《全唐詩》卷283，頁3225。
〔註43〕《全唐詩》卷521，頁5951。
〔註44〕《全唐詩》卷521，頁5953。
〔註45〕《全唐詩》卷298，頁3386。
〔註46〕《全唐詩》卷298，頁3374。
〔註47〕《全唐詩》卷365，頁4116～4117。

| 9 | 白居易 | 〈宅西有流水牆下構小樓臨玩之時頗有幽趣因命歌酒聊以自娛獨醉獨吟——偶題五絕句〉之四 | 霓裳奏罷唱梁州，紅袖斜翻翠黛愁。應是遙聞勝近聽，行人欲過盡回頭。〔註48〕 | |
| | 白居易 | 〈秋夜聽高調涼州〉 | 樓上金風聲漸緊，月中銀字韻初調。促張絃柱吹高管，一曲涼州入沈寥。〔註49〕 | |
| 10 | 熊孺登 | 〈奉和興元鄭相公早春送楊侍郎〉 | 征鞍欲上醉還留，南浦春生百草頭。丞相新裁別離曲，聲聲飛出舊梁州。〔註50〕 | |
| 11 | 張祜 | 〈王家琵琶〉 | 金屑檀槽玉腕明，子弦輕撚爲多情。只愁拍盡涼州破，畫出風雷是撥聲。 | |
| 12 | 張祜 | 〈悖拏兒舞〉 | 春風南內百花時，道唱梁（涼）州急遍吹。揭手便拈金椀舞，上皇驚笑悖拏兒。〔註51〕 | 宮廷 |
| 13 | 張喬 | 〈宴邊將〉 | 一曲梁州金石清，邊風蕭颯動江城。座中有老沙場客，橫笛休吹塞上聲。 | 邊城 |
| 14 | 高駢 | 〈宴犒蕃軍有感〉 | 蜀地恩留馬嵬哭，煙雨濛濛春草綠。滿眼由來是舊人，那堪更奏梁州曲。 | |

資料來源：《全唐詩》、《白居易集》

　　由這些詩句可以證實，大曲「涼州」的樂舞，從西域邊地流傳廣播，傳唱閭巷，盛行於宮廷，全國幾乎無地不歌舞「涼州」。但是，何以「涼州」曲傳唱各地？從「涼州」曲辭、詩作的內容，略可窺見原因。

　　《樂府詩集》及《全唐詩・雜曲歌辭》載錄五首「涼州」曲辭〔註52〕，

〔註48〕《白居易集》，卷三十三〈律詩〉，頁759～760。
〔註49〕《白居易集》，卷三十一〈律詩〉，頁705。
〔註50〕《全唐詩》卷476，頁5421。
〔註51〕《全唐詩》卷511，頁5840。
〔註52〕《樂府詩集》和《全唐詩》所載內容相同，茲錄《全唐詩》卷27-37～44〈雜曲歌辭〉，頁380～381。內容如下。〈涼州歌第一〉「漢家宮裏柳如絲，上苑桃花連碧池。聖壽已傳千歲酒，天文更賞百僚詩」。〈涼州歌第二〉「朔風吹葉雁門秋，萬裏煙塵昏戍樓。征馬長思青海北，胡笳夜聽隴山頭」。〈涼州歌第三〉「開篋淚沾襦，見君前日書。夜台空寂寞，猶見紫雲車。」〈排遍第一〉「三

及幾位詩人用此調作歌詞〈涼州詞〉，詩人耿湋〈涼州詞〉：

> 國使翩翩隨旆旌，隴西岐路足荒城。氈裘牧馬胡雛小，日暮蕃歌三
> 兩聲。〔註53〕

張籍〈涼州詞〉：

> 邊城暮雨雁飛低，蘆筍初生漸欲齊。無數鈴聲遙過磧，應馱白練到
> 安西。古鎮城門白磧開，胡兵往往傍沙堆。巡邊使客行應早，每待
> 平安火到來。鳳林關裏水東流，白草黃榆六十秋。邊將皆承主恩澤，
> 無人解道取涼州。〔註54〕

薛逢〈涼州詞〉：

> 昨夜蕃兵報國仇，沙州都護破涼州。黃河九曲今歸漢，塞外縱橫戰
> 血流。〔註55〕

曲辭內容主要描寫西北方的塞上風光和戰爭情景。另外關於「涼州」曲詩篇，
李益〈夜上西城聽梁（涼）州曲〉二首之二：

> 鴻雁新從北地來，聞聲一半卻飛回。交河戍客腸應斷，更在秋風百
> 尺台。〔註56〕

交河，故址在今新疆吐魯番交河城。這兩首詩，是詩人通過「涼州」悲涼的
曲調，抒寫戍卒行旅的之苦。新來的鴻雁聽聞到曲調悲苦，即不忍而飛回。
盛唐詩人王之渙〈涼州詞〉：

> 黃河遠上白雲間，一片孤城萬仞山。羌笛何須怨楊柳，春風不度玉
> 門關。單於北望拂雲堆，殺馬登壇祭幾回。漢家天子今神武，不肯
> 和親歸去來。〔註57〕

詩篇一開始，描寫西北邊塞雄奇壯麗的風光，「孤城」市邊防要地，傳出羌笛
吹奏古曲「楊柳」聲，發人愁思，亦喻旨邊防將士久戍思歸之情狀。任半塘
先生《教坊記箋訂・弁言》所論，將邊地胡曲流傳天下之原由，作出最懇切
的說明：

---

> 秋陌上早霜飛，羽獵平田淺草齊。錦背蒼鷹初出按，五花驄馬喂來肥。」〈排
> 遍第二〉「鴛鴦殿裏笙歌起，翡翠樓前出舞人。喚上紫微三五夕，聖明方壽一
> 千春。」

〔註53〕《全唐詩》，卷27，頁381。
〔註54〕《全唐詩》，卷27，頁381。
〔註55〕《全唐詩》，卷27，頁381。
〔註56〕《全唐詩》，卷283，頁3225。
〔註57〕《全唐詩》，卷253，頁2849。

試看盛唐四十年所謂小康政治，實際加諸人民者，正有兩種嚴重之
災害在，及兵役與繇役是。均足使人民當之者、家破身亡，痛苦無
窮盡！故反戰爭、反征戍之情緒，在此時期之民隱中，實普遍高漲。
賴有當時詩人，以爲之宣達，篇詠所及，不可勝記。至於表現於歌
曲，一望可知者，則有「嘆疆場」、「怨黃沙」、「怨胡天」、「臥沙堆」、
「沙磧子」、「羌心怨」、「遐方怨」、「憶漢月」、「斷弓弦」、「回戈子」、
「靜戎煙」、「征步郎」、「送征衣」之類。此等因民勞無止、或民怨
沸騰而作之歌曲，在封建統治之下，歷史所載，故無代無之，原不
足異；茲所異者，乃開、天之民，有此等強烈沉痛之呼聲，不僅高
歌於邊地，傳唱於民間而已，且被皇帝御用之音樂伎藝機構曰「教
坊」者，大量採納，勢必不時於宮廷曲宴中亦演奏之，⋯⋯〔註58〕

從古至今，音樂、舞蹈是人們表情達意最直接的媒介，在連年征役、勞役的
時空背景下，不難瞭解，鄉野百姓普遍藉由「涼州」之類的邊地胡歌舞，來
表達心中深沉的愁苦之情，應該就是「涼州」曲廣爲傳唱於宮廷、閭巷間最
重要的原因。在《新唐書・五行志二》記載：

天寶後，詩人多爲憂苦流寓之思，及寄興於江湖僧寺。而樂曲亦多
以邊地爲名，有伊州、甘州、涼州等，至其曲遍繁聲，皆謂之「入
破」。〔註59〕

清楚說明這些著名的邊地樂曲，能夠流行傳唱民間，基本上是傳宣當代百姓、
詩人憂思的情緒，藉由樂曲的轉化媒介，抒發內心深沉的無奈。

## （二）伊州

伊州，即今「哈密」，古稱「伊吾」〔註60〕，地處中原與西域的咽喉要
道，是進入新疆的第一片綠洲。唐代時屬北庭督護府轄內。〔註61〕「伊州」

---

〔註58〕任半塘，《教坊記箋訂》，〈弁言〉，頁 2～3。
〔註59〕《新唐書》，卷35〈五行志二〉，頁 921。
〔註60〕《舊唐書》，卷 40〈地理志〉河西道，伊州下，頁 1643：「隋伊吾郡。隋末，
　　　　西域雜胡據之。貞觀四年，歸化，置西伊州。六年，去「西」字。天寶元年，
　　　　爲伊吾郡。乾元元年，復爲伊州。」
〔註61〕《舊唐書》，卷 38〈地理志一〉，頁 1385：「北庭節度使，防制突騎施、堅昆、
　　　　斬啜，管瀚海、天山、伊吾三軍」。《舊唐書》，卷 40，〈地理志三〉河西道，
　　　　頁 1645：「北庭都護府　⋯⋯（貞觀）二十年四月，西突厥泥伏沙鉢羅葉護阿
　　　　史那賀魯率眾內附，乃置庭州，處葉護部落。長安二年，改爲北庭都護府。
　　　　自永徽至天寶，北庭節度使管鎮兵二萬人，馬五千匹；所統攝突騎施、堅昆、
　　　　斬啜；又管瀚海、天山、伊吾三軍鎮兵萬餘人⋯⋯」

是哈密地區著名的古曲，以西域音樂爲基礎，同時又吸收河西走廊一帶的漢族音樂文化的成分。《樂府詩集‧近代曲辭一》引《樂苑》曰：

「伊州」，商調曲，西京節度蓋嘉運所進也。〔註62〕

《碧雞漫志》指出：「伊州見於世者，凡七商曲，大石調、高大石調、雙調、小石調、歇指調、林鐘調、越調。」〔註63〕《樂府詩集‧近代曲辭》及《全唐詩‧雜曲歌辭》載錄「伊州」大曲歌辭共十首。〔註64〕歌詞內容多描繪邊塞景物，或藉此比擬征人旅客的思鄉情懷，反映唐代邊塞軍事狀況。

唐詩人羅虬〈比紅兒詩〉：「紅兒漫唱伊州遍，認取輕敲玉韻長。」〔註65〕白居易〈伊州〉：「老去將何散老愁，新教小玉唱伊州。亦應不得多年聽，未教成時已白頭。」〔註66〕從白居易詩中描繪擔心等家妓學成，自己已白頭，聽不得多少年，以及羅虬喜愛的歌伎紅兒擅唱此曲，顯示「伊州」大曲中歌唱曲段受到人們的喜愛。《容齋隨筆‧大曲伊涼》條也有記載：

凡此諸曲，唯伊、涼最著，唐詩詞稱之極多，聊紀十數聯，以資談助。如「老去將何散旅愁？新教小玉唱伊州」，「求守管絃聲款逐，側商調裏唱伊州」〔註67〕，「鈿蟬金雁皆零落，一曲伊州淚萬行」〔註68〕，「公

〔註62〕（宋）郭茂倩，《樂府詩集》，卷79〈近代曲辭一〉，頁1119。

〔註63〕（南宋）王灼，《碧雞漫志》（北京：中華書局，1991），卷3，頁25。

〔註64〕《樂府詩集》和《全唐詩》所載內容相同，茲錄《全唐詩》（北京：中華書局，1960第一版），卷27-50-54〈雜曲歌辭〉，頁382~383。內容如下。〈伊川歌第一〉「秋風明月獨離居，蕩子從戎十載餘。征人去日殷勤屬，歸雁來時數寄書。」〈伊川歌第二〉「彤闈曉辟萬鞍回，玉輅春遊薄晚開。渭北清光搖草樹，州南嘉景入樓臺。」〈伊川歌第三〉「聞道黃花戍，頻年不解兵。可憐閨裏月，偏照漢家營。」〈伊川歌第四〉「千里東歸客，無心憶舊遊。掛帆遊白水，高枕到青州。」〈伊川歌第五〉「桂殿江烏對，雕屏海燕重。只應多釀酒，醉罷樂高鐘。」〈入破第一〉「千門今夜曉初晴。萬裏天河徹帝京。璨璨繁星駕秋色。稜稜霜氣韻鐘聲。」〈第二〉「長安二月柳依依。西出流沙路漸微。關氏山上春光少。相府庭邊驛使稀。」〈第三〉「三秋大漠冷溪山。八月嚴霜變草顏。捲斾風行宵渡磧。銜枚電掃曉還。」〈第四〉「行樂三陽草。芳菲二月春。閨中紅粉態。陌上看花人。」〈第五〉「君住孤山下。煙深夜徑長。轅門渡綠水。遊苑繞垂楊。」

〔註65〕《全唐詩》，卷666，頁7625。

〔註66〕《白居易集》，卷二十五〈律詩〉，頁572。

〔註67〕《全唐詩》，王建，卷301〈宮詞一百首〉，頁3439。

〔註68〕《全唐詩》，溫庭筠，卷579〈彈箏人〉，頁6730。「天寶年中事玉皇，曾將新曲教寧王，鈿蟬金雁皆零落，一曲伊州淚萬行」

　　子邀歡月滿樓，雙成揭調唱伊州」〔註69〕，「賺殺唱歌樓上女，伊州

　　誤作石州聲」〔註70〕。〔註71〕

從宋人洪邁簡略記載描繪「伊州」曲的唐詩，了解「伊州」歌唱曲應是屬於
淒婉動人的風情，感人「淚萬行」。在上文中提到「伊州」曲有七種調性的唱
法，更顯示此曲豐富的變化。而「伊州」的舞蹈，在《教坊記》中有相關記
載：

　　凡欲出戲，所司先進曲名，上以墨點者即舞，不點者即否，謂之進

　　點。戲日，內伎出舞，教坊人惟得舞伊州、五天重來疊，不離此兩

　　曲。〔註72〕

每次宮廷宴會演出的戲碼中，「伊州」舞總是被點名的舞碼之一，可見不僅「伊
州」曲的歌唱受喜愛，舞蹈也是。

## （三）甘州

　　甘州即今甘肅省張掖地區，爲河西走廊中部。〔註73〕「甘州」與「伊州」、
「涼州」曲爲邊地傳入的樂曲，「至其曲遍繁聲，皆謂之『入破』」〔註74〕。《樂
府雜錄・舞工》：

　　軟舞曲有涼州、綠腰、蘇合香、屈柘、團圓旋、甘州等。〔註75〕

其舞蹈爲軟舞之類。

---

〔註69〕 《全唐詩》，高駢，卷598〈贈歌者二首〉，頁6920。「酒滿金船花滿枝，佳人
　　　　立唱慘愁眉。一聲直入青雲去，多少悲歡起此時。公子邀歡月滿樓，雙成揭
　　　　調唱伊州。便從席上風沙起，直到陽關水盡頭。」

〔註70〕 《全唐詩》，施肩吾，卷494〈望騎馬郎〉，頁5602。「碧蹄新壓步初成，玉色
　　　　郎君弄影行。賺殺唱歌樓上女，伊州誤作石州聲。」

〔註71〕 （宋）洪邁，《容齋隨筆》，卷14〈十七則・大曲伊涼〉，頁185～186。

〔註72〕 （唐）崔令欽，《教坊記》，頁124。

〔註73〕 《舊唐書》，卷40〈地理志三〉河西道，頁1641：「甘州 下　隋張掖郡。武德
　　　　二年，平李軌，置甘州。天寶元年，改爲張掖郡。乾元元年，復爲甘州。……
　　　　張掖　故匈奴昆邪王地，屬漢武開置張掖郡及觻音祿得縣，郡所治也，匈
　　　　奴王號也。後魏置張掖軍，孝文改爲郡及縣，州置西涼州，尋改爲甘州，取
　　　　州東甘峻山爲名。祁連山，在州西南二百里也。」

〔註74〕 《新唐書》，卷35〈五行志二〉，頁921：「天寶後，詩人多爲憂苦流寓之思，
　　　　及寄興於江湖僧寺。而樂曲亦多以邊地爲名，有伊州、甘州、涼州等，至其
　　　　曲遍繁聲，皆謂之「入破」」

〔註75〕 （唐）段安節，《樂府雜錄・舞工》，頁19。

## （四）龜茲樂

唐代「龜茲國」屬安西督護府轄境，督護府治所亦在龜茲國城內。〔註76〕
向達先生《唐代長安與西域文明》：

> 按龜茲樂部自後魏以來，即爲世人所重：後魏曹婆羅門一家即受龜
> 茲琵琶于商人，其孫妙答尤爲北齊文宣所重，常自擊胡鼓和之。隋
> 開皇中，西龜茲、齊龜茲、土龜茲三部，大盛于閭閻。〔註77〕

至唐初「多部伎」中的外來樂舞，除西涼伎外，以龜茲樂舞最爲突出，在
各部胡樂胡舞中的影響也最大，而同爲部伎的「西涼樂」亦有龜茲樂的影
響蹤影。〔註78〕至玄宗朝的宮廷燕樂「坐立部伎」中，除龍池樂外，其餘
共十三部樂舞都融合龜茲樂的風格。〔註79〕同時，龜茲當地的樂舞，在唐
代仍持續發展，唐名僧玄奘西行求法途中，親眼見到當地的樂舞，對龜茲
樂的讚美記載：「屈支國……管弦伎樂，特善諸國。」〔註80〕豐富的樂舞內
容，在中盛唐時期，以大曲的形式表現。其舞蹈特點，在《通典・樂典》
有所記載：

> 拍板，長闊如手，重十餘枚，以韋連之，擊以代抃。抃，擊其節也。

---

〔註76〕《舊唐書》，卷38〈地理志一〉河西道・安西大督護府條，頁1386：「安西大
都護府　貞觀十四年，侯君集平高昌，置西州都護府，治在西州。顯慶二年
十一月，……西盡波斯國，皆隸安西都護府。仍移安西都護府理所於高昌故
地。三年五月，移安西府於龜茲國。舊安西府復爲西州。」《舊唐書》，卷38
〈地理志一〉，頁1385：「安西節度使，撫寧西域，統龜茲、焉耆、於闐、疏
勒四國。安西都護府治所，在龜茲國城內，管戍兵二萬四千人，………」

〔註77〕向達，《唐代長安與西域文明》（重慶：重慶出版社，2009），頁47。

〔註78〕《隋書》（臺北市：鼎文書局，1980），卷15〈音樂志二〉，頁378：「西涼者，
起符氏之末，呂光、沮渠蒙遜等，據有涼州，變龜茲聲爲之，號爲秦漢伎。
魏太武既平河西得之，謂之西涼樂。至魏、周之際，遂謂之國伎。」並參見
本文第二章第二節「魏晉南北朝傳入的胡樂舞」。

〔註79〕《舊唐書》，卷29〈音樂志二〉，頁1059～1060：「立部伎有安樂、太平樂、
破陣樂、慶善樂、大定樂、上元樂、聖壽樂、光聖樂凡八部。……自破陣舞
以下，皆擂大鼓，雜以龜茲之樂，聲震百里，動盪山谷。大定樂加金鉦…」。
頁1061：「坐部伎有讌樂、長壽樂、天授樂、鳥歌萬壽樂、龍池樂、破陣樂，
凡六部」、頁1062：「自長壽樂已下皆用龜茲樂，舞人皆著靴，惟龍池備用雅
樂，而無鐘磬，舞人蹻履。」並參見本文第三章第二節「坐立部伎」。

〔註80〕（唐）玄奘、辨機，《大唐西域記校注》（北京，中華書局，1985）卷第一，
頁54。注釋（一），頁55。屈支國：即今我國新疆維吾爾自治區阿克蘇專區
庫車縣。現代維吾爾語稱Kuca（r），我國古代稱龜茲或丘茲、丘慈、屈茨等，
均爲古代龜茲語Kutsi的不譯法。

情發於中，手抃足蹈。抃者，因其聲以節舞。龜茲伎人彈指爲歌舞
之節，亦抃之意也。〔註81〕

記載中可知，龜茲舞蹈的特色是腳腿動作配合以手擊打的節奏，富有活潑
的節奏感。在龜茲故城─新疆庫車的庫木吐喇和拜城克孜爾等千佛洞的樂
舞壁畫，保存珍貴的龜茲舞蹈形象，〔註82〕克孜爾千佛洞 101 窟的舞伎圖
反掌扭腰，婀娜多姿。莫高窟 205 窟（初唐）北壁「阿彌陀經變相」下部
中間，「淨土菩薩伎樂」，兩舞伎在方毯上相對而舞，跨腿單蹲，右邊舞伎
身向後，扭頭向左，右臂曲肘舉在頭上，右手做彈指動作，左手拂動綢帶，
披腿單蹲。二人似在清脆的節奏聲中配合默契。莫高窟 361 窟（晚唐）南
壁左二經變畫下部。繪有迦陵頻迦（美音鳥）雙手合掌舉於頭上，正在做
打指動作。〔註83〕

　　開元年間西域地區仍歸撫朝廷，〔註84〕交通往來暢便，樂舞持續傳入。《通
典》〈四方樂‧北狄三國〉的記載：

　　　　又有新聲自河西至者，號胡音聲，與龜茲樂、散樂俱爲時重，諸樂
　　　　咸爲之少寢。〔註85〕

龜茲樂與唐玄宗開元年間從河西傳入之「胡部新聲」〔註86〕爲當時俱爲盛行
的樂舞，顯示龜茲樂舞內容之豐富，雖自南北朝傳入中原，經過兩三百年的
流行仍有新意，能爲當時人所重視。《舊唐書‧音樂志二》：

　　　　自周、隋已來，管絃雜曲將數百曲，多用西涼樂，鼓舞曲多用龜茲
　　　　樂，其曲度皆時俗所知也。〔註87〕

---

〔註81〕（唐）杜佑，《通典》，卷 144〈樂典‧樂四‧八音〉，頁 3726。

〔註82〕董錫玖編，《敦煌舞蹈》（新疆：中國‧新疆美術攝影出版社、新西蘭‧霍蘭
　　　　德出版有限公司，1992），頁 51。

〔註83〕董錫玖編，《敦煌舞蹈》頁 36：「新疆克孜爾石窟寺中的供養菩薩也有很多這
　　　　種彈指和打指的舞蹈動作，這些應該是當時西域樂舞在現實生活中廣爲流傳
　　　　的結果。今天，維吾爾、烏茲別克等民族的民間舞蹈裡，彈指仍是極爲典型
　　　　和常見的舞蹈動作。」

〔註84〕《舊唐書》，卷 38〈地理志一〉，頁 1385：「開元二十一年，分天下爲十五道，……
　　　　安西節度使，撫寧西域，統龜茲、焉耆、于闐、疏勒四國。安西都護府治所，
　　　　在龜茲國城內……」。

〔註85〕（唐）杜佑，《通典》，卷 146〈樂六‧四方樂〉，頁 3726。

〔註86〕參見本文第三章第三節。

〔註87〕《舊唐書》，卷 29〈音樂志二〉，頁 1068。

龜茲樂特色重節奏律感，樂曲中多用鼓，毛員鼓、都曇鼓、答臘鼓、腰鼓、羯鼓、雞婁鼓，〔註88〕在「十部伎」中的用鼓數量爲最多，〔註89〕《樂府雜錄・龜茲部》另載有四色鼓及楷鼓，〔註90〕故「鼓舞曲多用龜茲樂」。其中「羯鼓」有「八音之領袖」的美稱，〔註91〕在樂隊中是居於指揮或首席小提琴的作用，能掌握音樂節奏的快慢、旋律的起伏變化等。羯鼓「出外夷，以戎羯之鼓，故曰羯鼓」〔註92〕，其音色變化多端「特異眾樂」，〔註93〕受到上層社會的廣泛喜愛，尤其以開元、天寶年間爲盛。〔註94〕《酉陽雜俎》：

> 玄宗常伺察諸王。寧王常夏中揮汗鞁鼓，所讀書乃龜茲樂譜也。上
> 知之，喜曰：「天子兄弟，當極醉樂耳。」〔註95〕

「寧王常夏中揮汗鞁鼓」，向達先生疑「鞁鼓」之鼓，亦爲羯鼓，「而龜茲樂譜則羯鼓譜耳」。南卓《羯鼓錄》附諸宮曲，太簇商有「耶婆色雞」，向達先生認爲「耶婆色雞」曲即出龜茲。〔註96〕從唐玄宗知道擔任太常卿的寧王李憲對音樂的愛好，感到欣喜，以及特別記載寧王讀龜茲樂譜的舉動中，了解羯鼓或因帝王之故，進而受到王公貴族的普遍喜愛，隨羯鼓演出的機會，龜茲樂在宮廷中是相當盛行的胡樂胡舞。

---

〔註88〕《舊唐書》，卷 29〈音樂志二〉，頁 1071：「龜茲樂，工人皂絲布頭巾，緋絲布袍，錦袖，緋布袴。舞者四人，紅抹額，緋襖，白袴帑，烏皮靴。樂用豎箜篌一，琵琶一，五絃琵琶一，笙一，橫笛一，簫一，篳篥一，毛員鼓一，都曇鼓一，答臘鼓一，腰鼓一，羯鼓一，雞婁鼓一，銅拔一，貝一。毛員鼓今亡。」

〔註89〕 參見本文第三章第一節「九、十部樂」表 4-1-2：唐代「外來樂部」之樂器分類表。

〔註90〕（唐）段安節，《樂府雜錄・笛》，頁 14。「樂有篳篥、笛、拍板、四色鼓、楷鼓、羯鼓、雞樓鼓。」

〔註91〕（唐）南卓，《羯鼓錄》（北京：中華書局，1985），頁 4：「上（玄宗）洞曉音律，由之天縱，………由愛羯鼓、玉笛，常云八音之領袖。」

〔註92〕（唐）南卓，《羯鼓錄》，頁 3。

〔註93〕（唐）南卓，《羯鼓錄》，頁 3。「擊用兩杖，其聲焦殺鳴烈，尤宜促曲急破，作戰杖連碎之聲，又宜高樓晚景，明月清風，破空透遠，特異眾樂。」

〔註94〕《新唐書》，卷 22〈禮樂志十二〉，頁 476：「帝又好羯鼓，而寧王善吹橫笛，達官大臣慕之，皆喜言音律。帝嘗稱：「羯鼓，八音之領袖，諸樂不可方也。」蓋本戎羯之樂，其音太簇一均，龜茲、高昌、疏勒、天竺部皆用之，其聲焦殺，特異眾樂。」另參閱本文第三章第二節。

〔註95〕（唐）段成式，《酉陽雜俎》（《唐五代筆記小說大觀本》，上海：上海古籍出版社，2000）前集卷十二，頁 643。

〔註96〕 向達，《唐代長安與西域文明》（重慶：重慶出版社，2009），頁 48。

　　詩人王建〈宮詞一百首〉描寫宮中生活的記事內容中，提到教坊樂伎演出龜茲樂舞「內人唱好龜茲急，天子鞘回過玉樓」〔註97〕，「龜茲」為唐大曲，此處形容中序歌唱部分特色為「急」。元稹〈連昌宮詞〉：

> 飛上九天歌一聲，二十五郎吹管逐。逡巡大遍涼州徹，色色龜茲轟
> 錄續。李謩擫笛傍宮墻，偷得新翻數般曲。〔註98〕

「二十五郎」指的是邠王李承寧，為演唱的念奴急奏歌唱涼州曲後，緊接著是「色色龜茲」樂曲的演出。甚至長安善吹笛的少年名手李謩〔註99〕倚著宮牆偷聽後，能夠新翻「龜茲」樂曲，進而得詩人張祜歌詠此事，〈李謩笛〉「無奈李謩偷曲譜，酒樓吹笛是新聲」〔註100〕。《太平廣記》曾記載李謩與獨孤生在越州相遇的故事，獨孤生聽李謩吹笛「公亦甚能妙，然聲調雜夷樂。得無有龜茲之侶乎？」，〔註101〕得知李謩笛師為龜茲人。所以向達先生依此認為是龜茲樂在管樂方面極為有勢之一證。〔註102〕《樂府雜錄·觱篥》：

> 觱篥者，本龜茲國樂也，亦曰悲篥，有類於笳。德宗朝有尉遲青，
> 官至將軍。大曆中，幽州有王麻奴者，善此伎，河北推為第一手。
> 〔註103〕

除「笛」以外，可知「觱篥」是出於龜茲的樂器，而龜茲樂也以「觱篥」吹奏表現，並且在長安相當盛行。

## （五）柘枝

　　「柘枝」在唐代是繼「胡騰舞」、「胡旋舞」後，受到相當廣泛喜愛的外來樂舞。唐代詩人盧肇《湖南觀雙柘枝舞賦》：「古也郅支之伎，今也柘枝之名」。〔註104〕謂「柘枝舞」古稱為「郅支伎」。《漢書·匈奴傳》：

---

〔註97〕　《全唐詩》，卷302-1，頁3440。

〔註98〕　《元稹集》，卷二十四，頁270。

〔註99〕　李「謩」一作「暮」。（唐）段安節著，《樂府雜錄·笛》，頁30。「笛者，羌樂也。古有『落梅花曲』。開元中有李謩，獨步於當時。…」（宋）李昉等編，《太平廣記》（北京：中華書局，1961），卷204，頁1553：「（李）謩、開元中吹笛為第一部。近代無比。」

〔註100〕　《全唐詩》卷511-75，頁5839：「平時東幸洛陽城，天樂宮中夜徹明。無奈李謩偷曲譜，酒樓吹笛是新聲」

〔註101〕　（宋）李昉等編，《太平廣記》，卷204〈樂二·笛〉，頁1553～1554。

〔註102〕　向達，《唐代長安與西域文明》，頁48。

〔註103〕　《樂府雜錄·笛》，頁30～31。

〔註104〕　（清）董誥等奉編，《全唐文》（北京市：中華書局，1983），卷768，頁7994。

呼韓邪單于兄左賢王呼屠吾斯亦自立爲郅支骨都侯單于，在東邊。

其後二年，閏振單于率其眾東擊郅支單于。郅支單于與戰，殺之，

并其兵，遂進攻呼韓邪。呼韓邪破，其兵走，郅支都單于庭。〔註105〕

漢宣帝時，匈奴五單于爭立，呼屠吾斯據地擁兵自立爲郅支骨都單于庭。「郅支」由此而名。郅支單于曾遣子入侍和朝貢，《漢書‧匈奴傳》：

是歲（甘露二年），郅支單于亦遣使奉獻，漢遇之甚厚。明年，兩單

于俱遣使朝獻，漢待呼韓邪使有加。〔註106〕

文獻中無明確記載郅支單于進獻何物，推測郅支舞伎或許當隨此次進獻進入中原。隨後，郅支單于因「負漢」，又恐呼韓邪襲擊，計與康居相結，《漢書‧匈奴傳》：

郅支既殺使者，自知負漢，又聞呼韓邪益彊，恐見襲擊，欲遠去。

會康居王數爲烏孫所困，與諸翕侯計，以爲匈奴大國，烏孫素服屬

之，今郅支單于□□在外，可迎置東邊，使合兵取烏孫以立之，長

無匈奴憂矣。即使使至堅昆通語郅支。郅支素恐，又怨烏孫，聞康

居計，大說（悅），遂與相結，引兵而西。康居亦遣貴人，橐它驢馬

數千匹，迎郅支。郅支人眾中寒道死，餘財（纔）三千人到康居。

〔註107〕

從此段記載，可知（郅支）柘枝舞在漢代時，傳入西域康居國境。另據《新唐書》〈西域傳〉記載，「石國」或曰「柘支」、「柘折」、「赭時」。「石國」爲康居國小王之一，治柘折城。〔註108〕在「郅支」單于三千人入康居後，其舞藉由石國人繼續傳延，並名爲「柘枝」。向達先生《唐代長安與西域文明》根據相關史料及數篇描繪柘枝舞的詩作，進行柘枝舞來源的考證，認爲是源於西域石國的一種樂舞〔註109〕。並根據以上《漢書》所引史料，或可再進一步釐清盛行於唐代「柘枝」舞之源流。但在《樂府詩集‧舞曲歌辭五》〈柘枝詞〉題解：

---

〔註105〕（漢）班固，《漢書》（北京：中華書局，1964），卷94下〈匈奴傳第六十四下〉，頁3796。

〔註106〕《漢書》，卷94下〈匈奴傳第六十四下〉，頁3798。

〔註107〕《漢書》，卷94下〈匈奴傳第六十四下〉，頁3802。

〔註108〕《新唐書》，卷221〈西域列傳下〉，頁6246。

〔註109〕向達，《唐代長安與西域文明》（重慶：重慶出版社，2009），〈柘枝舞小考〉，頁76。「余意以爲柘枝舞與胡騰同出石國。」

　　　《樂府雜錄》曰：「健舞曲有『柘枝』，軟舞曲有『屈柘』。」《樂苑》
　　日：「羽調有『柘枝曲』，商調有『屈柘枝』。此舞因曲爲名，用二女
　　童，帽施金鈴，抃轉有聲。其來也，於二蓮花中藏花坼而後見，對
　　舞相占，實舞中雅妙者也。」《教坊記》曰：「凡棚車上擊鼓非『柘
　　枝』，則『阿遼破』也 。」《羯鼓錄》曰：「凡曲有意盡聲不盡者，
　　須以他曲解之，如『耶婆色雞』用『屈柘急遍』解，『屈柘』用『渾
　　脫』解之類是也。」一說曰，柘枝本柘枝舞也。其後字訛爲柘枝。
　　沈亞之賦云：「柘枝……然則似是戎夷之舞。按今舞人衣冠類蠻服，
　　疑出南蠻諸國也。」〔註110〕

同爲唐人的沈亞之，認爲柘枝舞是南方的地域舞蹈。或許是因柘枝舞曾輾轉
流傳至西南地區，受其鄰近民族風格影響，其舞蹈服裝有所變易，《唐會要》
〈四夷樂‧南蠻諸國樂〉曾記載「驃國樂」特色「有類中國柘枝舞」〔註111〕，
故沈亞之見其舞時，疑爲出於南蠻諸國。

　　儘管觀點有異，從各種文獻和詩歌記錄柘枝舞的形式、服飾和化妝等內
容來看，柘枝舞同中亞地域的民間舞蹈極其相似，在我國新疆一帶的傳統舞
蹈中，至今仍保存著和柘枝舞相似的特徵，柘枝舞是從西域石國傳入中原的，
這一觀點已被廣泛接受。

　　據《樂府》記載，可知大曲「柘枝」有兩種曲調，分爲「柘枝曲」、「屈
柘枝」，舞蹈「因曲爲名」，且有健舞「柘枝」、軟舞「屈柘」之分。樂曲以擊
鼓爲特色，唐人的詩篇中有很多描寫柘枝舞的佳句，這些詩作常常寫到動人
的鼓聲，如「平鋪一合錦筵開，連擊三聲畫鼓催鼓」、「催殘拍腰身軟，汗透
羅衣雨點花」、「柘枝初出鼓聲招」、「大鼓當風舞柘枝」等，充分證明柘枝舞
是在鼓聲伴奏下出場起舞。其舞蹈必然具有節奏鮮明、氣氛熱烈、風格健朗
的健舞特點。

　　張祜〈觀楊瑗柘枝〉「緩遮檀口唱新詞」之詩句，可知「柘枝」大曲除舞
蹈表演，間有歌唱的段落。《夢溪筆談》：

---

〔註110〕 （宋）郭茂倩，《樂府詩集》，卷56〈舞曲歌辭五〉，頁819。（清）董誥等奉
　　　　　編，《全唐文》，卷734〈柘枝舞賦〉，頁7572。
〔註111〕 （宋）王溥，《唐會要》（北京：中華書局，1985），卷33〈四夷樂‧南蠻諸
　　　　　國樂〉，頁 620。「驃國在雲南西‧與天竺國相近‧故樂多演釋氏之詞‧…有
　　　　　類中國柘枝舞‧」

柘枝舊曲遍數極多，如羯鼓錄所謂「渾脫解」之類，今無復此遍。
寇萊公好柘枝舞，會客必舞柘枝，每舞必盡日，時謂之「柘枝顚」。
今鳳翔有一老尼，猶是萊公時柘枝妓，云：「當時柘枝尚有數十遍，
今日所舞柘枝，比當時十不得二三。」老尼尚能歌其曲，好事者往
往傳之。〔註112〕

「柘枝」盛行於唐代時曲遍多，流傳至宋代，所餘遍數應爲樂舞之精華，仍
受到喜愛。《樂書》〈樂圖論・俗部〉：

柘枝舞，童衣五色，繡羅寬袍，胡帽銀帶。案，唐雜説：『羽調有柘
枝曲，商調有掘柘枝，角調有五天柘枝。用二童舞，衣帽施金鈴，
抃轉有聲。始爲二蓮華，童藏其中，華坼而後見，對舞相占，實舞
中之雅妙者也。』然與今制不同，豈亦因時損益然邪？唐明皇時，
那胡柘枝，眾人莫不稱善。〔註113〕

隨著流傳時間之久，樂舞內容有所演變是自然之勢。依宋代《樂書》所載「柘
枝」分別入「羽調」、「商調」、「角調」時，則本身曲子搖身一變，成爲另一
不同曲風之曲，或與他曲「五天」相合爲新曲。可見「柘枝」大曲變化之豐
富。

《教坊記》另有雜曲「柘枝引」，「曰『引』，蓋大曲之散序也」。〔註114〕
關於「柘枝」舞蹈相關描述及傳播情形，請詳見本章第二節「健軟舞中的外
來樂舞」。

### （六）突厥三臺

唐代自建國以來，與突厥關係即十分密切。《朝野僉載》：

龍朔以來，人唱歌名突厥鹽。後周聖曆年中，差閻知微和匈奴，授
三品春官尚書，送武延秀娶成默啜女，送金銀器物、錦綵衣裳以爲
禮聘，不可勝紀。突厥翻動，漢使並沒，立知微爲可汗，突厥鹽之
應。〔註115〕

---

〔註112〕（宋）沈括，《夢溪筆談》（《夢溪筆談校證》，上海（北京）：中華書局，1959），
　　　　卷5〈樂律一〉，頁228。
〔註113〕（宋）陳暘，《樂書》（臺北市：台灣商務，（四庫全書珍本九集：66-75）），
　　　　卷184，頁3。
〔註114〕任半塘，《教坊記箋訂》，〈制度與人事〉，頁120。
〔註115〕（唐）張鷟，《朝野僉載》（《唐五代筆記小說大觀》，上海：上海古籍出版社，
　　　　2000）卷1，頁10～11。

《舊唐書・五行志・詩妖》：

> 龍朔中，俗中飲酒令，曰「子母去離，連臺拗倒」。俗謂盃盤爲子母，
> 又名盤爲臺，即中宗廢於房州之應也。時里歌有突厥鹽，及則天遣
> 尚書閻知微送武延秀，立知微爲可汗，挾之入寇。〔註116〕

《羯鼓錄》載「突厥鹽」屬之太簇商〔註117〕。任半塘先生認爲《朝野僉載》、《羯鼓錄》所記「突厥鹽」與《唐會要》林鍾羽列三臺鹽（監）。此三曲可能相通。〔註118〕從記載中可知「突厥鹽」起於民間俚歌。《遼海叢書・雙溪醉隱集》〈樂府・前突厥三臺〉：

> 驊騎生馬射雕兒，恰似征西小月氏，笑說漢家將野戰，得非是我受
> 降時，鴈門關北分降地，馬邑山南已拜旗，盡道漢家無顧藉。錦帆
> 終不有迴期。〔註119〕

《遼海叢書・雙溪醉隱集》〈樂府・後突厥三臺〉：

> 陳雲寒壓渭橋低，四野驚雷殷鼓聲。約定引還雲騎去，一時爭噴北
> 風嘶。魏虎揚威指顧閒，先聲已碎玉門關。向來香史情何在，已說
> 元戎逼鐵山。〔註120〕

此應爲「突厥三臺」曲之歌辭，內容大致關於漢民族與突厥征戰的景況。由著書者爲元朝人，可知此曲已傳唱至元代。

## （七）胡僧破

「破」乃大曲之「入破」的曲段，即舞蹈表演開始。任半塘認爲或源於元（人）陶宗儀《輟耕錄》所載『院本名目』內，有「噴水胡僧」一本。〔註121〕

## （八）穿心蠻

依任半塘先生所考南宋（人）周密《武林舊事》二，所引「全棚魁傀儡名

---

〔註116〕《舊唐書》卷37，頁1376。《新唐書》卷35〈五行志・金・詩妖〉，頁919。記載略同。
〔註117〕（唐）南卓，《羯鼓錄》，頁24。
〔註118〕《教坊記箋訂》，〈大曲名〉，頁159。《唐會要・諸樂》卷33，頁617。「林鐘羽，時號平調……三臺監……」，文中所載爲「三臺監」。
〔註119〕（元）耶律鑄，金毓黻主編，《雙溪醉隱集》（《遼海叢書》，瀋陽市：遼瀋書社，1985），卷2〈樂府・前突厥三臺〉，頁1895-2、1896-1。
〔註120〕（元）耶律鑄，金毓黻主編，《雙溪醉隱集》，卷2〈樂府・前突厥三臺〉，頁1896-1。
〔註121〕《教坊記箋訂》，〈大曲名〉，頁157。

目」內，有「穿心國入貢」一目，分明源於本調，並認爲必已入戲曲。〔註122〕

## （九）醉渾脫

「醉渾脫」應該是配合「渾脫」舞的大曲〔註123〕。所謂「渾脫」，據《新唐書》〈五行志・木・服妖〉：

> 太尉長孫无忌以烏羊毛爲渾脫氈帽，人多效之，謂之「趙公渾脫」。近服妖也。〔註124〕

《遼史・西夏列傳》：

> 團練使上，帳、弓、矢各一，……、秒袋、雨氈、渾脫、鍬、钁、箭牌、鐵笊籬各一…〔註125〕

據以上記載，「渾脫」是指帽子。任二北先生在《敦煌曲初探》附錄〈考屑〉中指出「渾脫」，原爲胡語，囊橐也。帽形、船形、食物形，凡形如囊者，皆謂之渾脫。〔註126〕所以「渾脫」應該就是胡人所戴的氈帽或舞帽。何以爲舞名？或許其舞者多戴有「渾脫」帽，故以代名之。「渾脫」舞的具體樣態，難述其詳，但有別具一格的「胡」味則可肯定。在《新唐書・呂元泰列傳》呂元泰針對「潑寒胡戲」上書唐中宗內容中，提到「比見坊邑相率爲渾脫隊」，舞「渾脫」之氣勢「騰逐喧譟」，有如戰爭場面之壯烈，其舞爲雄壯威武之姿，不僅爲單人舞，可相率爲隊伍，於「蘇莫遮」乞寒胡戲熱鬧慶典時演出。〔註127〕

另加一「醉」字，爲「醉渾脫」，表示舞蹈風貌必有改編之貌。另「渾脫」與「劍器」有結合爲舞之記載。

---

〔註122〕《教坊記箋訂》，〈大曲名〉，頁161。

〔註123〕《教坊記箋訂》，〈大曲名〉，頁162。

〔註124〕《新唐書》卷34，〈五行志・木・服妖〉，頁878。

〔註125〕（元）脫脫，《遼史》（臺北市：鼎文書局，1980），卷115〈西夏列傳〉，頁1524。

〔註126〕任二北，《敦煌曲初探》（中國戲曲理論叢書，上海：上海文藝聯合出版社，1954），頁420。

〔註127〕《新唐書》，卷118〈宋物光　呂元泰列傳〉，頁4276～4277。「比見坊邑相率爲渾脫隊，駿馬胡服，名曰『蘇莫遮』。旗鼓相當，軍陣勢也；騰逐喧譟，戰爭象也……胡服相歡，非雅樂也；渾脫爲號，非美名也。」《通典》，卷146〈四方樂・西戎五國〉，頁3724，亦記有此事，補充於後。「神龍二年三月，幷州清源縣令呂元泰上疏曰：臣謹按洪範八政，曰『謀時寒若』。君能謀事，則寒順之。何必裸露形體，澆灌衢路，鼓舞跳躍而索寒也。禮記曰：『立秋之日行夏令，則寒暑不節。』夫陰陽不調，政令之失也；休咎之應，君臣之感也。理均影響，可不戒哉！」

　　唐中宗與近臣及修文學士集宴時，及令各人作即興表演，以爲笑樂，有
將作大匠宗晉卿舞「渾脫」的記載。〔註128〕

　　唐代歌曲典雅古樸，風格多樣，音調獨特。有胡樂的浪漫輕飄，也有漢
人的詩意雅樂，有將士出征的英勇豪邁，也有婦人思夫的惆悵，有館樂小調
的香豔，也有宮幃禮樂的莊嚴，呈現的是大唐世界的紛繁複雜。

# 第二節　健舞、軟舞中的外來樂舞

　　「健舞」、「軟舞」的名稱是在唐代出現，大致上可以肯定的是，大部份
的舞蹈動作是較具有矯捷剛健、節奏明快的風格，稱之爲「健舞」。反之，
若較具有抒情性、舒徐安祥、溫婉優美、節奏較爲舒緩風格，其間或有快節
奏舞段，舞者表情比較細膩者，便稱之「軟舞」，多半是單人舞。〔註129〕本
節將就相關史料探究健、軟舞中的外來樂舞曲其演出風貌、傳播情形或其他
相關情形。

## 一、健舞中的外來樂舞

　　《教坊記》中所記載健舞有：

　　　　「阿遼」、「柘枝」、「黃獐」、「拂菻」、「大渭州」和「達摩支」之屬

　　　　謂之健舞〔註130〕。

依任半塘先生《教坊記箋訂》考證，屬胡樂胡舞爲「阿遼」、「拂林」、「大渭
州」、「達摩支」。《樂府雜錄》所載健舞：

　　　　健舞曲有「棱大」、「阿連」、「柘枝」、「劍器」、「胡旋」、「胡騰」。

　　　　〔註131〕

「柘枝」、「胡旋舞」、「胡騰舞」於本文第二章論及傳入脈絡，亦屬外國傳入

---

〔註128〕《舊唐書》，卷189〈郭山惲列傳〉，頁4970：「時中宗數引近臣及修文學士，
　　　　與之宴集，嘗令各劾伎藝，以爲笑樂。工部尚書張錫爲談容娘舞，將作大匠
　　　　宗晉卿舞渾脫，左衛將軍張洽舞黃ㄱ，左金吾衛將軍杜元琰誦婆羅門呪……」。
　　　　（宋）司馬光編，《資治通鑑》（北京：古籍出版社，1956），卷209〈唐紀二
　　　　十五〉，頁6631。記載略同。
〔註129〕歐陽予倩，《中國舞蹈史二編兩種　唐代舞蹈》，頁22。王克芬，《中國舞蹈發
　　　　展史》（上海：上海人民出版社，2004），頁204。
〔註130〕《教坊記》，頁124。
〔註131〕《樂府雜錄》〈舞工〉，頁19。

之胡樂胡舞。任先生認爲「阿連」與「阿遼」「應是一曲，二名中必有一誤」〔註132〕。「棱大」暫無搜尋到相關史料可考。健舞諸曲中以「柘枝」、「胡旋舞」、「胡騰舞」最爲著稱。

## （一）胡旋舞

### 1. 舞蹈風貌

隋代「九部伎」、唐代「十部伎」中的「康國伎」，其主要內容就是胡旋舞。雖然「十部伎」在唐中葉後的演出熱潮衰退，「康國伎」的舞蹈「胡旋舞」具有獨特的旋轉風格，受到宮廷喜愛。〔註133〕開元年間，西域諸國康國、米國、史國投其所好，陸續朝貢進獻「胡旋女」。〔註134〕天寶（元年742年）以後，把快速旋轉作爲主要舞蹈技巧，風行一時。在白居易和元稹〈胡旋女〉詩中，對胡旋舞表演及風行情況有精彩、寫實的描寫，是探究胡旋舞的重要史料。在《通典》〈樂六〉中，對樂舞表演者的人數、衣著及使用樂器有明確的記載：

> 康國樂，工人皁絲布頭巾，緋絲布袍，錦領。舞二人，緋襖，錦袖，綠綾渾襠袴，赤皮靴，白袴帑。舞急轉如風，俗謂之胡旋。樂用笛二、正鼓一，和鼓一，銅拔一。〔註135〕

《新唐書·禮樂志十一》：

> 康國伎，舞者二人，工人之服皆從其國。〔註136〕

「康國伎」爲列在十部伎中的正式稱呼，明白看出「胡旋舞」是康國樂中的舞蹈俗稱。以鼓爲主要伴奏樂器，表現明快的旋律節奏，突顯伴舞音樂渾厚的音響效果，能充分配合「急轉如風」的胡旋舞。《新唐書·五行志二》載：

---

〔註132〕《教坊記箋訂》，〈制度與人事〉，頁36。

〔註133〕《通典》，卷146，頁1219。「康國樂，工人皁絲布頭巾，緋絲布袍，錦領。舞二人，緋襖，錦袖，綠綾渾襠袴，赤皮靴，白袴帑。舞急轉如風，俗謂之胡旋。樂用笛二、正鼓一，和鼓一，銅拔一。」《舊唐書》，卷29〈音樂志二〉，頁1071，記載略同。

〔註134〕詳見本文第二章第三節。

〔註135〕《通典》，卷146，頁1219。與《舊唐書》卷29，〈音樂志二〉，頁1071，記載略同。

〔註136〕《新唐書》，卷21〈禮樂志十一〉，頁470。

> 天寶後…又有胡旋舞，本出康居，以旋轉便捷爲巧，時又尚之。
> 〔註137〕

此處點出胡旋舞是西域傳入的舞蹈，「旋轉便捷」爲巧妙的特點，不同於中原舞的柔美婀娜，當時爲之風尚。據《新唐書・禮樂志十一》記載其舞容：「胡旋舞，舞者立毯上，旋轉如風。」〔註138〕段安節《樂府雜錄・俳優》：

> 舞有骨鹿舞、胡旋舞，俱於一小圓毯子上舞，縱橫騰踏，兩足終不離於毯子上，其妙如此也。〔註139〕

舞者立於小圓毯子上，疾速旋舞，演出空間很小，顯示難度很高，可見技藝極妙。白居易〈胡旋女〉詩：

> 胡旋女，胡旋女。心應弦，手應鼓。弦鼓一聲雙袖舉，回雪飄搖轉蓬舞。左旋右旋不知疲，千匝萬周無已時。人間物類無可比，奔車輪緩旋風遲。〔註140〕

白居易在詩中描繪胡旋女生動傳神的舞姿，富於動態美。隨著弦鼓合鳴的節奏，胡旋女高舉雙袖，輕盈旋轉，似雪飄鵾飛，其旋轉速度之快，連飛奔的車輪、駭人的旋風都難以與之相比。元稹〈胡旋女〉詩：

> 蓬斷霜根羊角疾，竿戴朱盤火輪炫。驪珠迸珥逐飛星，虹暈輕巾掣流電。潛鯨暗吸笪波海，回風亂舞當空霰。萬過其誰辨終始，四座安能分背面。〔註141〕

詩中對胡旋舞表演時如「火輪炫」、「掣流電」的旋轉技巧和演出盛況作精彩的描繪，刻劃出胡旋舞的藝術魅力。舞者頭戴明珠繁飾，手持彩色輕巾，鼓節一響遂翩翩起舞，慢轉時如潛鯨逆波，急轉時如霰雪流電，旋舞起來似羊角風般迅疾，竿頂的朱紅膝盤如火輪般炫目，急轉生風的旋舞中，使人難以分辨舞者的面貌和背影，吸引眾人目光。這種配以急鼓繁弦、旋轉如飛，大動作的胡旋舞，不僅令唐人耳目一新，也易掀起賞舞熱烈的氣氛，人們更情不自禁地爲之驚慕、讚歎。

---

〔註137〕《新唐書》，卷35〈五行志二〉，頁921。
〔註138〕《新唐書》，卷21〈禮樂志十一〉，頁470。
〔註139〕《樂府雜錄》〈俳優〉，頁22。
〔註140〕《白居易集》（台北：漢京文化事業有限公司，1984），卷第三〈諷諭三・新樂府〉，頁60。
〔註141〕《元稹集》，卷二十四，頁286。

從以上史料所描述內容，胡旋舞的顯著特點，其一，舞者旋轉速度很快，音樂節奏感強烈。其次，舞者演出範圍在一個小圓毯上，始終不離開圓毯，演出的場地不必如「多部伎」演出時需要寬敞空間，更顯技藝水準高超。描述舞者服飾、裝束的特色為，上衣是紅色，錦繡花綴連領口與袖口，下裝為綠色綾羅渾襠褲，腰間圍飾白色褲褶，凸顯出西域風貌。〔註142〕

敦煌莫高窟 220 窟壁畫，如圖 4-2-1「阿彌陀經變」圖下方中央，兩舞者之對舞，及圖 4-2-2「藥師經變」圖下方右側，兩舞伎樂天急轉如風的舞姿，依其姿態，兩幅壁畫像旋轉動作中兩個連續的姿態，似為唐代盛行胡旋舞之風姿。以及圖 4-2-3 寧夏鹽池唐墓出土的石門扇上，刻兩舞人，像旋轉動作中兩個連續的姿態，反映出唐代「胡旋舞」的風姿。

### 圖 4-2-1　敦煌莫高窟 220 窟　南壁　「阿彌陀經變」（初唐）

出處：資料來源：敦煌文物研究所編，《中國石窟敦煌莫高窟　第三卷》（北京：文物
　　　出版社，1987），圖 24。

---

〔註142〕《舊唐書》，卷 29〈音樂志二〉，頁 1071：「康國樂，工人皁絲布頭巾，緋絲
　　　　布袍，錦領。舞二人，緋襖，錦領袖，綠綾渾襠袴，赤皮靴，白袴帑。」

圖 4-2-2　敦煌莫高窟 220 窟北
壁「藥師經變」圖下右方，兩伎
舞胡旋舞

圖 4-2-3　鹽池唐墓石門右扇、左
扇（搨本）

資料來源：敦煌文物研究所編，《中國
石窟敦煌莫高窟　第三卷》（北京：文物
出版社，1987），圖 27。

資料來源：羅丰，《胡漢之間──絲綢之
路與西北歷史考古》（北京：文物出版社，
2004），圖版十二‧1，頁 281。

### 2. 傳播風行情況

有關胡旋舞最著名的詩作，莫過於白居易〈胡旋女──戒近習也（天寶末，康居國獻之）〉：

> 曲終再拜謝天子，天子爲之微啓齒。……中原自有胡旋者，鬥妙爭
> 能爾不如。天寶季年時欲變，臣妾人人學圜轉。中有太眞外祿山，
> 二人最道能胡旋。梨花園中冊作妃，金雞障下養爲兒。祿山胡旋迷
> 君眼，兵過黃河疑未反。貴妃胡旋惑君心，死棄馬嵬念更深。從茲
> 地軸天維轉，五十年來制不禁。〔註143〕

元稹與白居易常以詩相酬詠，兩首「胡旋女」詩皆是藉由「胡旋」舞諷諫明
主。詩句「中原自有胡旋者，鬥妙爭能爾不如」，明白點出中原早已有善舞「胡
旋」的人，甚至庭上臣下人人都學。宮中有楊太眞（楊貴妃）〔註144〕，朝外

〔註143〕《白居易集》，卷第三〈諷諭三‧新樂府〉，頁 60。
〔註144〕（宋）樂史，《楊太眞外傳》上（臺北市：藝文印書館，1966），頁 1：「天寶
　　　　四載七月，冊左衛中郎將韋昭訓女配壽邸。是月，於鳳凰園冊封太眞宮女道
　　　　士楊氏爲貴妃。」

有安祿山，二人舞技最高，一個封爲貴妃，一個認作義子〔註145〕，因此進貢的胡旋女是不可能因舞獲得恩寵。

皇帝寵信的貴妃、人臣能舞胡旋，且技藝之妙可比擬首善之選的進獻胡旋女，即不難想像「投上之所好」、「上行下效」對胡旋舞的風行有極大的推波助瀾效果，胡旋舞的熱潮席捲朝野人心，「臣妾人人學圜轉」似乎也是必然的風行現象。不過，更令人驚嘆的是安祿山的旋舞技巧，《舊唐書・安祿山》傳：

> 祿山晚年益肥壯，腹垂過膝，重三百三十斤。每行以肩髀左右擡挽
> 其身，方能移步。至玄宗前，作「胡旋舞」，疾如風焉。〔註146〕

快速旋轉動作是胡旋舞的特色，也是一項技藝，如今日所見的芭雷舞蹈中的旋轉動作，須平時加以勤練，才能做出疾如風的高難度旋轉。再者，旋轉時，膝蓋關節、腳踝必須承受全身的體重及旋轉時產生的力道。一般人到了晚年，骨骼的退化、脆弱是爲常態，以安祿山晚年以肥壯、腹垂過膝的體態舞胡旋，還能「疾如風焉」，可見對旋轉技巧之熟習，其用心可見一般。

另外，白居易〈胡旋女〉詩爲元和四年（809年）前後所作〔註147〕，詩中「從茲地軸天維轉，五十年來制不禁」，指出從天寶安史亂後至元和初（756～809年），期間約五十年，「胡旋舞」仍然風行，且「制不禁」。安史亂前，尤其玄宗之時，對於異族胡人仍保有視如一國，不加猜防的觀念，外來文化的傳入至此時可說是盛況空前。雖然亂後，唐人夷夏之防漸嚴，但一時之間，已風行數十年的樂舞文化活動，不可能短時間完全改變。況且，亂後的河北藩鎮，將士仍多爲胡人，所控制的地區，當深受胡化影響。〔註148〕所以，「胡旋舞」不因安史之亂而不舞，詩人也因而藉胡旋舞「圜轉」、「回風亂舞」的特色，以及胡舞風靡的現象，諷喻當時藩鎮割據，朝廷不能控制時局。

〔註145〕《新唐書》，卷225〈安祿山列傳〉，頁6413：「楊貴妃有寵，祿山請爲妃養兒，帝許之。其拜，必先妃後帝，帝怪之，答曰：『蕃人先母後父。』帝大悅，命與楊銛及三夫人約爲兄弟。」

〔註146〕《舊唐書》，卷200〈安祿山傳〉，頁5368。

〔註147〕《白居易集》，卷第三〈諷諭三〉，頁52，〈新樂府並序〉：「元和四年、爲左拾遺時作」。

〔註148〕傅樂成，〈唐代夷夏觀念之演變〉（《漢唐史論集》，臺北：聯經出版事業公司，1977），頁209～226。

　　「胡旋舞」在唐初以燕樂「康國伎」中的舞蹈展露。唐中宗時，武延秀在安樂公主宅內演出，「主甚喜之」。玄宗開元年間，西域諸國陸續進獻胡旋舞者。受到居上位者的喜愛。天寶年間唐明皇的寵妃楊玉環、節度史安祿山、貴戚武延秀（武則天的姪子，安樂公主的丈夫），都是舞胡旋的能手，甚至或許因舞「胡旋」之出色，受到帝王、公主特別的青睞。而其引領「胡旋」在唐代盛行的風潮，其功不可沒。經過安史之亂，仍「制不禁」，看來，「胡旋」舞在各個階層流行之廣、滲透之深，無怪乎詩人要以此胡舞爲諷諭之藉。現今在新疆維吾爾族、烏茲別克的民間舞蹈中仍可見到急速旋轉的舞姿，舞者服飾與唐代詩文中的描寫極爲相似。〔註 149〕

### （二）胡騰舞

#### 1. 舞蹈風貌

　　胡騰舞在中原傳播，目前沒有發現史書中的最早記錄。但有兩件文物上的舞蹈繪圖，其舞姿據考證是西域傳入中原的胡騰舞。一是寧夏固原出土的北魏扁壺，壺面有一組樂舞圖，如圖 4-2-4、圖 4-2-5，卷草紋中有七個西域樂舞人像。另一個是河南安陽范粹墓出土的黃釉瓷扁壺，如圖 4-2-6、圖 4-2-7，爲北齊人范粹墓（550～577 年）出土的樂舞扁壺，壺面上刻有五人組成的樂舞場面，樂舞人都是高鼻深目，身穿胡服的西域人。這兩個扁壺是北方游牧民族適用於馬背上攜帶的器物，壺面上人物穿窄袖廣杉，帶胡帽，足登靴，深目高鼻，十足是西方人的模樣。而中間舞人的舞姿，都具有胡騰舞的某些特點。〔註 150〕據此推測，大約在北朝後期，胡騰舞已傳入中原。南北朝時期，胡舞已在中原流行，而胡騰舞主要盛行於唐代。

〔註 149〕黃曉非，〈＂胡旋＂考〉，《社科縱橫》，總第 18 卷第 3 期，（甘肅聯合大學，2003 年 6 月），頁 76。

〔註 150〕榮新江、張志清主編，《從撒馬爾干到長安：粟特人在中國的文化遺跡》（北京：北京圖書館出版社，2004），頁 27。王克芬著，《中國舞蹈發展史》（上海：上海人民出版社，2004），頁 151～152。

圖 4-2-4　寧夏固原北魏扁壺　　圖 4-2-5　寧夏固原北魏扁壺摹本

資料來源：榮新江、張志清主編，《從撒馬爾干到長安：粟特人在中國的文化遺跡》，頁 27，圖 2。

資料來源：王克芬，《中國舞蹈發展史》，圖 65，頁 152。榮新江、張志清主編，《從撒馬爾干到長安：粟特人在中國的文化遺跡》，頁 27。

圖 4-2-6　河南安陽北齊范粹墓扁壺　　圖 4-2-7　河南安陽北齊范粹墓扁壺摹本

資料來源：王克芬，《中國舞蹈發展史》，圖 12。榮新江、張志清主編，《從撒馬爾干到長安：粟特人在中國的文化遺跡》，頁 27。

資料來源：榮新江、張志清主編，《從撒馬爾干到長安：粟特人在中國的文化遺跡》，頁 27，圖 1。河南省博物館《河南安陽北齊范粹墓發掘簡報》，《文物》1972年第 1 期。

　　除以上兩件出土扁壺文物，另有兩件墓室壁畫，也反映胡騰舞的傳播與
流行。〔註151〕一是山西太原發掘隋代虞弘墓（西元592），在墓中後壁中部有
一幅主人宴飲圖，如圖4-2-8，在圖中下方有六名粟特男樂者，分跪坐於兩側，
中間則有一個深目高鼻的男子正起舞，左腳著地，右腳後翹，身首扭轉，有
如急速騰轉之狀，爲胡騰舞的特點。〔註152〕

### 圖4-2-8　虞弘墓主人宴飲圖

資料來源：榮新江、張志清主編，《從撒馬爾干到長安：粟特人在中國的文化遺跡》，
　　　　　頁80。

---

〔註151〕陳海濤，〈胡旋舞、胡騰舞與拓枝舞－對安伽墓與虞弘墓中舞蹈歸屬的淺析〉，
　　　　　《考古與文物》，第3期（2003年），頁60。根據圖中舞人飄帶及飾物不見胡
　　　　　騰的描述中，反認爲圖中所舞是柘枝舞蹈。
〔註152〕榮新江、張志清主編，《從撒馬爾干到長安：粟特人在中國的文化遺跡》，頁
　　　　　80。

　　1952 年在西安東郊發掘的唐代蘇思勖墓（745 年）中，有一幅樂舞壁畫，如圖 4-2-9，其舞姿據考證與西域傳入中原的胡騰舞相似。〔註153〕另外，描繪胡騰舞的兩首詩篇，其一，劉言史〈王中丞宅夜觀舞胡騰〉，詩句「石國胡兒人少見，蹲舞尊前急如鳥」，點出舞者為石國人，石國（今蘇聯烏茲別克共和國塔什干一帶）亦稱柘支、赭時。《新唐書・西域傳下》：

> 石，或曰柘支，曰柘折，曰赭時，漢大宛北鄙也。去京師九千里。……
> 王姓石，治柘折城，故康居小王窟匿城地。……開元初，封其君莫
> 賀咄吐屯，有功，為石國王。〔註154〕

　　另一篇李端〈胡騰兒〉，詩句「胡騰身是涼州兒，肌膚如玉鼻如錐」，說明舞者是來自涼州（州治在今甘肅武威縣）的西域男性胡人。從兩篇詩作提供的線索來看，胡騰舞的源出地應是在涼州更西之地，及西域「石國」。

　　在唐代與胡旋舞相媲美，皆由西域傳入中原的胡騰舞，是一種剛性很強的男性舞蹈，舞蹈動作以多變且急速旋轉的跳、騰、踏、蹴為主，運用西域舞蹈常用的蹉步、移步、碎步、踏步、跺步等以及騰躍技巧，在西域舞蹈中獨具一格。對於胡騰舞的描寫，唐詩中有兩篇對於胡騰舞的舞姿、音樂及表演者，有極為清楚、精采的描繪。李端〈胡騰兒〉：

> 胡騰是涼州兒，肌膚如玉鼻如錐。桐布輕衫前後卷，葡萄長帶一
> 邊垂。帳前跪作本音語，拈襟擺袖為君舞。安西舊牧收淚看，洛
> 下詞人抄曲與。揚眉動目踏花氈，紅汗交流珠帽偏。醉卻東傾又
> 西倒，雙靴柔弱滿燈前。環行急蹴皆應節，反手叉腰如卻月。絲
> 桐忽奏一曲終，嗚嗚畫角城頭髮。胡騰兒，胡騰兒，故鄉路斷知
> 不知。〔註155〕

全詩首四句即說明舞者是西域男性胡人〔註156〕，此舞為男子獨舞。詩句著重描寫舞者足下的動作，足踏花毯、急蹴起躍、環行如輪，「雙靴軟弱」使得雙腳得以靈活變化各種動作。整體舞態則時而「反手叉腰」、弓如彎月，時而應聲跳騰、繽紛踏蹴，表現勇武豪健的精神。加上面部表情是「揚眉動目」，時

---

〔註153〕王克芬編著，《中國古代舞蹈史話》（北京：人民音樂出版社，1980），頁 45。
〔註154〕《新唐書》，卷 221 下〈西域傳下〉，頁 6246。
〔註155〕《全唐詩》，卷 284-29，頁 3238。
〔註156〕向達，《唐代長安與西域文明》，頁 50。說是印歐族之伊蘭種人。「李端詩『肌膚如玉鼻如錐』，則其所見之胡騰兒為印歐族之伊斯蘭種人可知也」。

而整個舞姿呈現出「東傾又西倒」的狂歡情趣，舞姿中模擬醉態，於剛健中
帶婀娜。顯現出胡騰舞的震撼力和影響力。劉言史《王中丞宅夜觀舞胡騰（王
中丞武俊也）》：

> 石國胡兒人見少，蹲舞尊前急如鳥，織成蕃帽虛頂尖，細氈胡衫
> 雙袖小。手中拋下蒲萄盞，西顧忽思鄉路遠，跳身轉轂寶帶鳴，
> 弄腳繽紛錦靴軟。四座無言皆瞪目，橫笛琵琶遍頭促。亂騰新毯
> 雪朱毛，傍拂輕花下紅燭。酒闌舞罷絲管絕，木槿花西見殘月。
> 〔註157〕

戴「蕃帽尖頂」，穿窄袖「胡衫」，遠從千里「石國」而來的胡兒，少見的相
貌，吸引著觀眾。舞蹈一開始就造成熱烈的氣氛，「蹲舞尊前急如鳥」，舞者
曲膝下蹲、腳步變換的動態迅急如飛鳥。「手中拋下葡萄盞」，舞者接著將杯
中葡萄酒一飲而盡，拋下酒杯，縱身起舞，使舞蹈迅速進入高潮。「踏身轉轂
寶帶鳴」，舞姿如車轂般轉動，身上衣帶隨著快速轉動而摩擦出聲響，表現一
種跳躍加旋轉的「空轉」技巧。

　　兩篇關於胡騰舞詩作互為參讀，基本上反映唐代胡騰舞的概貌，詩中除
描繪胡騰舞的舞姿風貌外，表演者皆穿戴其民族的服飾，伴奏樂器主要是橫
笛和琵琶，屬於胡樂器。元稹〈和李校書新題樂府十二首‧西涼伎〉也提到
胡騰舞，「胡騰醉舞筋骨柔」〔註158〕，描寫相近。

　　蘇思勗墓（西元745年）一幅胡騰樂舞壁畫，如圖4-2-9，高149釐米、
長約420釐米，原壁畫被揭取分割成三幅，中間起舞者為胡人，高鼻深目絡
腮胡，頭包白巾，穿長袖衫，腰系黑帶，足登黃靴；舞者兩側均為樂隊。右
有五人，前排三人跽坐，手持豎笛、七弦琴和箜篌；後排二位者，一吹排簫，
一為樂隊指揮，左有六人，前排三人分持琵琶、笙和鈸；後排三人，一名指
揮，一握橫笛，一個拍板。據考證，這幅壁畫表現的就是西域傳入中原的胡
騰舞，其中胡妝胡貌的樂工及在方形毯上騰躍的舞者，即是一種生動真實的
再現。〔註159〕

---

〔註157〕《全唐詩》，卷468，頁5323～5324。
〔註158〕《元稹集》（北京：中華書局出版，1982），卷二十四，頁281。
〔註159〕任半塘，《唐戲弄》（臺北：漢京文化事業有限公司，2004），頁542。認為此
　　　　壁畫按樂圖乃唐人練習歌舞之實況圖，至於所習，無從指定為胡騰舞。

### 圖 4-2-9　陝西西安出土的唐蘇思勖墓壁畫樂舞圖摹本

出處：陝西省博物館編，《隋唐文化》（香港：中華書局（香港）有限公司，上海：學
　　　林出版社，1990），頁 252，圖七，頁 253，圖八、九。
　　　中國美術全集編委會，《中國美術全集繪畫編第 12 集　墓室壁畫》（北京：文物
　　　出版社，1989），頁 126，圖版 130。

　　綜括來說，胡騰舞是典型的西域舞蹈。舞者一般都是單人獻技，撼頭揚
眉，面部表情豐富，輕巧快速，眩目多變的舞姿，如醉如癡的情感，熱烈奔
放，幽默風趣的情調，表現西域舞蹈獨具一格的藝術特色。〔註 160〕

### 2. 傳播情況

李端〈胡騰兒〉：

> 帳前跪作本音語，拈襟擺袖為君舞。安西舊牧收淚看，洛下詞人抄
> 曲與。……絲桐忽奏一曲終，嗚嗚畫角城頭髮。胡騰兒，胡騰兒，
> 故鄉路斷知不知？〔註 161〕

從詩末「胡騰兒，胡騰兒，故鄉路斷知不知？」詩人藉由對胡騰舞者的感嘆，
感概涼州已經失陷。「故鄉」指的是舞者的故鄉涼州，在代宗廣德元年（763
年）淪陷於吐蕃，在此前後數年中，河西、隴右一帶二十餘州均被吐蕃侵佔
〔註 162〕，故云「故鄉路斷」。使得原來雜居該地區的許多胡兒淪落異鄉，來
到洛陽中原地區以歌舞謀生，成為流浪藝人。

---

〔註 160〕楊冬梅，〈唐代詠胡旋舞與胡騰舞詩研究〉，《哈爾濱工業大學學報》（社會科
　　　　　學版），第 8 卷第 2 期，（2006 年 3 月），頁 129。
〔註 161〕《全唐詩》，卷 284-29，頁 3238。
〔註 162〕《舊唐書》，卷 11〈代宗本紀〉廣德元年條，頁 273。「是月（秋七月），吐蕃
　　　　　大寇河、隴，陷我秦、成、渭三州，入大震關，陷蘭、廓、河、鄯、洮、岷
　　　　　等州，盡有隴右之地。」
　　　　　《新唐書》卷 22，〈禮樂志十二〉，頁 477。「明年（天寶十三載，755 年），
　　　　　安祿山反，涼州、伊州、甘州皆陷吐蕃」。

在詩中提到的觀賞者「安西舊牧」，即安西舊時的地方長官〔註163〕，也因安西督護統轄地區逐漸淪喪，已經從西域回到中原，見到出自安西督護府所轄的石國胡騰舞，思及疆土淪喪之痛，黯然忍淚之情油然而生。

另一位觀賞者「洛下詞人」，即居於洛陽的詞人，「抄曲與」，將所作的歌詞贈與胡騰兒，或許作者李端即是「洛下詞人」之一。李端於大曆五年（770）中進士，歷任祕書省校書郎、官杭州司馬職卒。是大曆十才子之一，〔註164〕此詩可能作於大曆初年（766）。從李端生平大致上看來，足跡所到之處都在河南、蘇杭一帶。曾從郭曖遊，郭曖為郭子儀之子，嘗大集賓客賦詩，李端常是座上賓，所以李端應是在參加的某次宴會中，有機會欣賞到從涼州來的流浪藝人所表演的胡騰舞。對胡騰舞熱烈奔騰的舞蹈情緒，以及引發賓客「安西舊牧」的黯然之情，映射深刻。

末二句「絲桐忽奏一曲終，嗚嗚畫角城頭髮」謂舞終樂止將收場之際，忽來一陣邊城哀角，讓觀者遽然驚覺，胡兒之路斷思鄉，是因為邊地國土久失，喚醒國土久失之責。〔註165〕

由此，大致上可以歸納胡騰舞的傳播流行，除了因本身舞蹈特色，以及唐人尚胡風之外，因天寶以後，擅於歌舞的胡人歸鄉路斷，成為流浪藝人，在貴冑文士的宴集活動中演出，亦是胡樂胡舞在中上階層主要的傳播方式。劉言史〈王中丞宅夜觀舞胡騰（王中丞武俊也）〉詩題即明確點出賞舞地點是

〔註163〕 唐時設安西節度使，例兼安西督護，統轄今阿爾泰山西至鹹海以至蔥嶺東西的廣大地區。「牧」是地方長官。

〔註164〕 《新唐書》卷203，〈盧綸列傳〉，頁5785：「（盧）綸與吉中孚、韓翃、錢起、司空曙、苗發、崔峒、耿湋、夏侯審、李端皆能詩齊名，號「大曆十才子」。」

〔註165〕 任半塘，《唐戲弄》上冊，頁542：「開場時，以涼州音致辭，或亦劇中人之代言道白，不僅作劇情說明，或如後世伶人之過階語而已。若無此等科白渲染，何以激發觀眾，致使安西舊牧，下淚而復收淚，仍依依不忍去乎！此與白詩所謂『觀者悲』、『看不足』正同。乃收場之際，絲管戛然而停，忽來一陣邊城哀角。倘此角聲源發於劇情設計之中，便足使彼糾糾者，身在東都，腸肥腦滿，沉醉於燈紅酒綠之際，陡如冷水澆背，遽然驚覺。覺有人之路斷思鄉，乃因國土久失，而國土之久失，其責固在自己耳。劇之效果，於此遂著。蓋絲桐奏曲，無忽然而終之理，忽問胡兒，尚在城頭畫角之後，吾人對此嗚嗚哀響，不妨認為劇中之特意安排與最高效果之理，與劉詩結語，明謂劇終人散，槿花殘月，全是實景者，殊不相同也。花氈之外，尚有『帳前』，苟非佈景，即為道具。」由任先生對李端〈胡騰兒〉從戲劇方面的考證論點，對於其他學者解釋詩中「帳前」一詞可知作於軍中、「安西舊牧」很可能為宴會主人的矛盾觀點，做出最佳的澄清。

在王中丞家中的夜宴場合。王中丞即王武俊（735～801 年），宅在長安，於貞
元年間「封維川郡王兼禦史中丞」〔註166〕。

　　劉言史詩句中亦表達出石國胡兒「西顧忽思鄉路遠」的情懷。與李端〈胡
騰兒〉雖然皆賞胡騰舞，劉賞舞作詩時間上比李端晚約三十餘年，樂舞不免
當中有些變化，任半塘先生《唐戲弄》指出：

> 「石國胡兒人見少」，演員乃爲石國少年，較之（李端詩）用涼州少
> 年者，尤爲道地！…李詩所寫舞裝爲大袖（拈襟擺袖爲君舞），故可
> 擺；此則爲小袖（細氈胡衫雙袖小）。白居易〈奉和汴州令狐令公二十二
> 韻〉詩「雷捶柘枝鼓，雪擺胡騰衫」，乃其衫用白色大袖之證。大袖小袖無。………
> 李曰『珠帽』，此曰『蕃帽』，而頂虛尖。…李曰「長帶」，此曰「寶
> 帶」，而繫鈴。李曰「絲桐」，虛指也；此曰「橫笛、琵琶」，則實。
> 「亂騰」謂舞最快時，故配促徧，樂亦最快。總之，胡騰舞，十分
> 精彩！即能吸引觀眾。〔註167〕

從任先生的分析中說到，劉詩所寫表演者者既然是道地石國胡兒，其舞姿「跳
身轉轂寶帶鳴，弄腳繽紛錦靴軟」，感動四座「無言皆瞠目」，動人的藝境不
在言下，與李詩當時所寫胡騰舞又有不同絕妙處。

　　在白居易〈奉和汴州令狐令公二十二韻〉詩句「雷捶柘枝鼓，雪擺胡
騰衫」〔註168〕，元稹〈和李校書新題樂府十二首·西涼伎〉「胡騰醉舞筋
骨柔」〔註169〕，皆提到胡騰舞。元詩應爲貞元、元和年間，與白居易共倡
「新樂府運動」之時期的作品，依此推論，所見胡騰舞約晚劉言史十餘年。
由元詩中所提「胡騰舞」，是在詩題「西涼伎」的眾多演出「前頭百戲競撩
亂，丸劍跳躑霜雪浮。獅子搖光毛彩豎，胡騰醉舞筋骨柔」中，居其中一
項重要穿插的節目。而同以「西涼伎」爲題之詩作，白居易〈西涼伎－刺
封疆之臣也〉：

---

〔註166〕（清）董誥等編，《全唐文》（北京：中華書局，1987），卷 456，頁 4665：「武
　　　　俊字元英。本出契丹怒皆部。年十五。隸李寶臣帳下爲禅將。勸寶臣以恒定
　　　　等五州歸朝廷。封維川郡王兼禦史中丞。德宗朝。以討李維嶽功授檢校秘書
　　　　監兼御史大夫恒冀觀察使。………與李抱眞大破朱滔軍於貝州。上還幽州
　　　　盧龍節度。詔以恒州爲大都督府。即授武俊長史。賜德棣二州。俄進檢校太
　　　　尉兼中書令。貞元十七年卒。年六十七。贈太師。諡曰忠烈。」
〔註167〕任半塘，《唐戲弄》，頁 543。
〔註168〕《白居易集》，卷二十四〈律詩〉，頁 528。
〔註169〕《元稹集》，卷二十四，頁 281。

西涼伎，假面胡人假獅子。刻木爲頭絲作尾，金鍍眼睛銀帖齒。奮
迅毛衣擺雙耳，如從流沙來萬裏。紫髯深目兩胡兒，鼓舞跳樑前致
辭。應似涼州未陷日，安西都護進來時。須史雲得新消息，安西路
絕歸不得。泣向獅子涕雙垂，涼州陷沒知不知。獅子回頭向西望，
哀吼一聲觀者悲。貞元邊將愛此曲，醉坐笑看看不足。……〔註170〕

據任先生考證推測之論：

白氏所見爲新伎，劉言史、元稹所見則爲舊伎。…在新伎——西涼伎，
以西涼樂、獅子舞及二胡兒之科白表情爲主，以胡騰舞爲重要穿插；
在舊伎——胡騰歌舞劇，乃以胡騰舞及胡醉子樂曲爲主。〔註171〕

從任先生對胡騰舞、西涼伎綜和推論出之新、舊伎的演變，可見胡舞在唐代
傳入後仍有不斷傳播演進的歷程，乃在白詩描繪西涼伎「娛賓犒士宴監軍」
的場面中，「醉坐笑看看不足」獲得觀眾滿場歡笑與喜愛。此外，從詩作中，
亦可明顯體悟到詩人藉由欣賞、描繪西域胡舞的機會，抒發對邊將醉酒賞曲
而忘記職守的憤怒。〔註172〕

從李端〈胡騰兒〉詩可能作於大曆初年（766），劉言史〈王中丞宅夜觀
舞胡騰〉作於貞元十七年前（802），元稹〈和李校書新題樂府十二首‧西涼
伎〉應爲貞元、元和年間「新樂府運動」之時期的作品，三首詩作產生年代
看來，期間歷時約四、五十年，胡騰舞從單舞演出的形式，逐漸演變爲西涼
伎演出節目中的舞蹈部份，其中加上「假面胡人假獅子。刻木爲頭絲作尾，
金鍍眼睛銀帖齒。奮迅毛衣擺雙耳」，已發展出有歌舞戲劇演出的雛型。

## （三）柘枝

中唐以後，另一種由西域傳入的新舞蹈—柘枝舞，繼胡旋舞、胡騰舞而
興。柘枝舞主要以鼓伴奏，節奏鮮明，氣氛熱烈，是剛健與婀娜兼而有之的

---

〔註170〕《白居易集》（台北：漢京文化事業有限公司，1984），卷第四〈諷諭四‧新
樂府〉，頁75。

〔註171〕任半塘，《唐戲弄》上冊，頁540～541。

〔註172〕《白居易集》，卷第四〈諷諭四‧新樂府〉，頁75。〈西涼伎－刺封疆之臣也〉
續註158：「……娛賓犒士宴監軍，獅子胡兒長在目。有一征夫年七十，見弄
涼州低面泣。泣罷斂手白將軍，主憂臣辱昔所聞。自從天寶兵戈起，犬戎日
夜吞西鄙。涼州陷來四十年，河隴侵將七千里。平時安西萬裏疆，今日邊防
在鳳翔。緣邊空屯十萬卒，飽食溫衣閒過日。遺民腸斷在涼州，將卒相看無
意收。天子每思長痛惜，將軍欲說合慚羞。奈何仍看西涼伎，取笑資歡無所
愧。縱無智力未能收，忍取西涼弄爲戲。」

舞蹈，其特點是以輕盈靈活的體態和流轉含情的眼波帶給人美的享受。婀娜剛健、新奇絢麗的柘枝樂舞，不僅爲王宮貴族，文人雅士喜好觀賞，而且成爲詩人們的創作和描述對象。唐代詩人張祜、白居易、劉禹錫、殷堯藩、章孝標、溫庭筠、薛能、楊巨源等有詩作，沈亞之、盧肇等著有舞賦，彰顯柘枝舞獨特的藝術風格與審美價值。以上幾位詩人活躍於中晚唐時期，是可推測「柘枝」舞是繼胡旋、胡騰舞之後，盛行於唐。

### 1. 舞蹈風貌

白居易〈柘枝妓〉完整地概括柘枝樂舞的表演過程及主要內容。詩歌語言簡潔、節奏明快，如一幅巧奪天工的浮雕，將柘枝舞妓的出場、伴奏、服飾、神態及舞姿惟妙惟肖地展現出來：

> 平鋪一合錦筵開，連擊三聲畫鼓催。紅蠟燭移桃葉起，紫羅衫動柘枝來。帶垂鈿胯花腰重，帽轉金鈴雪面回。看即曲終留不住，雲飄雨送向陽臺。〔註173〕

張祜是唐代詩人中詠柘舞詩作最多的詩人，其詩生動、真切、傳神，富有繪畫性、音樂性及動態性，爲我們展示出異域舞蹈美妙動人的舞姿、熱情奔放的鼓聲、優美動聽的音樂、豔麗華美的服飾，具有獨特的風情與特色。張祜〈觀杭州柘枝〉：

> 舞停歌罷鼓連催，軟骨纖蛾暫起來。紅罨畫衫纏腕出，碧排方胯背腰來。旁收拍拍金鈴擺，卻踏聲聲錦䘣摧。看著遍頭香袖褶，粉屏香帕又重隈。〔註174〕

張祜〈周員外席上觀柘枝〉：

> 畫鼓拖環錦臂攘，小娥雙換舞衣裳。金絲蹙霧紅衫薄，銀蔓垂花紫帶長。鸞影乍回頭並舉，鳳聲初歇翅齊張。一時歛腕招殘拍，斜斂輕身拜玉郎。〔註175〕

張祜〈觀楊瑗柘枝〉：

> 促疊蠻鼉引柘枝，卷簷虛帽帶交垂。紫羅衫宛蹲身處，紅錦靴柔踏節時。微動翠蛾拋舊態，緩遮檀口唱新詞。看看舞罷輕雲起，卻赴襄王夢裏期。〔註176〕

---

〔註173〕《白居易集》，卷23〈律詩〉，頁512。
〔註174〕《全唐詩》，卷511，頁5827。
〔註175〕《全唐詩》，卷511，頁5827。
〔註176〕《全唐詩》，卷511，頁5827。

張祜〈感王將軍柘枝妓歿〉：

> 寂寞春風舊柘枝，舞人休唱曲休吹。鴛鴦鈿帶拋何處，孔雀羅衫付
> 阿誰。畫鼓不聞招節拍，錦靴空想挫腰肢。今來座上偏惆悵，曾是
> 堂前教徹時。〔註177〕

張祜〈李家柘枝〉：

> 紅鉛拂臉細腰人，金繡羅衫軟著身。長恐舞時殘拍盡，卻思雲雨更
> 無因。〔註178〕

劉禹錫的〈和樂天柘枝〉及〈觀柘枝舞二首〉引經據典，既有現實的描述，
又有想像的馳騁，委婉細膩、生動傳神地刻畫了柘枝舞伎輕盈灑脫的舞姿、
流眸回盼的眼神和香軟苗條的身姿，給人飄飄欲仙、餘韻綿長的感受。劉禹
錫〈觀柘枝舞二首〉之一：

> 胡服何葳蕤，仙姬登綺墀。神飆獵紅蕖，龍燭映金枝。垂帶覆纖腰，
> 安鈿當嫵眉。翹袖中繁鼓，傾眸溯華榱。燕秦有舊曲，淮南多冶詞。
> 欲見傾城外，君看赴節時。〔註179〕

劉禹錫〈觀柘枝舞二首〉之二：

> 山雞臨清鏡，石燕赴遙津，何如上客會，長袖入華裀。體輕似無骨，
> 觀者皆聳神。曲盡回身處，層波猶注人。〔註180〕

劉禹錫〈和樂天柘枝〉：

> 柘枝本出楚王家，玉面添嬌舞態奢。松鬢改梳鸞鳳髻，新衫別織鬥
> 雞紗。鼓催殘拍腰身軟，汗透羅衣雨點花。畫筵曲罷辭歸去，便隨
> 王母上煙霞。〔註181〕

章孝標的〈柘枝〉一詩抓住柘枝舞富有特徵性的動作，那「空綽約」、「動飄
颻」的優美舞姿和「鸞形轉」、「鳳影嬌」的新穎造型，留下輕盈飄逸的美好
感受。章孝標〈柘枝〉：

> 柘枝初出鼓聲招，花鈿羅新聳細腰，移步錦靴空綽約，迎風繡帽動
> 飄颻。亞身踏節鸞形轉，背面羞人鳳影嬌。只恐相公看未足，便隨
> 風雨上青霄。〔註182〕

〔註177〕《全唐詩》，卷511，頁5827。
〔註178〕《全唐詩》，卷511，頁5844。
〔註179〕《全唐詩》，卷354，頁3972。
〔註180〕《全唐詩》，卷354，頁3972。
〔註181〕《全唐詩》，卷360，頁4067。
〔註182〕《全唐詩》，卷506，頁5755。

還有殷堯藩〈潭州席上贈舞柘枝妓〉：

> 姑蘇太守青娥女，流落長沙舞柘枝。坐滿繡衣皆不識，可憐紅臉淚
> 雙垂。〔註183〕

唐代貴族文人蓄伎尙舞之風盛行。在僻靜幽雅的深宅府邸，達宮貴戚，文人雅士休閑之餘，觀賞具有濃鬱西域風情的舞蹈，眞是別有一番情趣。透過白居易〈柘枝詞〉「柳暗長廊合，花深小院開」〔註184〕和薛能的〈柘枝詞〉三首之三「樓臺新邸第，歌舞小嬋娟」〔註185〕，對亭台樓榭、綠樹長廊的場景描繪，烘托出魅力閃耀的西域美貌舞伎形象。柘枝舞的舞姿優美、鼓聲激越，具有節奏鮮明、氣氛熱烈、風格健朗的特點，所以受到唐人的普遍歡迎。

### 2. 傳播盛行情形

最初「柘枝舞」應是由西域石國等地來華的藝伎表演，後來中原朝野許多人也學會，教坊、軍營、士大夫家的樂伎人，都能舞柘枝。唐人沈亞之〈柘枝舞賦序〉：

> 往者某値宴於鄭衛之侯，坐與客序。樂作，堂下行舞，男女紛雜交
> 貫，率以百品，而觀者蓋瞿然。既罷，昇鼓堂上，絃吹大奏，命爲
> 柘枝舞，則皆排目矢坐，客曰：今自有土之樂舞堂上者，惟胡部與
> 焉，而柘枝益肆於態，誠足以賦其容也。〔註186〕

在「堂上」較爲正式演出的歌舞場合中，只有胡部新聲舞曲。其中以柘枝舞的舞蹈姿態，是最爲放肆、大膽狂放的，足以讓人爲歌舞做賦形容的，也只有柘枝而已。「當弦吹大奏，命爲柘枝舞」時，觀眾「皆排目矢座」，無不延頸側目。

唐代崔令欽《教坊記》舉健舞之例時云：「阿遼、柘枝、黃麞、拂林、大渭卅、達摩之屬，謂之健舞」，樂曲名排名榜上羅列「柘枝引」、大曲名亦列「柘枝」〔註187〕，「柘枝」之名凡三見《教坊記》者，僅此一例，由此可見「柘

---

〔註183〕《全唐詩》，卷492，頁5577。
〔註184〕《白居易集》，卷二十五〈律詩〉，頁578：「柳暗長廊合，花深小院開。蒼頭鋪錦褥，皓腕棒銀盃。繡帽珠稠綴，香衫袖窄裁。將軍拄球仗，看按柘枝來」
〔註185〕《全唐詩》，卷558，頁6476。〈柘枝詞三首（樂府詩集題作柘枝調）〉之三：「意氣成功日，春風起絮天。樓臺新邸第，歌舞小嬋娟。急破催搖曳，羅衫半脫肩。」
〔註186〕《全唐文》，卷734，頁7572。
〔註187〕《教坊記》頁2、4、5。

枝」大曲中的舞蹈、音樂，受到時人喜愛，獨立演出，以致《教坊記》在三類曲名中分別列出，在盛唐時代的聞名程度可見一斑。另據《樂府詩集・舞曲歌辭五》〈柘枝詞〉題解所引《教坊記》曰：

> 凡棚車上擊鼓非《柘枝》，即《阿遼破》也。〔註188〕

棚車爲一般民間載送貨物所用交通工具，亦可見柘枝舞在當時民間的盛行程度，隨棚車遊走歡唱。不僅盛於京都長安西北地區，而且遠及內陸中原、沿海地區。從表 4-2-1 中詩題中可以得知。

表 4-2-1：唐詩之「柘枝舞」詩地點表

| 序號 | 作者 | 詩篇 | 觀舞地點 |
|---|---|---|---|
| 1 | 白居易 | 〈和同州楊侍郎誇柘枝見寄〉〔註189〕 | 同州（今陝西省境內） |
| 2 | 白居易 | 〈看常州柘枝，贈賈使君〉〔註190〕 | 常州（今江蘇省南部） |
| 3 | 張祜 | 〈觀杭州柘枝〉〔註191〕 | 杭州（今浙江省北部） |
| 4 | 殷堯藩 | 〈潭州席上贈舞柘枝妓〉〔註192〕 | 潭州（今湖南省長沙） |
| 5 | 盧肇 | 〈湖南觀雙柘枝舞賦〉〔註193〕 | 湖南 |

以下還有幾首「柘枝」五相關詩作，白居易〈房家夜宴喜雪，戲贈主人〉：

> 風頭向夜利如刀，賴此溫爐軟錦袍。桑落氣熏珠翠暖，柘枝聲引管弦高。酒鉤送醆推蓮子，燭淚粘盤壘蒲萄。不醉遣儂爭散得，門前雪片似鵝毛。〔註194〕

薛能〈柘枝詞三首（樂府詩集題作柘枝調）〉之一：

> 同營三十萬，震鼓伐西羌。戰血粘秋草，征塵攪夕陽。歸來人不識，帝裏獨戎裝。〔註195〕

---

〔註188〕《樂府詩集》，卷56〈舞曲歌辭五〉，頁818。
〔註189〕《白居易集》，卷三十二〈律詩〉，頁726。「細吟馮翊使君詩，憶作餘杭太守時。君有一般輸我事，柘枝看校十年遲。」
〔註190〕《白居易集》，卷二十三〈律詩〉，頁515。「莫惜新衣舞柘枝，也從塵汙汙沾垂。料君即卻歸朝去，不見銀泥衫故時。」
〔註191〕《全唐詩》，卷511，頁5827。
〔註192〕《全唐詩》，卷492，頁5577。
〔註193〕《全唐文》，卷768，頁7994。
〔註194〕《白居易集》，卷十八〈律詩〉，頁393。
〔註195〕《全唐詩》，卷558，頁6476。

薛能〈柘枝詞三首（樂府詩集題作柘枝調）〉之二：

> 懸軍征拓羯，內地隔蕭關。日色昆侖上，風聲朔漠間。何當千萬騎，
> 颯颯貳師還。

薛能〈柘枝詞三首（樂府詩集題作柘枝調）〉之三：

> 意氣成功日，春風起絮天。樓臺新邸第，歌舞小嬋娟。急破催搖曳，
> 羅衫半脫肩。

薛能三首〈柘枝詞〉應是配「柘枝」曲調所唱歌詞，前兩首內容充滿戰爭豪邁之情，應與曲調激越之風格有關。第三首則描繪舞「柘枝」之姿態。李群玉〈傷柘枝妓〉：

> 曾見雙鸞舞鏡中，聯飛接影對春風。今來獨在花筵散，月滿秋天一
> 半空。〔註 196〕

從詩人對「柘枝伎」香消玉殞的感傷之情，可知時人對「柘枝」舞的喜愛程度，甚至對「柘枝伎」眷戀極深，另有張祜〈感王將軍柘枝妓歿〉亦懷有相同之情。

## （四）阿遼

據《樂書》記載：「大遼，契丹匈奴之種也。」〔註 197〕同時記載大遼人過年時節群聚歌舞的情景。健舞「阿遼」可能是北方少數民族風格豪邁粗獷的民間舞蹈。「凡棚車上擊鼓非「柘枝」，即「阿遼破」也」。〔註 198〕「破」，意指為唐大曲結構之一「入破」，是舞姿隨音樂變化，進入樂舞的表演高潮。可知「阿遼」與「柘枝」皆以擊鼓為舞曲特色，具有節奏鮮明，活潑熱烈的樂舞氣氛。從上述「柘枝」於文人士族宴會中演出的盛況來看，以及擊鼓樂舞曲「非柘枝，即阿遼」，略可推想「阿遼」風行景象，不過，「阿遼」卻無如「柘枝」有多首詩作描繪、紀錄，或許是「阿遼」舞蹈風貌不似「柘枝」多變、豐富，需要專業舞者（樂舞伎）演出，樂舞水準較高，能獻呈於廳堂、宴會上。而「阿遼」應屬於純粹剛健風格，舞蹈動作較為簡單，一般市井小民易於表現，於棚車上即可演出。《邵氏聞見錄》：

> 伯溫侍長老言曰：「本朝唯真宗成平、景德間為盛，時北虜通和，兵
> 革不用，家給人足。以洛中言之，民以車載酒食聲樂，遊於通衢，

---

〔註 196〕《全唐詩》，卷 570，頁 6613。
〔註 197〕（宋）陳暘，《樂書》卷 158，頁 15。
〔註 198〕樂府詩集》，卷 56〈舞曲歌辭五〉，頁 818。

> 謂之棚車鼓笛。」〔註199〕

「棚車」上備有旋律樂器「笛」、節奏樂器「鼓」，因棚車目的是能自由遊於大街小巷，其樂器裝備應以簡便爲主，不能過於繁備，車之所至，聲樂娛樂即可演出。

### （五）拂菻

拂菻爲古代「大秦」國名，指東羅馬帝國及其東方屬地。《舊唐書·西戎列傳》：

> 拂菻國，一名大秦，在西海之上，東南與波斯接，地方萬餘裏，列城四百，邑居連屬。〔註200〕

> 貞觀十七年，拂菻王波多力遣使獻赤玻瓈、綠金精等物，太宗降璽書答慰，賜以綾綺焉。……乾封二年，遣使獻底也伽。大足元年，復遣使來朝。開元七年正月，其主遣吐火羅大首領獻獅子、羚羊各二。不數月，又遣大德僧來朝貢。〔註201〕

「拂菻」舞當爲當地區的民間舞蹈。根據史載，雖無直接當地樂舞的朝貢紀錄，未嘗沒有善歌舞者，進入宮庭。從唐初貞觀開始，即有進貢記錄，「乾封」爲高宗年號（666～668年），「大足」爲武周時期武則天年號，開元玄宗年間，竟有「不數月」，又遣使朝貢，足見當時中西間交通之暢通，隨著朝貢路線而來的商人及各形色人物，亦應多見，其中或許有善於歌舞者來到中原，傳入「拂菻」樂舞。盧肇〈柘枝舞賦〉：「則有拂菻妖姿，西河別部」。〔註202〕「知此曲之舞與劍器舞，均曾採入柘枝舞中」。〔註203〕

### （六）大渭州

「渭州」爲古地名，位於今甘肅隴西縣西南，是古絲綢之路必經之地。此舞應爲當地民間舞蹈。應爲雜曲「胡渭州」之大曲，所以在「渭州」前加一「大」字，加以區別兩曲。《明皇雜錄》：

---

〔註199〕（宋）邵伯溫，李劍雄，劉德權點校，《邵氏聞見錄》（北京：中華書局，1983），卷3，頁23。

〔註200〕《舊唐書》，卷198〈西戎列傳〉，頁5313。《新唐書》，卷221〈西域列傳下〉所記略同。

〔註201〕《舊唐書》，卷198〈西戎列傳〉，頁5314～5315。《新唐書》，卷221〈西域列傳下〉所記略同。

〔註202〕《全唐文》，卷768，頁7994。

〔註203〕《教坊記箋訂》，〈制度與人事〉，頁39。

唐開元中，樂工李龜年、彭年、鶴年兄弟三人，皆有才學盛名。彭
年善舞，鶴年、龜年能歌尤妙，製渭川，特承顧遇。〔註204〕

此段記載與《唐語林校證》略同，〔註205〕只是所記曲名不同，《唐語林》記李
龜年所製樂曲是「渭州」。〔註206〕據《新唐書・地理志一》〔註207〕、《舊唐書・
地理志三》〔註208〕記載，「渭州」是屬隴西地區，風俗民情較有特殊風貌，製
爲樂曲，似較有其理。但《明皇雜錄》爲唐人所著，誤記可能性應該不高，
且唐玄宗曾於此地田獵之遊，李鶴年因而特製此曲紀念，也是有其可能性。
不過，在《教坊記》卻無記此曲。

## （七）達摩支

「達摩支」在北朝已有演出記載，《太平御覽・偏霸部》蕭巋：

（保定）十五年，周武帝平北齊，得傳國璽，歸入周賀。武帝大會
群臣及諸蕃客，周武自彈琵琶，令故齊主高緯起舞達摩支，故安德
王延宗悲不自勝。緯舞訖，勸歸，歸乃起舞。……〔註209〕

《唐會要》記載天寶十三載改諸樂曲名：

太簇羽・時號般涉調・……達摩支改爲泛蘭叢……。〔註210〕

《樂府詩集・近代曲辭二》〈達摩支〉詩序引《樂苑》云：「泛蘭叢，羽調曲，
又有急泛蘭叢。」〔註211〕任半塘先生據此認爲「知其有大曲」。〔註212〕《羯

---

〔註204〕（唐）鄭處誨，《明皇雜錄》（《唐五代筆記小說大觀》，上海：上海古籍出版
社，2000），卷下，頁962。

〔註205〕（宋）司馬光，《資治通鑑》，卷211〈唐紀二十六〉，頁6688，唐玄宗開元元
年甲辰條載：「甲辰，獵于渭川。」夾註曰：「此即新豐界之渭川」。

〔註206〕（宋）王讜，周勛初校證，《唐語林校證》（北京：中華書局，1987），卷5，
頁480。「「李龜年、彭年、鶴年弟兄三人，開元中皆有才學盛名。鶴年能歌，
詞尤妙，製渭州。彭年善舞。龜年善打羯鼓。」」

〔註207〕《新唐書》，卷37〈地理志一〉，頁968～969載：「渭州，元和四年以原州之平
涼縣置行渭州，廣明元年爲吐蕃所破，中和四年，涇原節度使張鈞表置。凡乾
元後所置州，皆無郡名；及其季世，所置州縣，又不列上、中、下之第。縣一。
平涼。上。廣德元年沒吐蕃，貞元四年復置。及爲行渭州，其民皆州自領之。
西南隴山有六盤關。有銀，有銅，有鐵。西北五里有吐蕃會盟壇，貞元三年築。」

〔註208〕《舊唐書》，卷〈地理志三〉，頁1632載：「渭州下　隋隴西郡。武德元年，
置渭州。天寶元年，改爲隴西郡。乾元元年，復爲渭州。」

〔註209〕（宋）李昉，《太平御覽》，卷133〈偏霸部〉，頁772-2。

〔註210〕（宋）王溥，《唐會要》，卷33〈諸樂〉，頁615-617。

〔註211〕（宋）郭茂倩，《樂府詩集》，卷80〈近代曲辭二〉，頁1137。

〔註212〕任半塘，《教坊記箋訂》，頁39。

鼓錄‧諸宮曲》太簇角有「大達麼友」一曲，「友」應爲「支」之誤。〔註213〕
關於舞蹈內容並無相關史料記載，詩人溫庭筠詩作一首〈達摩支曲（雜言）〉，
〔註214〕但內容與舞蹈無關，或爲「達摩支」曲之歌辭。

## 二、軟舞中的外來樂舞

相對於健舞的活潑豪邁情調，軟舞動作更顯得柔媚風情。在《教坊記》
所載軟舞曲目：

> 「垂手羅」、「回波樂」、「蘭陵王」、「春鶯囀」、「半社渠」、「借席」、
> 「烏夜啼」之屬謂之軟舞〔註215〕。

據任先生「考以肯定爲外國樂者」之三十五調爲「回波樂」、「春鶯囀」。〔註216〕
《樂府雜錄》所載軟舞：

> 軟舞曲有「涼州」、「綠腰」、「蘇合香」、「屈柘」、「團圓旋」、「甘州」
> 等。〔註217〕

「涼州」、「甘州」本文列爲大曲胡樂胡舞，詳見本章第一節。「蘇合香」爲任
先生「考以肯定爲外國樂者」。「屈柘」爲大曲「柘枝」之軟舞曲，詳見下文。

### （一）「回波樂」

此曲於北朝即有傳唱紀錄。《資治通鑑》〈梁紀‧高祖武皇帝〉大通二年，
朱爾榮「與左右連手蹋地唱回波樂而出」。〔註218〕知此曲當時爲踏歌曲。《資
治通鑑》〈唐紀‧玄宗〉開元十八年，考異曰：

> 唐朝年代記云：「初，裴光庭娶武三思女，高力士私焉。光庭有吏材，
> 力士爲之推轂，因以入相，時彥鄙之，宋璟、王晙酒後舞回波樂以
> 爲戲謔。〔註219〕

〔註213〕（唐）南卓，《羯鼓錄》，頁 25。
〔註214〕《全唐詩》，卷 576-28，頁 6703。「搗麝成塵香不滅，拗蓮作寸絲難絕。紅淚
　　　　文姬洛水春，白頭蘇武天山雪。君不見無愁高緯花漫漫，漳浦宴餘清露寒。
　　　　一旦臣僚共囚虜，欲吹羌管先汍瀾。舊臣頭鬢霜華早，可惜雄心醉中老。萬
　　　　古春歸夢不歸，鄴城風雨連天草。」
〔註215〕《教坊記》，頁 2。
〔註216〕《教坊記箋訂》，〈大曲名〉，頁 168～169。
〔註217〕《樂府雜錄》〈舞工〉，頁 19。
〔註218〕（宋）司馬光，（元）胡三省音註，《資治通鑑》，卷 152〈梁紀‧高祖武皇帝〉，
　　　　頁 4748。
〔註219〕《資治通鑑》，卷 213〈唐紀‧玄宗〉，頁 6789～6790。

《新唐書·景伯列傳》：

> 子景伯，景龍中爲諫議大夫。中宗宴侍臣及朝集使，酒酣，各命爲
> 回波詞，或以諂言媚上，或要丐謬寵，至景伯，獨爲箴規語以諷帝，
> 帝不悅。〔註220〕

《唐會要》、《隋唐嘉話》皆記有此事，唯《隋唐嘉話》文中謂「侍宴者遞起
歌舞，并唱下兵詞，方便以求官爵」，〔註221〕是否誤記「下兵」或其它緣由，
暫不得知。《唐會要·諫議大夫》：

> 次至諫議大夫李景伯曰：回波爾時酒卮，微臣職在箴規，侍晏既過
> 三爵，諠譁雜混，竊恐非儀。上不說，中書令蕭至忠曰：此眞諫議
> 大夫。〔註222〕

李景伯唱詞起句「迴波爾時」與《敦煌歌辭總編》〈雜曲·隻曲〉〔註223〕、〈雜
曲·普通聯章〉〔註224〕所載「回波樂」歌詞起句皆相同。《新唐書·崔日用列
傳》：

> 時諸武若三思、延秀及楚客等權寵交煽，日用多所結納，驟拜兵部
> 侍郎。宴內殿，酒酣，起爲回波舞，求學士，即詔兼脩文館學士。
> 〔註225〕

「回波樂」似乎是在酒酣耳熱之時，用助於「自邀榮位」的宴會樂舞。在唐
高宗與諸學士的一次侍宴中，不僅「帝詔學士等舞回波」，其中沈佺期還因「爲
弄辭悅帝」，受到賞賜。〔註226〕《朝野僉載》：

---

〔註220〕《新唐書》，卷116〈景伯列傳〉，頁4244。（宋）王溥，《唐會要》，卷55〈諫
　　　　議大夫〉，頁950，記「景龍三年」，記載略同。
〔註221〕（唐）劉餗，《隋唐嘉話》下，頁41：「景龍中，中宗遊興慶池，侍宴者遞起
　　　　歌舞，并唱下兵詞，方便以求官爵。給事中李景伯亦起唱曰：「迴波爾時酒卮，
　　　　兵兒志在箴規。侍宴既過三爵，諠譁竊恐非宜。」於是乃罷坐。」
〔註222〕《唐會要》，卷55〈諫議大夫〉，頁950，記「景龍三年」，記載略同。
〔註223〕任半塘編著，《敦煌歌辭總編》（上海：上海古籍出版社，1987）卷2，〈雜曲·
　　　　隻曲〉頁522。「回波樂　　王梵志　　回波爾時（夾註：以下待補）」
〔註224〕任半塘編著，《敦煌歌詞總編》，卷3〈雜曲·普通聯章〉，頁1038：「回波樂斷
　　　　惑　七首　回波爾時六賊。不如持心斷惑。縱使誦經千卷。眼裏見經不識。
　　　　不解佛法大意。徒勞排文數黑。頭陀蘭若精進。希望後世功德。持心即是大患。
　　　　聖道何由可剋。若悟生死如夢。一切求心皆息。（1）」以下六首暫略不記。
〔註225〕《新唐書》，卷121〈崔日用列傳〉，頁4330。
〔註226〕《新唐書》，卷127〈文藝列傳〉，頁5749～5750：「沈佺期字雲卿，相州內黃
　　　　人。……入計，得召見，拜起居郎兼脩文館直學士。既侍宴，帝詔學士等舞
　　　　回波，佺期爲弄辭悅帝，還賜牙、緋。」

又蘇州嘉興令楊廷玉，則天之表姪也，貪狠無厭，著詞曰：「迴波爾

時廷玉，打獠取錢未足。阿姑婆見作天子，傍人不得棖觸。」〔註227〕

起唱句也同為「迴波爾時」。「迴波樂」由傳唱記載看來，在北朝時，或純為宴飲時眾人聯手踏歌歡悅之舞，傳至唐代，似演變為隨意之所致，依曲編著歌辭以表情達意。《羯鼓錄》太簇商調記有「迴婆樂」曲名。〔註228〕此曲傳入日本名為「迴杯樂」、「迴盃樂」，入壹樂調。〔註229〕

### （二）「春鶯囀」

《教坊記》載此曲為龜茲樂人白明達於唐高宗時所作，〔註230〕亦為「法曲」之一。《唐會要·諸樂》黃鐘商，時號樂調，記有「春鶯囀吹」。〔註231〕《羯鼓錄》太簇商諸樂曲中記為「黃鶯囀」〔註232〕，皆應指同一曲，或調性不同。詩人張祜〈春鶯囀〉：

興慶池南柳未開，太真先把一枝梅。內人已唱春鶯囀，花下偓偓軟

舞來。〔註233〕

描述在長安皇城東南興慶宮內的興慶池畔，楊貴妃（太真）與宜春苑的女樂伎在梅花樹下載歌載舞的表演，想知「春鶯囀」是首優美的軟舞曲。元稹〈法曲〉：

自從胡騎起煙塵，毛毳腥羶滿咸洛。女為胡婦學胡妝，伎進胡音務

胡樂。火鳳聲沉多咽絕，春鶯囀罷長蕭索。胡音胡騎與胡妝，五十

年來競紛泊。〔註234〕

詩人在描繪胡音胡樂之盛，特別提及「春鶯囀」、「火鳳」，應為當時「五十年來競紛泊」極為風行之胡樂，才在詩中特別寫到。

---

〔註227〕 （唐）張鷟，趙守儼點校，《朝野僉載》，卷2，頁24。

〔註228〕 《羯鼓錄》，頁24。

〔註229〕 《教坊記箋訂》，頁161。

〔註230〕 《教坊記》，頁129。「高宗曉聲律，晨坐聞鶯聲，命樂工白明達寫之，遂有此曲。」《教坊記箋訂》引李上交《近事會元》四：「唐高宗曉聲律，因風葉鳥聲，晨坐聞之，命樂工白鳴達寫之，遂有此曲。凡箜篌、大絃未嘗鼓；唯作此曲，入鳥聲，及彈之。箏則移兩柱向上，鳥聲畢，入急，復移如舊也。」此段記載甚詳，任先生認為可能是《教坊記》另一段原文，特節錄以供參考。

〔註231〕 《唐會要》，卷33〈諸樂〉，頁617。

〔註232〕 《羯鼓錄》，頁24。

〔註233〕 《全唐詩》，卷511，頁5838。

〔註234〕 《全唐詩》，卷419，頁4616～4617。

「此樂舞傳至日本又稱『梅花春鶯囀』，又一名稱『天常寶壽樂』。日本第九、十二、十三世紀文獻有此樂舞譜記載。劉鳳學系根據敦煌文獻及日本古文獻，並參考今中外學者，如 Dr.Picken 等之研究重建此樂及舞。舞蹈音樂結構：1.遊聲 2. 序 3. 颯踏 4. 入破 5. 鳥聲 6. 急聲舞。」〔註 235〕

「『春鶯囀』曾傳入朝鮮，《進饌儀軌》載：「春鶯囀……設單席，舞妓一個，立於席上，進退旋轉，不離席上而舞。」日本雅樂舞蹈也有『春鶯囀』，原由唐代傳入日本，男子戴鳥冠而舞，如圖 4-2-10。其表演形式及風格，與唐代女子軟舞不同，是日本民族化的雅樂舞蹈。」〔註 236〕此曲在日本「一名「梅花春鶯囀」，一名「天常寶壽樂」，入壹樂調。」〔註 237〕

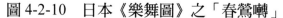

圖 4-2-10　日本《樂舞圖》之「春鶯囀」

出處：王克芬著，《舞論》（蘭州：甘肅教育出版社，2009），頁 259。

〔註 235〕「新古典 唐樂舞」網站，2011.06.26，（http://www.neo.org.tw/tang/op61.htm）。
〔註 236〕「中國傳統舞蹈」網站，2011.06.26，
（http://www.chiculture.net/0507/html/0507d19/0507d19.html#）。
〔註 237〕《教坊記箋訂》，頁 182。

## （三）「蘇合香」

《太平御覽》引《續漢書》：「大秦國合諸香，煎其汁，謂之蘇合」，引《梁書》：「中天竺國出蘇合，是諸香汁煎之，非自然一物也」〔註 238〕《千金翼方》〈本草中・木部上品二十七味〉蘇合香：「味甘溫無毒。主辟惡殺鬼精物。」〔註 239〕可知「蘇合香」本爲出自天竺的香料物，搜尋史籍，「蘇合香」大多記爲藥方名。〔註 240〕傳說「天竺阿育王陰德蘇合香之草治疾，乃作曲云」。〔註 241〕《羯鼓錄》記屬太簇宮。〔註 242〕《敦煌歌詞總編》〈雜曲・隻曲〉：

> 失調名蘇合香
>
> 興未□。望休□。迢迢邊塞長。青山昏自陰。秋樹本來黃。秋樹□無葉。鳥來何處藏。日爍蒲桃垂。風吹蘇合香。〔註 243〕

「日本所傳爲大曲，一稱『蘇合』，入盤涉調」。〔註 244〕

## （四）屈柘枝

《樂府詩集・舞曲歌辭五》〈柘枝詞〉題解：

> 《樂府雜錄》曰：「健舞曲有『柘枝』，軟舞曲有『屈柘』。」《樂苑》曰：「羽調有『柘枝曲』，商調有『屈柘枝』。此舞因曲爲名，用二女童，帽施金鈴，抃轉有聲。其來也，於二蓮花中藏，花坼而後見，對舞相占，實舞中雅妙者也。」〔註 245〕

---

〔註 238〕（宋）李昉，《太平御覽》，卷 982〈香部二・蘇合〉，頁 4479-1。

〔註 239〕（唐）孫思邈，《千金翼方》（台北市：中國醫藥研究所，1974），卷 3〈本草中・木部上品二十七味〉，頁 36-2。「味甘溫無毒。主辟惡殺鬼精物。溫瘧蠱毒癎痓。去三蟲。除邪令人無夢魘。久服。通神明。輕身長年。生中臺川谷。」（唐）孫思邈著，《備急千金要方》（台北中國醫藥研究所，1990），卷 6〈七竅並・口病第三〉，頁 116-2。「熏衣香方　………鬱金香各三兩　薰陸香　甲香　蘇合香　甘松香各二兩…」。頁 117-1，「百合香通道俗用者方：……青木香　甘松香各一兩　雀頭香　蘇合香　安息香……」。

〔註 240〕逯欽立輯校，《先秦漢魏晉南北詩》（北京：中華書局，1983），卷 10〈梁詩・樂府・擬古四首〉〈秦王卷衣〉，頁 1724。「玉檢茱萸匣。金泥蘇合香。」卷 21〈梁詩・梁簡文帝蕭綱〉〈藥名詩〉，頁 1950。「燭映合歡被。帷飄蘇合香。」兩首詩作所提「蘇合香」皆爲藥方名。

〔註 241〕任半塘，《教坊記箋訂》，頁 116。

〔註 242〕（唐）南卓，《羯鼓錄》，頁 22。

〔註 243〕任半塘編著，《敦煌歌詞總編》卷 2，〈雜曲・隻曲〉，頁 542。

〔註 244〕任半塘，《教坊記箋訂》，頁 115。

〔註 245〕《樂府詩集》，卷 56〈舞曲歌辭五〉，頁 818。

柘枝舞傳入中原以後，在廣泛長期的流傳中，已逐漸發展變化，從保持原有民族風格的單人柘枝舞，到由二人表演的雙柘枝。後又發展兒童舞蹈，兩個女童預先藏在蓮花形道具中，散序之後，蓮花花瓣徐徐開放，女童從蓮花中出而對舞，舞者帽上飾有金鈴，舞時隨動而響，爲「屈柘枝」，或作「屈枝」，表演風格、形式已有很大變化，已不屬健舞類，屬軟舞類，舞姿輕盈溫柔、優美抒情。溫庭筠的〈屈柘詞〉：

> 楊柳縈橋綠，玫瑰拂地紅。繡衫金腰裹，花髻玉瓏璁。宿雨香潛潤，
> 春流水暗通。畫樓初夢斷，晴日照湘風。〔註246〕

以環境烘托渲染爲鋪襯，用纖麗藻飾的筆觸，勾勒出一幅粉紅駿綠、雨後初霽的歌舞場面。或爲舞「屈柘枝」時所唱之聲詩。敦煌莫高窟 320 窟壁畫，圖 4-2-17，可能與唐「屈柘枝」舞姿的有關。〔註247〕在西安碑林博物館有一座唐代開元九年（721 年）刻的石碑，立於長安興福寺內，後僅存下半截，故名「唐興福寺殘碑」。側刻有蓮弧蔓草獅子人物花紋，圖案中部，有兩名舞童（一爲西域胡人，一爲漢族人），身著長袖舞衣，頭戴佩有飄帶的帽子，正腳踏蓮花，拂袖雙舞。二女腳踏蓮花，相對起舞的石刻。〔註248〕

以上健、軟胡樂諸曲，根據任半塘先生考證後，認爲可補列爲大曲者爲「回波樂」、「春鶯囀」、「柘枝」、「大渭州」、「達摩支」〔註249〕

---

〔註246〕《全唐詩》，卷 581-5，頁 6737。《樂府詩集》，卷 56〈舞曲歌辭五〉，頁 819。

〔註247〕劉恩伯，〈談經變中的伎樂〉（收入董錫玖編，《敦煌舞蹈》，中國‧新疆美術攝影出版社，新西蘭‧霍蘭德出版有限公司，1993）

〔註248〕趙文潤，〈隋唐時期西域樂舞在中原的傳播〉，《陝西師範大學學報》，第 26 卷第 1 期（1997 年 3 月），頁 109～110。見圖 5-2-7。陳海濤，〈胡旋舞、胡騰舞與拓枝舞——對安伽墓與虞弘墓中舞蹈歸屬的淺析〉，《考古與文物》，第 3 期（2003 年），頁 60。

〔註249〕《教坊記箋訂》，頁 40。

圖 4-2-11　敦煌莫高窟 320 窟南壁蓮花上的柘枝舞

資料來源:《敦煌石窟鑑賞叢書》第五分冊（蘭州：甘肅人民美術出版社，1990），圖
8。

圖 4-2-12　西安興福寺「半截碑」兩側舞蹈圖（搨本）

資料來源：羅丰，《胡漢之間──絲綢之路與西北歷史考古》（北京：文物出版社），
圖版十二‧7，頁 297。

## 第三節　其他外來樂舞曲

《教坊記》除大曲、健軟舞外，另計有「曲名」二百七十八首，據任半塘先生《教坊記箋訂·曲名》之釋意：

> 「曲名」指次曲、小曲或雜曲之名，均有別於大曲。所謂「次曲」
> 「小曲」，見《唐六典》；所謂「雜曲」，史書及唐人著述多用之。按
> 唐興以來，朝、野、華、裔之雜曲名，除太常所司二百餘曲，見於
> 唐會要外，其餘大抵在此（教坊記）。……然歷代『雜曲』之名，多
> 因與大樂或大曲對立而後有，至唐，尤爲顯著。〔註250〕

依任先生「揣崔氏意，本欲分類排列，雖行之，而終未能貫徹。如大樂則在前，（曲名末字爲「樂」者）。小曲則在後，（曲名末字爲「子」者）」，〔註251〕則此二百七十八首樂曲，可分「雜曲」二百一十首，「小曲」六十六首。〔註252〕「大曲歌舞之精粹部份，每摘爲小曲或曲破，而單行之。或用原大曲名，或用『子』名，或用『破』名」。〔註253〕以下本文將大曲及未名爲健軟舞以外之曲，分成「大樂雜曲」與「小曲」兩類，論述兩類曲中的外來樂舞曲。

任先生《教坊記箋訂》所肯定爲外國樂曲的有「菩薩蠻、八拍蠻、女王國、南天竺、望月波羅門、西河獅子、西河劍器、蘇幕遮、胡渭州、楊下採桑、合羅縫、蘇合香、胡相問、胡醉子、甘州子、穆護子、贊普子、蕃降子、毗沙子、胡攢子、西國朝天、五天」等二十二首。「蘇合香」請詳見本章第二節。

## 一、大樂雜曲中的外來樂舞曲

### （一）菩薩蠻

詩仙李白（701～762年）作有「菩薩蠻」辭〔註254〕。根據《杜陽雜編》之記載，於唐宣宗朝有演唱紀錄：

〔註250〕《教坊記箋訂》，〈曲名〉，頁59。

〔註251〕《教坊記箋訂》，〈曲名〉，頁170。

〔註252〕劉慧芬，《唐代宮庭樂舞之研究》（文化大學藝術研究所碩士論文，1986），頁170～173。

〔註253〕《教坊記箋訂》，〈大曲名〉，頁148。

〔註254〕陳尚君輯校，《全唐詩補編》（北京市：中華書局，1992）第三編，〈全唐詩續補遺·卷三盛唐〉，頁363。「菩薩蠻　舉頭忽見衡陽雁，千聲萬字情何限。巨耐薄情夫，一行書也無。泣歸香閣恨，和淚淹紅粉。待雁卻回時，也無書寄伊。」《李白集校注》（上海：上海古籍出版社，1980），卷五，頁410。「平林漠漠烟如織，寒山一帶傷心碧。暝色入高樓，有人樓上愁。玉階空佇立，宿鳥歸飛急。何處是歸程，長亭連短亭。」

> 大中初，女蠻國貢雙龍犀，明霞錦。其國人危髻金冠，纓絡被體，
> 故謂之菩薩蠻隊。當時倡優遂歌菩薩蠻曲，文士亦往往效其詞。
> 〔註255〕

「大中」為宣宗年號，（847年起），女蠻國入貢隊伍的服飾打扮，讓唐人覺得猶如菩薩之態，於是演唱「菩薩蠻」曲。不知是否因女蠻國入貢，樂人演唱動人，讓唐宣宗特別喜歡，據《太平廣記》〈文章二‧溫庭筠〉記載：

> 宣帝愛唱菩薩蠻詞，丞相令狐綯假其（溫庭筠）修撰，密進之，戒
> 令勿他泄。而遽言於人。由是疏之。溫亦有言云。中書內坐將軍。
> 識相國無學也。〔註256〕

所以「菩薩蠻」受到宣宗喜愛之故，唐詩人溫庭筠（812～870年）受丞相之令作「菩薩蠻」十四首，〔註257〕卻被借花獻佛。除此之外，其他文士也仿效其詞，韋莊（836～910）、牛嶠、和凝、孫光憲、魏承班、尹鶚、毛熙震、李珣等皆有〈菩薩蠻〉詩詞之作。〔註258〕唐昭宗亦作有辭章，《舊唐書‧昭宗本紀》乾寧四年（897年）：

> 七月甲戌，帝與學士、親王登齊雲樓，西望長安，令樂工唱御製菩
> 薩蠻詞，奏畢，皆泣下霑襟，覃王已下並有屬和。〔註259〕

因乾寧三年，李茂貞復犯京師〔註260〕，韓建遣子允請昭宗幸華州。昭宗有感而發御製「菩薩蠻辭三章以思歸」，其卒章曰：

---

〔註255〕 （唐）蘇鶚，《杜陽雜編》（《唐五代筆記小說大觀》，上海：上海古籍出版社，2000），〈卷下〉，頁1392。《太平廣記》，卷480〈蠻夷一‧女蠻國〉，頁3955～3956，記載略同。

〔註256〕 《太平廣記》，卷199〈文章二‧溫庭筠〉，頁1496。
（唐）孫光憲，《北夢瑣言》（《唐五代筆記小說大觀》，上海：上海古籍出版社，2000），〈卷第四〉，頁1835。記載略同。

〔註257〕 趙崇祚輯，李一泯校，《花間集校》（台北市：源流文化事業有限公司，1982），卷1「溫庭筠」〈菩薩蠻十四首〉，頁1-6。

〔註258〕 趙崇祚輯，李一泯校，《花間集校》，卷3「韋莊」〈菩薩蠻五首〉，頁31～33。同書，卷4「牛嶠」〈菩薩蠻七首〉，頁65～67。卷6，「和凝」〈菩薩蠻一首〉，頁108。卷8「孫光憲」〈菩薩蠻五首〉，頁144～145。卷9，「魏承班」〈菩薩蠻二首〉，頁160。卷9「尹鶚」〈菩薩蠻一首〉，頁177。卷10「毛熙震」〈菩薩蠻三首〉，頁189～190。卷10「李珣」〈菩薩蠻三首〉，頁200～201。

〔註259〕 《舊唐書》，卷20〈昭宗本紀〉，頁762。

〔註260〕 （宋）歐陽修，徐無黨注，《新五代史》（台北：鼎文書局，1980）卷40，〈韓建雜傳〉頁434。

野煙生碧樹，陌上行人去。安得有英雄，迎歸大內中？〔註261〕

關於此曲舞蹈記載，《舊唐書‧曹確列傳》：

> （李可及）嘗於安國寺作菩薩蠻舞，如佛降生，帝（唐懿宗）益憐
> 之。〔註262〕

「唐懿宗惑浮屠」〔註263〕，非常信佛，為懿宗所寵的李可及舞此曲「如佛降
生」，可知此曲舞蹈動作似模擬佛陀富優雅莊嚴之神態，並從上文所述，詞曲
風格應是溫婉或幽淒之情，使得唐昭宗有感而歌。

### （二）女王國

《太平御覽》〈四夷部‧南蠻五〉列有「女王國」。〔註264〕《太平廣記》
〈蠻夷一‧女蠻國〉：

> 大中初，………更女王國貢龍油綾魚油錦，文彩多異，入水不濡，
> 云有龍油魚油也。優者更作女王國曲，音調宛暢，傳於樂部矣。
> 〔註265〕

唐宣宗時此曲「音調宛暢，傳於樂部矣」，舞蹈部份則無相關記載。

### （三）八拍蠻

「蠻」一般指中國南方各民族，依曲名或可釋意為八拍之蠻歌。此曲名
在《教坊記》以外，在唐代無相關記載。唐末宋初人孫光憲〔註266〕、閻選各
有詞一首。

---

〔註261〕《新五代史》，卷40，〈韓建雜傳〉，頁435。（宋）沈括，《夢溪筆談》，卷5
〈樂律一〉，頁244，亦記有此事，在陝州一佛寺中見過此辭墨本。

〔註262〕《舊唐書》，卷177〈曹確列傳〉，頁4608。《唐會要》，卷34〈雜錄〉，頁632，
亦記「又常於安國寺作菩薩蠻舞‧上益憐之」。

〔註263〕《新唐書》，卷181〈李蔚列傳〉，頁5354。「懿宗惑浮屠，常飯萬僧禁中，自
為贊唄。」

〔註264〕《太平御覽》，卷789〈四夷部‧南蠻五〉，頁3625-1。

〔註265〕《太平廣記》，卷480〈蠻夷一‧女蠻國〉，頁3956。

〔註266〕（宋）王讜，周勛初校證，《唐語林校證》，附錄〈唐語林援據原書提要‧北
夢瑣言〉頁795～796。「作者孫光憲，字孟文，自號葆光子。……又任新朝
黃州刺史。卒於宋太祖開寶元年（九六八）。孫氏為唐末宋初的篤學之士，著
作很多……」。《花間集校》，卷8「孫光憲」〈八拍蠻一首〉，頁155。「孔雀尾
訖金線長，怕人驚起入丁香。越女沙頭爭拾翠，相乎歸去背斜陽。」同書，
卷9「閻選」〈八拍蠻二首〉，頁174。「雲鎖嫩黃煙柳細，風吹紅蒂雪梅殘。
光景不勝閨閣恨，行行坐坐眉黛攢。」

### （四）南天竺、五天

「五天」曲源不詳，可能由「五天竺」而來。「南天竺」爲天竺國之一。
〔註267〕此兩樂曲應爲當時十部伎內之天竺樂也〔註268〕。《樂書》：「角調有五天柘枝」。〔註269〕表示可能與「柘枝」樂舞曲可一同合入角調，而爲「五天柘枝」曲。

### （五）望月婆羅門

「婆羅門」亦即天竺國，崇敬佛法，〔註270〕在唐代常指自天竺來的佛僧〔註271〕。在《敦煌歌辭總編》望月婆羅門（調名本意）四首：

> 望月婆羅門。青霄現金身。面帶黑色齒如銀。處處分身千萬億。
> 錫杖撥天門。雙林禮世尊。
>
> 望月隴西生。光明天下行。水精宮裏樂轟轟。兩邊仙人常瞻仰。
> 鸞舞鶴彈箏。鳳凰説法聽。
>
> 望月曲彎彎。初生似玉環。漸漸團圓在東邊。銀城周迴星流徧。
> 錫杖奪天關。明珠四畔懸。
>
> 望月在邊州。江東海北頭。自從親向月中遊。隨佛逍遙登上界。
> 端坐寶花樓。千秋似萬秋。〔註272〕

這四首辭句，起句皆曰「望月」云云，應該就是原始樂曲的歌辭。〔註273〕觀其歌辭內容，應是宣傳佛教的樂曲。《羯鼓錄》太蔟商有「婆羅門」。〔註274〕

---

〔註267〕《舊唐書》，卷198〈天竺國列傳〉，頁5306：「天竺國，即漢之身毒國，或云婆羅門地也。在葱嶺西北，周三萬餘里。其中分爲五天竺：其一曰中天竺，二曰東天竺，三曰南天竺，四曰西天竺，五曰北天竺。地各數千里，城邑數百。南天竺際大海……」。
〔註268〕《教坊記箋訂》，〈制度與人事〉，頁37。
〔註269〕（宋）陳暘，《樂書》，卷184〈樂圖論・俗部〉，頁3。
〔註270〕《新唐書》，卷221〈西域列傳〉，頁6236。「天竺國，漢身毒國也，或曰摩伽陀，曰婆羅門。」
〔註271〕《舊唐書》，卷84〈郝處俊列傳〉，頁2799：「又有胡僧盧伽阿逸多受詔合長年藥，高宗將餌之。處俊諫曰：「修短有命，未聞萬乘之主，輕服蕃夷之藥。昔貞觀末年，先帝令婆羅門僧那羅邇娑寐依其本國舊方合長生藥。」《唐會要》，卷52〈官號中・識量下〉，頁899：「貞觀末年，有胡僧自天竺至中國，自言能治長生之藥…」。
〔註272〕《敦煌歌辭總編》，卷3〈雜曲〉，頁823～824。
〔註273〕《教坊記箋訂》，〈曲名〉，頁103。
〔註274〕《羯鼓錄》，頁24。

《唐會要》載「黃鐘商，時號越調」有「婆羅門改爲霓裳羽衣」〔註275〕，「婆羅門樂，與四夷同列。婆羅門樂用漆篳篥二，齊鼓一」〔註276〕。《太平廣記》〈昆蟲三‧淳于棼〉：「吾從靈芝夫人過禪智寺。於天竺院觀右延舞婆羅門」，〔註277〕此段之言爲淳于棼夢中與女子的對話，雖是夢中情景，因日有所思，夜有所夢，由此可知「婆羅門」樂舞在生活中是尋常的演出。另《舊唐書》〈音樂志二‧散樂〉記載：

> 睿宗時，婆羅門獻樂，舞人倒行，而以足舞於極銛刀鋒，倒植於地，
> 低目就刃，以歷臉中，又植於背下，吹篳篥者立其腹上，終曲而亦
> 無傷。又伏伸其手，兩人躡之，旋身遠手，百轉無已。〔註278〕

除樂舞曲演奏以外，還配合精彩的雜技特要，舞人不僅倒立行走，還能在銳利刀鋒上表演，不僅在唐代是令人驚呼連連，以文中所描述的情景，時至今日，依然令人咋舌。

### （六）西河獅子

任半塘先生認爲故此曲爲「師子舞」配合「西河調」所來：

> 此曲用西涼樂，必爲後來白居易等新樂府〈西涼伎〉內所詠之師子
> 舞。其調由西涼而入西河，遂稱西河調。〔註279〕

此外，「師子舞」原本與立部伎「太平樂」配合，謂之「五方獅子舞」。〔註280〕《羯鼓錄》太族角有「西河師子三臺舞」〔註281〕，不僅此曲唱西河調，合師子舞，還可與三臺曲配合成另一首樂舞曲。《朝野僉載‧補輯》：

> 隋末深州諸葛昂性豪俠，………昂至後日屈瓚，屈客數百人，大設，
> 車行酒，馬行炙，挫碓斬膾，磑轢蒜薑，唱夜叉歌，師子舞。〔註282〕

據此記載，則隋末即傳入師子舞，至唐代繼續流傳，並與其它曲調樂舞相結合，形成新的表演曲目。

---

〔註275〕《唐會要》，卷33〈諸樂〉，頁617。
〔註276〕《舊唐書》，卷29〈音樂志二‧散樂〉，頁1073。
〔註277〕《太平廣記》，卷475〈昆蟲三‧淳于棼〉，頁3911。
〔註278〕《舊唐書》，卷29〈音樂志二‧散樂〉頁1073。
〔註279〕《教坊記箋訂》，〈曲名〉，頁104。
〔註280〕《舊唐書》，卷29〈音樂志二〉，頁1059。「太平樂，亦謂之五方師子舞。」
〔註281〕《羯鼓錄》，頁25。
〔註282〕（唐）張鷟，桓鶴點校，《朝野僉載》（北京市：中華書局，1979）〈補輯〉頁175。

### （七）西河劍器（劍器、劍器渾脫）

宋代古史諸本多將「器」訛作「氣」，另《教坊記》小曲有「劍器子」，不作「氣」。〔註283〕此曲一如上文之「西河師子」，是「劍器」唱入「西涼」樂者，即「西河調」配合「劍器」舞。「劍器」本自為一健舞曲，任二北先生〈劍器舞考〉一文認為：「『劍』指武器，『器』另指旗炬諸物」。〔註284〕杜甫〈觀公孫大娘弟子舞劍器行並序〉：

> （唐代宗）大曆二年十月十九日，夔府別駕元持宅見臨潁李十二娘舞劍器，壯其蔚跂。問其所師，曰：「余公孫大娘弟子也。」開元五載，余尚童稚，記于郾城觀公孫氏舞劍器渾脫，瀏灕頓挫，獨出冠時。……今茲弟子，亦匪盛顏。既辨其由來，知波瀾莫二。
> 〔註285〕

大曆二年（767年），李十二娘在夔州表演「劍器」，其舞姿「壯其蔚跂」，杜甫立即「問其所師」為公孫大娘，弟子其舞不失開元「劍器渾脫」風貌，謂「波瀾莫二」、「妙舞此曲神揚揚」，如此昂揚精神，也影響善草書的張旭〔註286〕，《新唐書‧張旭列傳》：

> 旭自言，始見公主與擔夫爭路，又聞鼓吹，而得筆法意，觀倡公孫舞劍器，得其神。〔註287〕

《明皇雜錄‧逸文》：

---

〔註283〕《教坊記箋訂》，〈曲名〉，頁105。

〔註284〕任二北，《敦煌曲初探》（中國戲曲理論叢書，上海：上海文藝聯合出版社，1954），頁187。

〔註285〕《杜詩詳註》（台北：文史哲出版社，1976），卷20，頁1044～1046。。〈觀公孫大娘弟子舞劍器行並序〉：「大曆二年十月十九日，夔府別駕元持宅見臨潁李十二娘舞劍器，壯其蔚跂。問其所師，曰：『余公孫大娘弟子也。』開元五載，余尚童稚，記于郾城觀公孫氏舞劍器渾脫，瀏灕頓挫，獨出冠時。自高頭宜春、梨園二伎坊內人泊外供奉，曉是舞者，聖文神武皇帝初，公孫一人而已。玉貌錦衣，況余白首；今茲弟子，亦匪盛顏。既辨其由來，知波瀾莫二。撫事慷慨，聊為〈劍器行〉。昔者吳人張旭，善草書書帖，數常于鄴縣見公孫大娘舞西河劍器，自此草書長進，豪蕩感激，即公孫可知矣。」

〔註286〕《舊唐書》，卷190〈文苑列傳〉，頁5033載：「時有吳郡張旭，亦與知章相善。旭善草書，而好酒，每醉後號呼狂走，索筆揮灑，變化無窮，若有神助，時人號為張顛。」

〔註287〕《新唐書》，卷202〈張旭列傳〉，頁5764。《太平廣記》，卷208〈書三‧張旭〉，頁1595。記載略同。

開元中，有公孫大娘善劍舞，僧懷素見之，草書遂長，蓋壯其頓挫
勢也。〔註288〕

說明「劍器舞」有一種特殊姿勢勢，善舞者表之於神態，足以感召觀者，使
通於所習之他藝，而自然精進，莫測其所以然。〔註289〕《敦煌歌辭總編》錄
有「劍器」歌辭〈上秦王〉三首。第三首對這一樂舞的表演描繪得惟妙惟肖：

排備白旗舞，先自有曲來。合如花焰秀，散若電光開。喊聲天地裂，
騰踏山嶽摧。劍器呈多少，渾脫向前來。〔註290〕

歌辭中，另見有「渾脫」曲名，與「劍器」相合，在沈亞之〈敘草書送山人
王傳乂〉中：

昔張旭善草書，出見公孫大娘舞劍器渾脫。鼓吹既作，言能使孤蓬
自振，驚沙坐飛。而旭歸爲之書，則非常矣，斯意氣之感歟。〔註291〕

記載見「劍器渾脫」之名，〈觀公孫大娘弟子舞劍器行〉詩序中亦記五十年前
杜甫記憶中公孫大娘於開元五載所舞爲「劍器渾脫」，詩中描述其豪邁舞姿：

昔有佳人公孫氏，一舞劍器動四方。觀者如山色沮喪，天地爲之久
低昂。霍如羿射九日落，矯如群帝驂龍翔。來如雷霆收震怒，罷如
江海凝清光。〔註292〕

詩中描繪舞蹈動作英武激昂、矯健多姿，時而如星閃日墜、雷震龍騰，時而
又平緩悠閒，靜似波光。「劍器渾脫」不僅使杜甫感慨萬千、念念不忘，更「瀏
灕頓挫，獨出冠時」。關於「劍器」與「渾脫」兩樂舞之結合，見陳暘《樂書》
記載：

唐自天后末年，劍器入渾脫，始爲犯聲之始。劍器宮調，渾脫角調。
以臣犯君，故有犯聲。〔註293〕

---

〔註288〕（唐）鄭處誨，《明皇雜錄》，〈逸文〉，頁975。
〔註289〕《敦煌曲初探》，頁182。
〔註290〕《敦煌歌辭總編》，卷7〈大曲‧劍器辭〉，頁1693。
〔註291〕（清）董誥等編，《全唐文》，卷735〈沈亞之‧敘草書送山人王傳乂〉，頁7597。
見上文《新唐書》記載張旭見公孫所舞爲「劍器」，雖有所出入，但無妨此曲
探討。
〔註292〕《杜詩詳註》，卷20，頁1044～1046，接續：「絳唇珠袖兩寂寞，況有弟子傳
芬芳。臨潁美人在白帝，妙舞此曲神揚揚。與餘問答既有以，感時撫事增惋
傷。先帝侍女八千人，公孫劍器初第一。五十年間似反掌，風塵傾動昏王室。
梨園子弟散如煙，女樂餘姿映寒日。金粟堆南木已拱，瞿唐石城草蕭瑟。玳
筵急管曲復終，樂極哀來月東出。老夫不知其所往，足繭荒山轉愁疾。」
〔註293〕《樂書》，卷164〈犯調〉，頁8。

據此記載可知玄宗開元之前，唐初已有「劍器」曲。「樂府諸曲自古不用犯聲」，雖「犯聲」是「臣犯君」的不祥之兆，早在唐代武后末年「劍器入渾脫」，將兩個調式不同的樂曲糅合或加以編制，在當時應是一種大膽的創新。「渾脫」為舞，氣勢「騰逐喧譟」，充溢著西域民族豪情的舞蹈。〔註294〕「劍器」為健舞，舞蹈皆為相似雄武豪邁之情姿，或許因而樂舞者將之合為「劍器渾脫」，增添樂舞的豐富性。

時至中唐，詩人姚合〈劍器詞〉三首，描寫模擬戰陣生活，熾熱、激烈、人數眾多的「劍器舞」：

> 聖朝能用將，破敵速如神。掉劍龍纏臂，開旗火滿身。積屍川沒岸，
> 流血野無塵。今日當場舞，應知是戰人。

> 畫渡黃河水，將軍險用師。雪光偏著甲，風力不禁旗。陣變龍蛇活，
> 軍雄鼓角知。今朝重起舞，記得戰酣時。

> 破虜行千里，三軍意氣粗。展旗遮日黑，驅馬飲河枯。鄰境求兵略，
> 皇恩索陣圖。元和太平樂，自古恐應無。〔註295〕

此「劍器詞」與盛唐公孫大娘獨舞「劍器渾脫」已相距近百年，〔註296〕表演方式與場面已發生很大變化。由藝術性很強的女子獨舞，變成實戰氣息很濃，規模宏大的男子群舞。表演者主要是軍伎武士。舞者除執劍等武器外，還有旗幟、火炬等，藉以烘托氣氛。伴奏音樂有軍樂的鼓角聲，舞蹈隊形變化，有如蜿蜒的龍蛇。〔註297〕整個樂舞的表演過程氣勢磅礴，充滿所向無敵的英雄氣概，與相率為隊伍之「渾脫隊」舞，其舞勢有如戰爭場面之壯烈，兩種樂舞「隊」，精神可謂一脈相通。同時也進一步證明「劍器渾脫」兩種漢胡舞曲的結合，氣勢雄偉，更加動人心魄。敦煌莫高窟220窟「東方藥師經變相」〔註298〕圖中淨土菩薩伎樂，左側有兩舞伎，如圖4-3-1，「舞伎頭戴寶石冠，

---

〔註294〕詳見本章第一節大曲之「醉渾脫」。

〔註295〕《全唐詩》，卷502-22，頁5709。

〔註296〕《舊唐書》，卷17〈文宗本記〉，頁578載：「（開成四年）八月庚戌朔，以給事中姚合為陝虢觀察使。」從杜甫於唐玄宗開元五年賞「劍器渾脫」，至姚合為唐文宗時期官人，當相距至少百年以上。

〔註297〕《教坊記箋訂》，〈曲名〉，頁105。

〔註298〕壁畫正確名稱參考，牛龍菲，《敦煌壁畫樂史資料總錄與研究》（蘭州：敦煌文藝出版社，1996），頁57。牛龍菲文中配合參閱《中國石窟敦煌莫高窟三》（北京：文物出版社，1987）圖27，所列圖名為「藥師經變」。本文圖5-3-1所列名稱為《中國美術全集 繪畫篇15 敦煌壁畫下》所列。

上身穿錦半臂，下著石榴裙，一手「托掌」挺舉，另一手側垂做「提襟」姿態，舞姿較爲剛勁，表現豪建英武的身姿。令人不禁聯想唐代著名「劍器」舞的風貌」〔註299〕。

### 圖 4-3-1　敦煌莫高窟 220 窟北壁西側「七佛藥師變」圖下左方舞伎

資料來源：中國美術全集編輯委員會、敦煌研究院編，《中國美術全集　繪畫篇 15 敦煌壁畫下》（上海：上海人民美術出版社，1985），圖 19，頁 17。

### （八）蘇幕遮

　　教坊曲名「蘇幕遮」，亦爲「蘇摩遮」、「蘇莫遮」等，又名「乞寒胡戲」、「渾脫舞」等。據向達先生所考：

---

〔註299〕王克芬，《舞論》，頁 8。

是所謂蘇莫遮之乞寒胡戲，原本出於伊蘭，傳至印度以及龜茲；中國之乞寒戲當又由龜茲傳來也。爲此者多屬胡人，碧眼紫髯，指其爲伊蘭族而言耳。〔註300〕

《敦煌曲初探》〈附錄　考屑〉引「慧琳《一切經音義》釋『蘇莫遮』曰：「此戲本出西龜茲國，至今猶有此曲。此國渾脫、大面、撥頭之類也」。〔註301〕

《周書·宣帝紀》大象元年（579年）：

甲子，還宮。御正武殿，集百官及宮人內外命婦，大列妓樂，又縱胡人乞寒，用水澆沃爲戲樂。〔註302〕

可見「乞寒胡戲」當在北周宣帝時就已傳入，並在宮廷中集體戲樂。《舊唐書·西戎列傳》：

康國者，即漢康居之國也。……以十二月爲歲首。有婆羅門爲之占星候氣，以定吉凶。頗有佛法。至十一月，鼓舞乞寒，以水相潑，盛爲戲樂。〔註303〕

《文獻通考》〈樂考·夷部樂〉：

乞寒本西國外蕃康國之樂。其樂器有大鼓、小鼓、琵琶、五弦、箜篌、笛。其樂大抵以十一月，裸露形體，澆灌衢路，鼓舞跳躍而索寒也。〔註304〕

在戲中所用樂器大致俱西域康、安諸國樂部所常用也〔註305〕。在唐代「乞寒胡戲」盛行於康國等西域各地，群眾性的街頭歌舞戲，特色是爲「鼓舞乞寒，以水相潑」、「鼓舞跳躍而索寒也」。何謂「乞寒」、「索寒」？張說〈蘇摩遮五首（億歲樂）〉即有說明：

摩遮本出海西胡，琉璃寶服紫髯胡。聞道皇恩遍宇宙，來將歌舞助歡娛。億歲樂！

---

〔註300〕向達，《唐代長安與西域文明》，頁59。

〔註301〕任半塘，《敦煌曲初探》，頁420。

〔註302〕（唐）令狐德棻等撰，《周書》（台北：鼎文書局，1980），卷7〈宣帝帝紀〉，頁122。

〔註303〕《舊唐書》，卷7〈西戎列傳〉，頁5310。

〔註304〕（元）馬端臨，《文獻通考》，卷148〈樂考·夷部樂〉，頁1294。
《通典》卷146〈四方樂·西戎五國〉，頁3724。亦有記載「乞寒者，本西國外蕃之樂也。」

〔註305〕《唐代長安與西域文明》，頁59。

繡裝帕額寶花冠，夷歌騎舞借人看。自能激水成陰氣，不慮今年寒不寒。億歲樂！

臘月凝陰積帝台，豪歌急鼓送寒來。油囊取得天河水，將添上壽萬年杯。億歲樂！

寒氣宜人最可憐，故將寒水散庭前。惟願聖君無限壽，長取新年續舊年。億歲樂！

昭成皇后帝家親，榮樂諸人不比倫。往日霜前花委地，今年雪後樹逢春。億歲樂！〔註306〕

「海西胡」應泛指西域地區。從「自能激水成陰氣，不慮今年寒不寒」、「油囊取得天河水，將添上壽萬年杯」等詩句中了解，對於久居朔漠的西域人來說，「寒氣宜人最可憐」，因爲隨著寒氣降下的瑞雪，將給他們帶來來年五穀豐登的希望，「故將寒水散庭前」，所以從乞寒舞盛大的儀式，顯示「乞寒」是對神靈不變的信仰。取得神聖的「天河水」，就如同其中蘊含著宇宙生命，能使生命不息，光景常新，「長取新年結舊年」、「往日霜前花委地，今年雪後樹逢春」，也將這份祝福獻給人世間至高的皇帝，「惟願聖君無限壽，長取新年續舊年」，爲帝王祝壽「助歡娛」，「榮樂諸人不比倫」。

在乞寒舞中，舞蹈者把舞蹈作爲人神溝通的媒介，把自己全部的情感與信仰都傾注到舞蹈動作中。爲了娛神，他們精心獨特的裝扮「綠裝帕額寶花冠」，縱情狂歡，「夷歌騎舞借人看」、「豪歌急鼓送寒來」顯示出西域少數民族豪放粗獷的性格特點和舞蹈中的狂歡情緒。詩中反復出現的和聲「億歲樂」進一步強化乞寒舞的熱烈情緒，傳遞出人們不變的希望與歡樂。

既然此歌舞戲是前來獻壽，《舊唐書‧中宗本紀》神龍元年（705年）：

十一月戊寅，加皇帝尊號曰應天，皇后尊號曰順天。壬午，皇帝、皇后親謁太廟，告受徽號之意，大赦天下，賜酺三日。己丑，御洛城南門樓觀潑寒胡戲。〔註307〕

《舊唐書‧中宗本紀》景龍三年（709年）：

（十二月）乙酉，令諸司長官向醴泉坊看潑胡王乞寒戲。〔註308〕

---

〔註306〕《全唐詩》，卷89，頁982。
〔註307〕《舊唐書》，卷7〈中宗本紀〉，頁141。
〔註308〕《舊唐書》，卷7〈中宗本紀〉，頁149。

《新唐書・睿宗本紀》景雲二年（711年）：

> 十二月丁未，作潑寒胡戲。〔註309〕

分別在唐中宗、睿宗共有三次的觀賞記載，不過卻遭到人臣的諫阻，《新唐書・呂元泰列傳》：

> 時又有清源尉呂元泰，亦上書言時政曰：「………比見坊邑相率爲渾脫隊，駿馬胡服，名曰『蘇莫遮』。旗鼓相當，軍陣勢也；騰逐喧譟，戰爭象也；錦繡夸競，害女工也；督斂貧弱，傷政體也；胡服相歡，非雅樂也；渾脫爲號，非美名也。安可以禮義之朝，法胡虜之俗？詩云：『京邑翼翼，四方是則。』非先王之禮樂而示則於四方，臣所未諭。書：『曰謀，時寒若。』何必羸形體，灌衢路，鼓舞跳躍而索寒焉？」書聞不報。〔註310〕

呂元泰應也參與神龍元年「洛城南門樓觀潑寒胡戲」的活動，故在諫疏中有描述舞戲的內容，「旗鼓相當，軍陣勢也；騰逐喧譟，戰爭象也；錦繡夸競，害女工也」，並組「駿馬胡服」隊，號爲「渾脫」之名。〔註311〕另見《舊唐書・張說列傳》：

> 自則天末年，季冬爲潑寒胡戲，中宗嘗御樓以觀之。至是，因蕃夷入朝，又作此戲。說上疏諫曰：「臣聞韓宣適魯，見周禮而歡；孔子會齊，數倡優之罪。列國如此，況天朝乎。今外蕃請和，選使朝謁，所望接以禮樂，示以兵威。雖曰戎夷，不可輕易，焉知無駒支之辯，由余之賢哉？且潑寒胡未聞典故，裸體跳足，盛德何觀；揮水投泥，失容斯甚。法殊魯禮，襲比齊優，恐非干羽柔遠之義，樽俎折衝之

---

〔註309〕　《新唐書》，卷5〈睿宗本紀〉，頁118。

〔註310〕　《新唐書》卷118〈宋物光　呂元泰列傳〉，頁4276～4277。《通典》，卷146〈四方樂・西戎五國〉，頁3724。亦有此事，補充於後。「神龍二年三月，并州清源縣令呂元泰上疏曰：臣謹按洪範八政，曰『謀時寒若』。君能謀事，則寒順之。何必裸露形體，澆灌衢路，鼓舞跳躍而索寒也。禮記曰：『立秋之日行夏令，則寒暑不節。』夫陰陽不調，政令之失也；休咎之應，君臣之感也。理均影響，可不戒哉！」

〔註311〕　（宋）洪邁，《容齋隨筆》卷15，〈四筆・渾脫隊〉，頁793。引述「唐中宗時，清源尉呂元泰上書言時政曰………」直接以「渾脫隊」爲名。《新唐書》，卷109〈祝欽明　郭山惲列傳〉，頁4106。「帝昵宴近臣及脩文學士，詔偏爲伎。工部尚書張錫爲談容娘舞，將作大匠宗晉卿爲渾脫舞，左衛將軍張洽爲黃麞舞，…」亦見「渾脫」舞之名。

禮。」自是此戲乃絕。〔註312〕

記載中更敘及潑寒胡戲「裸體跳足，盛德何觀；揮水投泥，失容斯甚」，綜觀兩諫疏內容，可想見在兩京地區的乞寒舞戲之盛況，旗鼓開路，聲勢浩大，人物眾多，表演者有步行有騎馬，氣氛熱烈，演出時有人捧著盛水皮囊，以相互潑水爲戲，形體裸露，邊行邊舞，邊舞邊歌，樂隊齊備，鼓樂喧天。如此盛大壯容的歌舞戲，當然所費不貲，無怪乎有諫阻斷絕之議。《冊府元龜》〈諫諍部・褒賞〉：

> 韓朝宗爲左拾遺，景雲三年，上疏諫作乞寒胡戲。睿宗覽而稱善，
> 特賜以中上考。〔註313〕

《舊唐書・玄宗本紀》開元元年：

> 開元元年十二月己亥，禁斷潑寒胡戲。〔註314〕

由以上所引諸文，可見「蘇幕遮」歌舞戲的內容是「潑寒胡戲」、「乞寒胡戲」，人民乞寒求水，多降瑞雪，凍滅害蟲、禳災滅禍，來年水量充沛，祈求豐年，以利農牧業豐收的一種狂歡歌舞戲。流寓長安的西域諸國人不忘本國習俗，在十一月至元月的冬季，兩京各處盛行其歌舞，而後唐人亦習效仿。「蘇幕遮」是在乞寒戲時所歌舞之曲，天寶十三載改諸樂曲名之記載中：

> 太樂署供奉曲名・及改諸樂名，太蔟宮時號沙陟調……蘇莫遮改爲
> 萬宇清…〔註315〕

---

〔註312〕《舊唐書》卷97〈張說列傳〉，頁3052。《通典》，卷146〈四方樂・西戎五國〉，頁3724～3275，亦記有此事，補充於後。「至先天二年十月，中書令張說諫曰：『韓宣適魯，見周禮而嘆；孔子會齊，數倡優之罪。列國如此，況天朝乎！今外國請和，選使朝謁，所望接以禮樂，示以兵威。雖曰戎夷，不可輕易，焉知無駒支之辯，由餘之賢哉！且乞寒、潑胡，未聞典故，裸體跳足，盛德何觀；揮水投泥，失容斯甚。法殊魯禮，褻比齊優，恐非干羽柔遠之義，樽俎折衝之道。願擇芻言，特罷此戲。』」

〔註313〕（宋）王欽若等編，《冊府元龜》（北京：中華書局，1994）卷961，〈諫諍部・褒賞〉，頁6594。《通典》，卷146〈四方樂・西戎五國〉，頁3724，亦記有此事，補充於後。「景雲二年，左拾遺韓朝宗諫曰：『傳曰，辛有適伊川，見被髮於野者，曰不及百年，此其戎乎。其禮先亡矣。後秦晉遷陸渾之戎於伊川，以其中國之人，習戎狄之事。一言以貫，百代可知。今之乞寒，濫觴胡俗，伏願三思，籌其所以。』」

〔註314〕《舊唐書》，卷8，〈玄宗本紀〉頁172。《通典》，卷146〈四方樂・西戎五國〉，頁3725。亦有此事，補充於後。「至開元元年十二月敕：『臘月乞寒，外蕃所出，漸浸成俗，因循以久。自今以後，無問蕃漢，即宜禁斷。』」

〔註315〕《唐會要》，卷33〈諸樂〉，頁615～616。

南呂商，時號水調……蘇莫遮歡心樂……金風調，蘇莫遮改爲感皇
恩……〔註316〕

可知「蘇莫遮」在當時有三種調曲。總之，「蘇幕遮」可說是集潑寒胡戲之
大成的歌舞戲，在唐代多元文化背景下產生的樂舞藝術形式。載歌載舞，形
式多樣，場面宏大，內容豐富，情節生動，雅俗共賞，是胡樂胡舞藝術形式
和精神內涵的集中表現。表演時，輕盈飄逸的舞步和迅速騰躍的技巧此起彼
伏，美不勝收；人們頭載假面具，相互以水潑灑，充滿情趣；琵琶與篳篥齊
奏，羯鼓與銅角相合，洪聲駭耳。具有西域樂舞藝術本身強列的穿透力與感
染力。

## （九）胡渭州

《太平廣記》〈徵應六・邦國咎徵〉僧一行：

天寶中，樂人及閭巷好唱胡渭州。以回紇爲破。〔註317〕

任半塘先生認爲「蓋指大曲」，即健舞大曲「大渭州」而言。〔註318〕「胡渭州」
應自大曲「大渭州」之雜曲。《唐音癸籤》：

唐有兩渭州，一屬關內，一屬隴右。此出隴右渭州，爲近邊地，故
以胡渭州別之。〔註319〕

此舞應具有邊疆胡舞色彩。《樂府詩集・近代曲辭二》有「胡渭州」詩二首。
〔註320〕《新唐書・吐蕃列傳》：

唐使者始至，給事中論悉答熱來議盟，大享於牙右，飯舉酒行，與
華制略等，樂奏秦王破陣曲，又奏涼州、胡渭（洲）、錄要（綠腰）、
雜曲，百伎皆中國人。〔註321〕

---

〔註316〕《唐會要》，卷33〈諸樂〉，頁618。
〔註317〕《太平廣記》，卷140〈徵應六・邦國咎徵〉，頁1009。
〔註318〕《教坊記箋訂》，〈曲名〉，頁111。
〔註319〕（明）胡震亨，王雲五主編，《唐音癸籤》（臺北市：臺灣商務，四庫全書珍
本三集），卷13，頁11。
〔註320〕《樂府詩集》，卷80〈近代曲辭二〉，頁1126：「《樂苑》曰：『胡渭州』，商
謂曲也。」（一）「亭亭孤月照行舟，寂寂長江萬里流。鄉國不知何處是，雲
山漫漫使人愁。」（二）「楊柳千尋色，桃花一苑芳。風吹入簾裏，唯有惹衣
香。」第二首爲張祐所作，《全唐詩》卷511-36，頁5833。
〔註321〕《新唐書》，卷216〈吐蕃列傳〉，頁6103。
（北宋）王欽若等編，《冊府元龜》，卷981〈外臣部・盟誓〉，頁11532-2，
亦記載此事。

時爲長慶二年唐使劉元鼎至吐蕃就盟之事。在吐蕃國宴上奏有漢胡等曲，且表演者皆爲「中國人」，是否顯示吐蕃國對當時流行樂舞或有喜好，特意培習中國樂舞者，或如唐王朝納四方樂舞以示國威，總之，由此可見當時樂舞傳播之廣通。

## （十）楊下採桑

《羯鼓錄》太簇角有「涼下採桑」〔註322〕，「楊」作「涼」。「『楊下』究不知作何解，疑是說明故事者」。〔註323〕《舊唐書·音樂志二》列清樂「今其辭存者」曲，有「採桑」，〔註324〕《新唐書·禮樂志十二》：「三洲，商人歌也；採桑，三洲曲所出也」。〔註325〕《藝文類聚》〈樂部二·樂府〉周王褒燕歌行：「遙聞陌頭採桑曲，猶勝胡笳邊地聲」〔註326〕。「採桑」是爲隋清商西曲，並爲《教坊記》所列大曲。可能與古「相和曲」「陌上桑」內容有關。〔註327〕

任半塘先生認爲此曲是胡樂，「採桑」確爲清樂曲，此曲則或可說爲清胡合曲之樂。張祜作〈楊下采桑〉一首。〔註328〕

## （十一）合羅縫

「合」應作「閤」。任半塘先生釋意此曲是用「南詔王閤羅鳳」爲名，應作「閤」字。此曲之創作應在天寶九載南詔王叛唐攻陷雲南之前。〔註329〕《樂府詩集·近代曲辭二》作「蓋羅縫」，辭二首：

> 秦時明月漢時關，萬里征人尚未還。
>
> 但願龍庭神將在，不教胡馬渡陰山。

---

〔註322〕（唐）南卓，《羯鼓錄》，頁25。
〔註323〕《教坊記箋訂》，〈曲名〉，頁114。
〔註324〕《唐會要》，卷33〈清樂〉，頁610。
〔註325〕《新唐書》卷22〈禮樂志十二〉，頁474。
〔註326〕（唐）歐陽詢，汪紹楹校，《藝文類聚》（上海市：上海古籍出版社，1999），卷42〈樂部二·樂府〉，頁754。
〔註327〕《教坊記箋訂》，〈曲名〉，頁155。
〔註328〕《全唐詩》，卷511，頁5833～5834。「飛絲惹綠塵，軟葉對孤輪。今朝入園去，物色強著人。」
〔註329〕《教坊記箋訂》，〈曲名〉，頁115。《舊唐書》，卷197〈南蠻列傳〉，頁5280～5281：「張虔陀爲雲南太守。仲通褊急寡謀，虔陀矯詐，待之不以禮。舊事，南詔常與其妻子謁見都督，虔陀皆私之。有所徵求，閤羅鳳多不應，虔陀遣人罵辱之，仍密奏其罪惡。閤羅鳳忿怨，因發兵反，攻圍虔陀，殺之，時天寶九年也。」

音書杜絕白狼西，桃李無顏黃鳥啼。

寒鳥春深歸去盡，出門腸斷草萋萋。〔註330〕

第一首是本出於盛唐詩人王昌齡〈從軍行〉，兩首曲辭似與曲名原意無關，可能是後人引爲配唱之詞。

### （十二）胡相問

曲名首字即爲「胡」，應爲胡樂胡聲可能性大，《教坊記箋訂》：

係胡聲，猶「胡渭州」、「胡搗練」之類。敦煌曲辭有在同一首或聯章二首支中作問答者，如「定風波」、「南歌子」等是；此調始辭或亦然，故名。敦煌樂譜內稱「急胡相問」。……此調既曰「胡相問」，亦可能爲盛唐戲弄中所歌之曲。〔註331〕

從任先生之釋意了解，此曲歌辭內容可能就是民間胡人的俚歌俗語，或間有簡單戲劇的演出，反映民間胡樂曲之流行。

### （十三）西國朝天

「西國」應泛指西方國家，《舊唐書・地理志一》：「安西節度使，撫寧西域，統龜茲、焉耆、于闐、疏勒四國」。〔註332〕《教坊記》記有「朝天樂」曲。《文獻通考》〈夷部樂・西戎〉天竺：

歌曲有沙石疆舞曲、有朝天曲，蓋自張重華據有涼州，重譯來貢男伎者也。……商調有大朝天、小朝天……其舞曲有小朝天。〔註333〕

依此記載，「朝天」爲天竺曲名，「西國朝天」或者爲天竺樂曲傳入西域國家後，另外創作類似的胡樂曲，再傳入中原。任半塘先生以爲「朝天」可能指諸國朝覲之事。北宋宣合末，汴京多歌蕃曲，曰『異國朝』、『四國朝』、『六國朝』等，應仿此取名。〔註334〕

## 二、小曲中的外來樂舞曲

### （一）胡醉子

任半塘先生認爲此乃舞曲，狀胡王醉態，與胡騰舞爲同類舞蹈。〔註335〕

---

〔註330〕《樂府詩集》，卷80〈近代曲辭二〉，頁1123。
〔註331〕《教坊記箋訂》，〈曲名〉，頁119。
〔註332〕《新唐書》，卷38〈地理志一〉，頁1385。
〔註333〕（元）馬端臨，《文獻通考》，卷148〈夷部樂・西戎〉，頁1294-3。
〔註334〕《教坊記箋訂》，〈曲名〉，頁142。
〔註335〕《教坊記箋訂》，〈曲名〉，頁126。

或爲舞胡騰時的樂曲。「醉」是與酒相伴而來的狀態。《唐摭言・海敘不遇》記載唐人酒筵間以「酒胡子」旋轉巡酒，助其意趣，或許筵間歌曲即與「胡醉」有關。〔註336〕唐代胡人經營的酒店也極爲常見，店家主人習稱「酒家胡」、「酒胡」，並有胡姬送酒歌舞，〔註337〕「胡醉」或者是指胡姬醉酒，還是在酒家胡中醉酒之文人少年。由於相關史料不足，僅作此推論。但可以肯定的是，此曲應該與民間胡人的活動表現有關聯。《樂書・樂圖論・俗部》記載宋代時有「醉胡」曲。〔註338〕

## （二）甘州子

此曲爲大曲「甘州」之雜曲、小曲之類。有顧敻〈甘州子〉詞一首。〔註339〕

## （三）穆護子

「穆護」爲唐時祆教僧侶之稱。〔註340〕向達《唐代長安與西域文明》：「穆護原爲摩尼教中僧職之名」〔註341〕《樂府詩集・近代曲辭》：「《歷代歌辭》曰：『《穆護砂》曲，犯角。』」〔註342〕張祐〈穆護砂〉：「玉管朝朝弄，清歌日日新。折花當驛路，寄與隴頭人」。〔註343〕任半塘先生認爲「穆護子」與「穆

---

〔註336〕（五代）王定保，姜漢椿校注，《唐摭言》（上海：上海社會科學院出版社，2003），卷10〈海敘不遇〉，頁196～197。另外（唐）張鷟，《朝野僉載》（《唐五代筆記小說大觀》），卷6，頁141，記載：「北齊蘭陵王有巧思，爲舞胡子，王意所欲勸，胡子則捧盞以揖之，人莫知其所由也。」推測蘭陵王的巧思應是在筵席間「意所欲勸」，即勸酒之意，由舞人「胡子」捧盞請酒，與《摭言》所提「酒胡子」可能皆有種趣味或遊戲的意涵。

〔註337〕謝海平，《唐代留華外國人生活考述》（臺北：臺灣商務印書館發行，1978），頁241～243。並參閱本文第二章第三節「胡姬」部分。

〔註338〕（宋）陳暘，《樂書》，卷184〈樂圖論・俗部〉，頁4：「醉胡之舞衣，紅錦襦銀鞊鞢韉帽。」

〔註339〕《全唐詩》，卷894，頁10098。「一爐龍麝錦帷傍，屏掩映，燭熒煌。禁樓刁鬥喜初長，羅薦繡鴛鴦。山枕上，私語口脂香。每逢清夜與良晨，多悵望，足傷神。雲迷水隔意中人，寂寞繡羅茵。山枕上，幾點淚痕新。曾如劉阮訪仙蹤，深洞客，此時逢。綺筵散後繡衾同。款曲見韶容。山枕上，長是怯晨鐘。露桃花裏小樓深，持玉盞，聽瑤琴。醉歸青瑣入鴛衾，月色照衣襟。山枕上，翠鈿鎮眉心。紅爐深夜醉調笙，敲拍處，玉纖輕。小屏古畫岸低平，煙月滿閒庭。山枕上，燈背臉波橫。」

〔註340〕《教坊記箋訂》，〈曲名〉，頁134。

〔註341〕向達，《唐代長安與西域文明》（重慶：重慶出版社，2009），頁14。

〔註342〕《樂府詩集》卷80，〈近代曲辭二〉頁1125。

〔註343〕《全唐詩》，卷511-32，頁5832～5833。

護砂」應同出大曲「穆護」。「『砂』原作『煞』，謂大曲之尾聲」。〔註344〕《西溪叢語・牧護歌》：

> 至唐貞觀五年，有傳法穆護何祿，將祆教詣闕聞奏，敕令長安崇化坊立祆寺，號大秦寺，又名波斯寺。至天寶四年七月，敕：「波斯經教，出自大秦，傳習而來，久行中國，爰初建寺，因以爲名，將以示人，必循其本，其兩京波斯寺，宜改爲大秦寺，天下諸州郡有者準此。」〔註345〕

> 教坊記曲名有牧護子，已播在唐樂府。崇文書有牧護詞，乃李燕撰六言文字，記五行災福之說。……祆之教法蓋遠，而穆護所傳，則自唐也。……且祆有祠廟，因作此歌以賽神。〔註346〕

由此兩則記載可知，唐初祆教就已傳入，漸爲盛行，建有祆寺，作曲賽神。《朝野僉載》：

> 河南府立德坊及南市西坊皆有胡祆神廟。每歲商胡祈福，烹狍羊，琵琶鼓笛，酹歌醉舞。〔註347〕

> 涼州祆神祠，至祈禱日祆主以鐵釘從額上釘之，直洞腋下，即出門，身輕若飛，須臾數百里。至西祆神前舞一曲……〔註348〕

「酹歌醉舞」、「至西祆神前舞一曲」，可知「穆護子」應有舞蹈內容，此曲雖無直接傳唱的記載，但從樂曲名的記載及曲源探究，反映出唐代外來宗教的流行。

### （四）贊普子、蕃降子

「贊普」爲吐蕃語，《新唐書・吐蕃列傳》：

> 其俗謂彊雄曰贊，丈夫曰普，故號君長曰贊普，贊普妻曰末蒙。〔註349〕

「贊普子」、「蕃降子」兩曲與「合羅縫」，應皆與邊事有關而創作之曲。〔註350〕《敦煌歌辭總編》〈雜曲・隻曲〉贊普子蕃家將：

〔註344〕《教坊記箋訂》，〈曲名〉，頁134。

〔註345〕（宋）姚寬，孔凡禮點校，《西溪叢語》（北京市：中華書局，1993），頁42。

〔註346〕（宋）姚寬，《西溪叢語》，頁43。

〔註347〕（唐）張鷟，《朝野僉載》（《唐五代筆記小說大觀》），卷3，頁37。

〔註348〕（唐）張鷟，《朝野僉載》（《唐五代筆記小說大觀》）卷3，頁38。

〔註349〕《新唐書》，卷216〈吐蕃列傳〉，頁6071。

〔註350〕《教坊記箋訂》，〈曲名〉，頁135。

本是蕃家將。年年在□頭。夏月披氈帳。冬天掛皮裘。　　語即令人難會。朝朝牧馬在荒丘。若不爲拋沙塞。無因拜玉樓。〔註351〕內容應是敍及「蕃將」來朝之情狀。任半塘先生認爲「贊普子」、「蕃降子」兩曲聯列，前曲表揚其君，後曲表揚其將。〔註352〕但吐蕃在唐時屢爲邊患，故「蕃將」應不僅指爲吐蕃之蕃將，《大唐新語》:「天寶中，李林甫爲相，專權用事。……始請以蕃人爲邊將，冀固其權」。〔註353〕《新唐書・見素列傳》:

> 明年（十四載），祿山表請蕃將三十二人代漢將，帝許之，見素不悅。
>
> 〔註354〕

《新唐書》另有〈諸夷蕃將列傳〉。〔註355〕《舊唐書・輿服志》:「今乾元已來，蕃將多著勳於朝」，〔註356〕「乾元」爲唐肅宗年號（758年）。是故此曲或詠「諸夷蕃將」來朝之事或較爲可信。

## （五）毗沙子

《舊唐書》〈地理志・河西道〉安西督護所統四鎮:「毗沙都督府　本于闐國。…其王伏闍信，貞觀二十二年入朝」。〔註357〕《羯鼓錄》作「毗沙門」，列爲食曲。又有「四天王」，列「諸佛曲調」內。〔註358〕

「毗沙」爲護法天神，一稱「毗沙門天」，唐代祀之以天王堂。〔註359〕《能改齋漫錄》〈事始二・天王視形〉記載天寶初年，毗沙門天王第二子曾救安西五蕃之亂，因而敕令立天王形象。〔註360〕《全唐文》列有〈保唐寺毗沙

---

〔註351〕《敦煌歌辭總編》，卷2〈雜曲・隻曲〉，頁441。

〔註352〕《教坊記箋訂》，〈曲名〉，頁135～136。

〔註353〕（唐）劉肅，《大唐新語》，卷11〈懲戒第二十五〉，頁173。

〔註354〕《新唐書》，卷118〈見素列傳〉，頁4267。《大唐新語》，卷2〈極諫第三〉，頁28。「安祿山，天寶末請以蕃將三十人代漢將，玄宗宣付中書令即日進呈。」

〔註355〕《新唐書》卷111〈諸夷蕃將列傳〉，頁4111。

〔註356〕《舊唐書》，卷45〈輿服志〉，頁1957。

〔註357〕《舊唐書》，卷40〈地理志・河西道〉，頁1648。

〔註358〕《羯鼓錄》，頁26、25。

〔註359〕《教坊記箋訂》，〈曲名〉，頁140。

〔註360〕（宋）吳曾，《能改齋漫錄》（北京:中華書局，1985），卷2〈事始二・天王視形〉，頁34:「州郡置毗沙門天王之始・・案僧史唐天寶元年壬子・西蕃五國來寇安西・……此毗沙天王第二子獨健，副陛下心，往救安西也。……斯須城樓上有光明天王現形，謹圖樣隨表進呈。因敕諸道節鎮所在州府，于城西北隅各置天王形像，至千佛寺，亦敕別院安置。」

門天王燈幢並序〉〔註361〕、〈興唐寺毗沙門天王記〉：

> 毗沙門天王者。佛之臂指也。右扼吳鉤。左持寶塔。其旨將以摧群
> 魔。護佛事。善善惡惡。保綏斯人。在開元則元宗圖象於旂章。在
> 元和則憲皇交神於夢寐。〔註362〕

〈靈山塑北方毗沙門天王碑〉：「夫毗沙門梵音。唐言多聞也」、「毗沙門之天
王。自天寶中。使于闐者得其眞還。愈增宇內之敬」〔註363〕。《新唐書・高祖
諸子列傳》：「隱太子建成小字毗沙門」。〔註364〕可知「毗沙門」之名，應爲當
時世俗所知。此曲的記載，與前文之「穆護子」同樣反映唐代外來宗教的流
行情況。

### （六）胡攢子

　　未搜尋到相關史料可資考證，僅列任半塘先生所考：「未詳其義。述古堂
本作『掉攢子』。昭宗時，有優人名『胡趲』，或因於先朝曲名」。〔註365〕

# 第四節　小　結

　　最能代表唐代舞蹈發展廣度的，是滲透在社會生活各層面的舞蹈活動。
而最能代表唐代舞蹈藝術發展高度的，是具有欣賞價值的各類表演性舞蹈，
即是「教坊」中所傳習演出的大曲、健舞、軟舞及歌舞戲等。唐玄宗設置「教
坊」的用意，就是專門「掌俳優雜伎」、「教俗樂」，故「教坊」之樂舞曲是在
民間廣爲流傳的曲目，不僅傳播的地區廣大，時間也長，對宮廷樂舞及當時
代樂舞的潮流亦影響深遠，當然也是最能代表普羅大眾的流行樂舞文化。

　　崔令欽《教坊記》與段安節《樂府雜錄》兩書成書時間，相距至少百餘
年，崔氏爲開元年間人，段氏爲唐末昭宗前後之人，一前一後，幾乎完整紀
錄唐代「教坊」「朝、野、華、裔之雜曲名」，對於後世研究唐代樂舞文化有
不可忽視的史料價值，亦爲本文首要參考的重要史籍。再者，「教坊」三百多
首曲子，絕大部分是民間作品，從民間里巷開始傳唱，繼而廣爲流行，始被

---

〔註361〕（清）董誥等奉編，《全唐文》，卷 717〈保唐寺毗沙門天王燈幢並序〉，頁
　　　　　7369-2。
〔註362〕《全唐文》，卷 730〈盧宏正・興唐寺毗沙門天王記〉，頁 7530-2。
〔註363〕《全唐文》，卷 825〈靈山塑北方毗沙門天王碑〉，頁 8694-1、頁 8695-2。
〔註364〕《新唐書》，卷 79〈諸夷蕃將列傳〉，頁 3540。
〔註365〕《教坊記箋訂》，〈曲名〉，頁 142。

探入教坊,所以樂曲本質是大眾喜怒哀樂的表現。尤其在史籍中,關於民間的樂舞活動的史料較爲零散,或從一些一鱗半爪的記載中去探查、推測樂舞活動的景況。因此,《教坊記》書中所記「教坊」樂曲反映的不只是樂舞潮流,而是當時民間社會實際生活的寫照,因而任半塘先生認爲正是當時政治、武功之忠實反應,絕非等閒。凡社會性、現實性、人民性、民俗性之俗曲,悉萃於教坊,故尤可貴!

因此,本文從外來樂舞的曲源、傳唱等相關記載的探究中,或可補充正史記載以外,對唐代社會與各民族間的交流狀況有另一側面的認識。任半塘先生以「贊普子」、「蕃降子」爲例,可以見到漢藏兩民族悠久深厚之情誼的表現,宜莫過於此二曲。從「潑寒胡戲」的傳入、盛行到被禁止的過程,可看出一個地區、民族在接受、吸收另一地區、民族的音樂舞蹈時,會依當地的民情風俗而有所選擇、變化。不過,「潑寒胡戲」被禁後,慶典活動中流行的音樂「蘇莫遮」、舞蹈「渾脫」卻仍繼續流傳,並持續發展變化,而這種發展過程又是依中原人民的審美習慣而改變的。這似乎也反映唐代吸收域外及少數民族樂舞的一般規律。

涼州地區地處中國邊陲地帶,大曲「涼州」是「時俗所知」的流行樂之一,從唐人十數首描寫「涼州」樂曲之詩篇內容中,有讚譽「涼州」樂舞的佳句,亦反映在連年征役、勞役的時空背景下,鄉野百姓藉由「涼州」之類的邊地胡歌舞,來表達心中深沉的愁苦之情。

晚唐成書的《樂府雜錄》將具有西域遊牧民族豪放、健朗的民族性格,矯捷、明快、活潑、俊俏的舞蹈風貌,胡旋舞、胡騰舞、柘枝舞都列入「健舞」類。而這些樂舞傳入中原後,在唐代受到廣泛的喜愛與歡迎,不僅反映當時人們的欣賞趣味和審美要求,也顯示唐代有股開放、積極奮發的時代精神。其中「柘枝」亦爲大曲,其舞蹈不僅有健舞「柘枝」,在廣泛長期的流傳中,逐漸發展出舞姿輕盈溫柔、優美抒情軟舞「屈柘枝」。其曲調分別入「羽調」、「商調」、「角調」時,則搖身成爲另一不同曲風之曲,或與他曲「五天」相合爲新曲。可見「柘枝」大曲變化之豐富。

元稹〈和李校書新題樂府十二首・法曲〉:

> 女爲胡婦學胡妝,伎進胡音務胡樂。火鳳聲沉多咽絕,春鶯囀罷長蕭索。胡音胡騎與胡妝,五十年來競紛泊。

是唐代胡樂胡舞風最盛行的最佳詮釋。而胡樂胡舞的風行，不單只是其樂舞本身獨風貌所致，在唐代持續傳入後，經民間樂舞藝人百年來對胡樂胡舞曲精華不斷的傳習、吸收，進一步融合原漢族民間樂舞元素，巧思創作出更令人目眩神迷的樂舞雜曲。

　　從唐胡樂胡舞風潮的盛行，民間樂舞創作的風格，不僅反映時人對樂舞欣賞及演出水準的提升。而任何文化的發展與永續，需要不斷的有新元素的刺激，故胡樂胡舞的傳入促使唐代樂舞能擁有生生不息的生命力，如此蓬勃、興盛。

　　在整個社會樂舞活動中，胡樂胡舞與漢族清樂及其他樂舞形式，在不斷彼此吸收、消化以及認同、融合與漸變的過程中，繼續在中原地區進行內部傳播，並仍保持著獨具特色的藝術風格。

# 第五章　結　論

　　西漢時張騫出使西域，是中原與西域文化交流的前奏。東漢宮廷中已有四夷樂舞表演，東漢末京都貴戚尚胡風氣已成爲一種時尙。漢代「四夷之樂」的設立精神與周代是一脈相承的，表明「德被四夷、一統天下」的思想，是具有禮儀性的功能，已具有「樂部伎」或「方樂之制」的概念意義。魏晉南北朝時期，周邊民族入主中原，是爲民族文化的大融合時期，宮廷音樂的主體，就是「四方之樂」，致使外來樂舞通過多方面的傳播途徑和方式形成多次傳入，更因政權更替頻繁，政治中心的轉移，進一步促使已傳入的外來樂舞在中原繼續深層的傳播。

　　北朝採取戎華兼采的制樂方式，是外來樂舞與中原傳統樂舞文化的融合契機。胡樂胡舞在典禮和饗宴中使用，儼然已經成爲宮廷主體樂舞文化的一部分，促進中原宮廷樂舞文化的更新與重構，以及組織結構的轉變，進一步形成隋唐「多部樂」（伎）的制度。

　　在唐代政治穩定、經濟、社會持續發展的背景下，舞蹈藝術用以表示禮節或表現自己才華的一種手段，顯示唐人另一層面的精神文化。而外來樂舞本身具備外族異邦的樂舞情調，新穎、活潑的氣氛，對喜愛並重視舞蹈活動的唐人來說極具吸引力。再者，唐初以來，帝王對音樂持以開明、寬容的包容氣度。宮庭樂舞制度除「太常寺」以外，更另有「教坊」、「梨園」的設置，反映出至盛唐玄宗朝時期，樂舞發展之蓬勃與多元。而在燦爛樂舞成就的背後，「樂舞者」所扮演的傳遞與創新角色，是唐代高度樂舞成就不可忽視的重要因素之一，故本文對於「外來樂舞者」另專有一節論述，有助於了解外來樂舞盛行的情況。綜合而論，唐代尙胡之風，除了延續前代的因素，在當代各方面交相影響之下，使外來樂舞在唐代大行其道。

　　在宮廷樂舞制度方面，隋唐宮廷燕樂「多部樂」是承繼北周根源於《周禮》「建六官」的「四夷樂」體系，有完整的樂舞組織形式和表演曲目，形成一系統的樂部制度，外來樂舞在宮廷樂舞整體結構中有固定的編制。雖然在隋唐「多部樂」的構成比例上，「外來樂部」是居於多數，幾乎是主體的地位。但是，從「多部樂」設置的目的層面來看，是蘊含濃厚的宣耀國威之政治用意，有一定的演出形式，具有相當的禮儀性質，所以，各「外來樂部」除了具本身特色以外，在整體的編制上，是經過太常寺精心考量整修過，唐人並非全盤接受。再從本文分析樂部中漢、胡樂器配中，已有合奏或輪奏這事實，即可顯示唐人樂舞素養之高，有能力將外族樂舞加以編修，並融合漢族樂風，重新呈現，如此不僅不失顯揚德威的效果，更有加分的作用。

　　繼「多部樂」而起，依演出型態區分的「坐立二部伎」，共十四部樂曲，所呈現的新樂舞形式，即是將各「外來樂部」的樂舞元素融於樂曲內容之中。顯示唐人對外來樂舞的欣賞角度，不再以個別外來樂舞、樂部為別，而是直接欣賞樂曲本身所蘊含的樂舞藝術。宮廷中的外來樂舞，已經過樂舞藝術家的消化、吸收，逐漸內化為燕樂內容。

　　向來被學界視為唐代音樂藝術之精華的梨園「法曲」，依本文論述結果，並就丘先生所提「清樂約為十之七八，胡化約為十之二三」說法，明確解釋在二十五首曲中仍多以傳統清樂為主要內容，在疑似含有胡樂的十一首法曲中，胡化的程度約為十之二三，即曲子的曲調、風格有十分之二三的胡樂胡舞元素，不過，也有明顯為「華化的外來樂曲」，如「聖明樂」、「霓裳羽衣曲」，其胡樂成分反過來應就佔十之七八。

　　在唐玄宗朝，樂舞活動鼎盛發展的時朝，與「梨園」幾乎同時設置的「教坊」，在崔令欽《教坊記》與段安節《樂府雜錄》兩書所載教坊傳習的樂舞曲名，共三百四十餘首中，據任半塘先生肯定為外國樂曲有三十五調（曲），佔「教坊」曲數中約為十分之一。而「教坊」曲是是滲透在社會生活各層面的舞蹈活動，絕大部分是民間作品，所以從外來樂舞的曲源、傳唱記載的探究中，反映出唐代社會文化的多元現象，如與各民族間的交流狀況；鄉野百姓藉由「涼州」之類的邊地胡歌胡舞，來表達因連年征役、勞役心中深沉的愁苦之情；唐人依本身審美習慣在吸收域外少數民族樂舞時，對樂舞表現出加以選擇、變化的自然文化規律。再者，對於健舞明快、活潑的舞蹈風貌，如胡旋舞、胡騰舞、柘枝舞等受到廣泛的喜愛與歡迎，亦反映當時人們的欣賞趣味和審美要求，也顯示唐代有股開放、積極奮發的時代精神。

　　從本文對唐代整體樂舞中外來樂舞的論述，對部分學者所持論唐世之樂舞「無非胡樂之天下」，提出不同的解釋觀點。唐代外來樂舞之盛行，猶如胡樂之天下，是社會上表面的現況，但從文化本質來看，文化生命要能延續，要能不斷有新的養分滋長，要有活水澆灌，隨「推陳出新」的文化發展規律，也是文化發展依循的途徑，才能使文化生命有其蓬勃的發展力。唐代，廣取博採境內外各族樂舞，吸收樂舞精華，開創樂舞歷史的新風潮。外來樂舞在唐代中原內部地區廣泛的傳播，反映不同的樂舞文化在傳播中的歷程中，相互交融，彼此吸收並消化其他文化，是爲豐富、充實自己的過程。在這過程中，傳入的外來樂舞，對於原來的樂舞來說，原有的價值和意義會隨著傳入地區的風俗傳統而產生變化，進而與中原的傳統樂舞相融合，便會創造出新的樂舞形式，是一種新質樂舞文化的形成，豐富原本樂舞內涵。同時，外來樂舞的影響，也更爲廣泛和深入。總之，外來樂舞的傳播與風行對中原地區來說，是具有創造性的意義，爲唐代樂舞文化帶來多元的內容、豐富的內涵。

# 參考書目

一、典籍史料

（一）正史與經部

1. 方詩銘、王修齡，《古本竹書紀年輯證》，上海：上海古籍出版社，1981。

2. 《周禮注疏》（《重刊宋本十三經注疏附校勘記》），臺北：藝文印書館，1965。

3. （漢）司馬遷，《史記》，臺北：鼎文書局，1981。

4. （漢）班固，《漢書》，北京：中華書局，1964。

5. （劉宋）范曄，《後漢書》，臺北：鼎文書局，1981。

6. （晉）陳壽，《三國志》，臺北：鼎文書局，1980。

7. （北齊）魏收，《魏書》，臺北：鼎文書局，1980。

8. （唐）房玄齡，《晉書》，北京：中華書局，1974。

9. （唐）李百藥，《北齊書》，臺北：鼎文書局，1980。

10. （唐）令狐德棻，《周書》，臺北：鼎文書局，1980。

11. （唐）李延壽，《北史》，臺北：鼎文書局，1980。

12. （唐）李延壽，《南史》，臺北：鼎文書局，1981。

13. （梁）沈約，《宋書》，臺北：鼎文書局，1980。

14. （梁）蕭子顯，楊家駱主編，《南齊書》，臺北：鼎文書局，1980。

15. （隋）姚察、（唐）魏徵、姚思廉合撰，楊家駱主編，《陳書》，臺北：鼎文書局，1980。

16. （唐）魏徵等撰，楊家駱主編，《隋書》，臺北：鼎文書局，1980。

17. （後晉）劉昫，《舊唐書》，臺北：鼎文書局，1981。

－241－

18. （宋）歐陽修、宋祁，《新唐書》，臺北：鼎文書局，1981。

19. （宋）歐陽修，徐無黨注，《新五代史》，台北：鼎文書局，1980。

20. （元）脫脫，《遼史》，臺北市：鼎文書局，1980。

## （二）其他相關文獻

1. （漢）劉歆，《西京雜記》，上海：上海古籍出版社（《漢魏六朝筆記小說大觀》），1999。

2. （北齊）顏之推，《顏氏家訓集解》，上海：上海古籍出版社，1980。

3. （南朝宋）劉義慶，《世說新語・言語》（《漢魏六朝筆記小說大觀》，上海：上海古籍出版社，1999

4. （梁）蕭統，《文選》，上海市：上海古籍出版社，1986。

5. （南朝宋）劉義慶，《世說新語》，上海：上海古籍出版社（《漢魏六朝筆記小說大觀》），1999。

6. （晉）常璩，任乃強校注，《華陽國志校補圖注》，上海：上海古籍出版社，1987。

7. （北魏）楊衒之，范祥雍校注，《洛陽伽藍記校注》，上海：上海古籍出版社，1978。

8. （唐）杜佑，《通典》，北京：中華書局，1988。

9. （唐）李林甫，《唐六典》，北京：中華書局，1992。

10. （唐）吳兢，《貞觀政要》，臺北：黎明文化，1990。

11. （唐）段安節，《樂府雜錄》，北京：中華書局出版（叢書集成初編），1985。

12. （唐）南卓撰，《羯鼓錄》，北京：中華書局（叢書集成初編），1985。

13. （唐）玄奘、辯機，季羨林等校注，《大唐西域記校注》，北京：中華書局，1985。

14. （唐）崔令欽著，《教坊記》，上海：上海古籍出版社，丁如明等校點，《唐五代筆記小說大觀》，2000。

15. （唐）張鷟，《朝野僉載》，上海：上海古籍出版社，丁如明等校點，《唐五代筆記小說大觀》，2000。

16. （唐）張鷟，桓鶴點校，《朝野僉載》，北京市：中華書局，1979。

17. （唐）鄭棨，《開天傳信記》，上海：上海古籍出版社，丁如明等校點，《唐五代筆記小說大觀》，2000。

18. （唐）劉肅，《大唐新語》，上海：上海古籍出版社，丁如明等校點，《唐五代筆記小說大觀》，2000。

19. （唐）鄭處誨，《明皇雜錄》，北京：中華書局出版，（歷代史料筆記叢刊；唐宋史料筆記），1994。

20. （唐）鄭處誨，《明皇雜錄》，上海：上海古籍出版社，丁如明等校點，《唐五代筆記小說大觀》，2000。

21. （唐）段成式，《酉陽雜俎》，上海：上海古籍出版社，丁如明等校點，《唐五代筆記小說大觀》，2000。

22. （唐）李肇，《唐國史補》，上海：上海古籍出版社，丁如明等校點，《唐五代筆記小說大觀》，2000。

23. （唐）劉餗，《隋唐嘉話》，上海：上海古籍出版社，丁如明等校點，《唐五代筆記小說大觀》，2000。

24. （唐）蘇鶚，《杜陽雜編》，上海：上海古籍出版社，丁如明等校點，《唐五代筆記小說大觀》，2000。

25. （唐）孫光憲，《北夢瑣言》，上海：上海古籍出版社，丁如明等校點，《唐五代筆記小說大觀》，2000。

26. （唐）張讀撰，《宣室志》，上海：上海古籍出版社，丁如明等校點，《唐五代筆記小說大觀》， 2000。

27. （唐）歐陽詢，《藝文類聚》，上海：上海古籍出版社，1999。

28. （唐）孫思邈，《千金翼方》，台北：中國醫藥研究所，1974。

29. （唐）孫思邈，《備急千金要方》，台北中國醫藥研究所，1990。

30. （唐）白居易，《白居易集》，台北：漢京文化事業有限公司，1984。

31. （唐）杜甫，《杜詩詳註》，台北：文史哲出版社，1976。

32. （唐）李白，《李白集校注》，上海：上海古籍出版社，1980。

33. （唐）元稹，《元稹集》，北京：中華書局出版，1982。

34. （唐）曹鄴，《梅妃傳》，臺北：藝文印書館（原刻影印本，百部叢書集成，《陽山顧氏文房》），1966。

35. （五代）王定保，姜漢椿校注，《唐摭言》（上海：上海社會科學院出版社，2003。

36. （宋）王溥，《唐會要》，北京：中華書局，1955。

37. （宋）郭茂倩編撰，《樂府詩集》，台北：里仁書局，1999。

38. （宋）李昉等奉敕編，《太平御覽》，臺北市：臺灣商務印書館，1975。

39. （宋）李昉等，《太平廣記》，北京：中華書局，1961。

40. （宋）李昉等奉敕編，《文苑英華》，北京：中華書局，1966。

41. （北宋）王欽若等編，《冊府元龜》，北京：中華書局，1994。

42. （宋）錢易，《南部新書》，北京：中華書局，1985。

43. （宋）王讜，周勛初校證，《唐語林校證》，北京：中華書局，1987。

44. （宋）錢易，《南部新書》，北京：中華書局（叢書集成初編），1985。

45. （宋）王灼，《碧雞漫志》，北京：中華書局（叢書集成初編），1991。

46. （宋）陳暘，《樂書》，臺北市：台灣商務，（四庫全書珍本九集：66-75）。

47. （宋）洪邁，《容齋隨筆》，上海：上海古籍出版社，1978。

48. （宋）沈括，《夢溪筆談校證》，上海（北京）：中華書局，1959。

49. （宋）鄭樵，《通志》，臺北：台灣商務印書館，1987。

50. （宋）黎靖德編，《朱子語類》，北京市：中華書局，1986。

51. （宋）邵伯溫《邵氏聞見錄》，北京：中華書局，1983。

52. （宋）姚寬，《西溪叢語》，北京市：中華書局，（歷代史料筆記叢刊：唐宋史料筆記），1993。

53. （宋）吳曾，《能改齋漫錄》，北京：中華書局（叢書集成初編289-291），1985。（宋）司馬光，《資治通鑑》，北京：古籍出版社，1956。

54. （宋）樂史，《楊太眞外傳》，臺北：藝文印書館，（影印本，百部叢書集成，《陽山顧氏文房》），1966。

55. （元）馬端臨，《文獻通考》，臺北：臺灣商務印書館，1987。

56. （元）耶律鑄，《雙溪醉隱集》，瀋陽市：遼瀋書社，《遼海叢書》，1985。

57. （元）周達觀，《眞臘風土記校注》，北京：中華書局，2000。

58. （明）胡震亨，《唐音癸籤》，臺北市：臺灣商務，四庫全書珍本三集。

59. （清）董誥等奉編，《全唐文》，北京：中華書局，1987。

60. （清）顧炎武著，黃汝成集釋，欒保羣、呂宗力點校，《日知錄集釋》，上海：上海古籍出版社，2006。

61. 逯欽立輯校，《先秦漢魏晉南北朝詩》，北京：中華書局，1983。

62. 華書局校訂，《全唐詩》，北京：中華書局，1960。

63. 陳尚君輯校，《全唐詩補編》，北京：中華書局，1992。

64. 趙崇祚輯，李一氓校，《花間集校》，台北：源流文化事業有限公司，1982。

65. 朱駿聲，《說文通訓定聲》，臺北：藝文印書館，1975。

66. 任半塘，《敦煌歌辭總編》，上海：上海古籍出版社，1987。

## 二、專書

1. 中國美術全集編委會，《中國美術全集繪畫編第12集》，北京：文物出版社，1989。

2. 中國美術全集編輯委員會、敦煌研究院編，《中國美術全集 繪畫篇15 敦煌壁畫下》，上海：上海人民美術出版社，1985。

3. 王克芬，《中國古代舞蹈史話》，北京：人民音樂出版社，1980。

4. 王克芬，《中國舞蹈發展史》，上海：上海人民出版社，2004。

5. 王克芬著，《舞論》，蘭州：甘肅教育出版社，2009。

6. 王國維，《觀堂集林》，上海：上海書店，1992。

7. 王國維，《宋元戲曲史》，臺北：臺灣商務印書館，1994。

8. 王維真，《漢唐大曲研究》，臺北：學藝出版社，1988。

9. 王昆吳，《唐代酒令藝術》，上海：東方出版社，1995。

10. 毛水清，〈唐代樂人考述〉，北京，東方出版社，2006。

11. （日人）田邊尚雄，陳清泉譯，《中國音樂史》，臺北市：臺灣商務印書館，1980。

12. 向達，《唐代長安與西域文明》，重慶出版社，2009。

13. 任半塘，《教坊記箋訂》，北京：中華書局，1982。

14. 任半塘，《唐戲弄》，臺北縣：漢京文化事業有限公司，2004。

15. 任二北，《敦煌曲初探》，上海：上海文藝聯合出版社（中國戲曲理論叢書），1954。

16. 宋德喜，《陳寅恪中古史學探研——以《隋唐制度淵源略論稿》為例》，台北：稻鄉出版社，1999。

17. 宋德喜，《唐史識小：社會與文化的探索》，台北：稻鄉出版社，2009。

18. 何志浩，《中國舞蹈史》，中國文化大學，1970。

19. 汪榮祖，《史家陳寅恪傳》，臺北：聯經出版公司，1984。

20. 沈冬，《唐樂舞新論》，北京：北京大學出版社，2004。

21. 呂林編，《四川漢代畫象藝術選》，四川：四川美術出版社出版，1988。

22. 丘瓊蓀，《燕樂探微》，上海，古籍出版社，1989。

23. 李國珍，《大唐壁畫》，中國，陝西旅游出版社，1996。

24. （日人）岸邊成雄，梁在平、黃志炯譯，《唐代音樂史的研究》，臺北：臺灣中華書局，1973。

25. 季羨林主編，《敦煌學大辭典》，上海：上海辭書出版社，1998。

26. 修海林、李吉提，《中國音樂的歷史與審美》，北京：中國人民大學出版社，1999。

27. 郁賢皓，《唐刺史考全編》，合肥：安徽大學出版，2000。

28. 耿占軍、楊文秀，《漢唐長安的樂舞與百戲》，西安：西安出版社，2007。

29. 秦序，《中國音樂史》，北京：文化藝術出版社，1998。

30. 唐長孺，〈南北朝期間西域與南朝的路道交通〉，《魏晉南北朝史論拾遺》，出版地不詳，1982。

31. 陝西省博物館編，《隋唐文化》（香港：中華書局（香港）有限公司，上海：學林出版社，1990

32. 常任俠，《中國舞蹈史》，臺北：蘭亭書店，1985。

33. 常任俠，《絲綢之路與西域文化藝術》，上海：文藝出版社，1981。

34. 陳寅恪，《隋唐制度淵源略論稿》，台北市：里仁書局，1980。

35. 傅樂成，《漢唐史論集》，臺北：聯經出版事業公司，1977。

36. 馮文慈，《中外音樂交流史》，長沙：湖南教育出版社，1998。

37. 敦煌文物研究所編，《中國石窟敦煌莫高窟　第三卷》，北京：文物出版社，1987。

38. 《敦煌石窟鑑賞叢書》第五分冊，蘭州：甘肅人民美術出版社，1990。

39. 董錫玖，《敦煌舞蹈》，新疆：中國新疆美術攝影出版社、新西蘭·霍蘭德出版有限公司，1992。

40. 楊蔭瀏，《中國古代音樂史稿》，台北市：丹青圖書有限公司，1985。

41. 楊隱，《中國音樂史》，臺北：學藝出版社，1977。

42. 楊昊瑋，《唐代音樂文化之研究》，台北：文史哲（文史哲學術叢刊），1993。

43. 劉再生，《中國古代音樂史簡述》，北京：人民音樂出版社，1989。

44. 管士光，《唐人大有胡氣》，北京：農村讀物出版社，1992。

45. 榮新江、張志清主編，《從撒馬爾干到長安：粟特人在中國的文化遺跡》，北京：北京圖書館出版社，2004。

46. 翦伯贊，《秦漢史》，北京：北京大學出版社，1983。

47. 歐陽予倩主編，《中國舞蹈史二編　唐代舞蹈》，臺北：蘭亭書局出版，1985。

48. 謝海平，《唐代留華外國人生活考述》，臺北：臺灣商務印書館，1978。

49. 羅豐，《胡漢之間——絲綢之路與西北歷史考古》，北京：文物出版社，2004。

## 三、期刊論文

1. 王克芬，〈西域樂舞的巨大歷史貢獻〉，《新疆藝術》，第 4 期（烏魯木齊，1991），頁 19～23。

2. 王松濤，〈從胡舞的流行看盛唐氣象的多元性與延續性〉，《中華文化論壇》，第 1 期（2008 年），頁 135～138。

3. 介永強，〈唐代尚舞風氣溯源〉，《人文雜誌》第 5 期，（陝西師範大學繼續教育學院，2001 年），頁 130～134。

4. 左漢林，〈唐代梨園法曲性質考論〉，《中央音樂學院學報》，第 3 期（2007），頁 47～55。

5. 李明明〈唐代梨園考辨〉,《文教資料——文化藝術研究》,4 月號下旬刊,
（河南大學藝術學院,2008）,頁 70～71。

6. 李昌集,〈唐代宮廷樂人考略〉,《第三屆唐宋詩詞國際學術研討會論文
集》,鍾振振等主編,北京：中國社會科學院出版社,（2004 年）,頁 21。

7. 辛曉峰,〈四川漢磚樂舞〉,《今日四川》,04 期（1995 年 4 月）,頁 26～
27。

8. 姜伯勤,〈敦煌悉磨遮為蘇摩遮樂舞考〉,《敦煌研究》,第 3 期（蘭州,
1996 年 3 月）,頁 1～14。

9. 秦序,〈唐玄宗是霓裳羽衣曲的作者嗎？〉,《中國音樂學》,第 4 期
（1987）,頁 99～107。

10. 陳海濤,〈胡旋舞、胡騰舞與拓枝舞－對安伽墓與虞弘墓中舞蹈歸屬的
淺析〉,《考古與文物》,第 3 期（2003 年）,頁 56～60、91。

11. 許序雅,〈胡樂胡音竟紛泊——胡樂對唐代社會影響述論〉,《西域研究》,
（浙江師範大學人文學院,2004 年 1 月）,頁 69～77。

12. 黃曉非,〈〝胡旋〞考〉,《社科縱橫》,第 18 卷第 3 期,（2003 年 6 月）,
頁 71、76。

13. 曾愛玲,〈唐「霓裳羽衣」之傳播與影響〉,《第三屆唐代文化、文學研究
及教學國際學術研討會》,（逢甲大學中國文學系唐代研究中心,2010）。

14. 楊冬梅,〈唐代詠胡旋舞與胡騰舞詩研究〉,《哈爾濱工業大學學報》（社
會科學版）,第 8 卷第 2 期,（2006 年 3 月）,頁 128～131。

15. 趙文潤,〈隋唐時期西域樂舞在中原的傳播〉,《陝西師範大學學報（哲學
社學科學報）》,第 26 卷第 1 期（1997 年 3 月）,頁 105～112。

16. 趙青,〈胡樂在隋唐燕樂中的地位及影響探析〉,《內蒙古社會科學（漢文
版）》,第 28 卷第 5 期,（2007 年 9 月）,頁 106～109。

17. 劉慧芬,〈碧雲仙曲舞霓裳〉,《故宮文物月刊》,五卷六期（台北：國立
故宮博物院出版,1986 年 9 月）,頁 126。

18. 劉慧芬,〈從出土文物論高昌伎與高麗伎（四）〉,《故宮文物月刊》,第五
卷第九期,（台北：國立故宮博物院出版,1987.12 月）,頁 76～88。

## 四、學位論文

1. 沈冬,《隋唐西域樂部與樂律之研究》,台北：台灣大學中國文學研究所
博士論文,1991。

2. 郭茂源,《從二部伎、私家樂舞——談唐代音樂階層之流動》,逢甲大學
歷史與文物管理研究所碩士論文,2009。

3. 劉慧芬,《唐代宮廷舞蹈之研究》,台北：文化大學藝術研究所碩士論文,
1986。

4. 劉怡慧，《唐代燕樂十部伎、二部伎之樂舞研究》，高雄：國立高雄師範大學國文學系碩士論文，2000。

5. 趙廣暉，《唐代樂志十部伎之研究》，中國文化大學史學研究所碩士論文，1995。

## 五、參考網站

1. 「新古典 唐樂舞」網站，2011.06.26，
（http://www.neo.org.tw/tang/op61.htm）。

2. 「中國傳統舞蹈」網站，2011.01.26，
（http://www.chiculture.net/0507/html/0507d19/0507d19.html#）。